王树平　王　灿　许益民　等◎著

知识产权与气候变化

INTELLECTUAL PROPERTY RIGHT AND CLIMATE CHANGE

社会科学文献出版社
SOCIAL SCIENCES ACADEMIC PRESS (CHINA)

献给我的父亲：

他一直告诉我，

知识分子要用学识为国家和社会作贡献。

——王树平

序

有人问我，气候变化的解决是不是很难？我的回答是难也不难。难，因为要做到知行合一；不难，只要能做到知行合一。

知乃良知。气候变化中谈判的千头万绪中，始终要对什么是善，什么是恶有个清楚的判断和坚持。说白了，就是要始终能怀有对全人类命运的关怀和责任。作为中国人，还要对得起中华民族，不可辜负人民交给的历史责任。不可有半点糊涂。

行，即为善去恶。恶，这里不简单指那些不顾人类共同利益只管自私自利的坏人坏事。我更多的是指人类的社会中存在的那些不利于气候变化解决的制度和做法。这对我们提出了制度创新的要求。能够找到解决问题的新制度或做法，就是善。这可不容易，因为，气候变化的解决困难来自来自人类社会生活的各个层面，包括全球政治管理制度和经济制度等等。没错，这是个足以让人望而生畏的工作。但如果各行各业的人都能在自己的专业范围内去"格物"——把现实中的问题吃透，然后创新，那就不是不可能的。

我欣然为此书作序。因为这本书尝试着吃透绿色技术转让中的棘手问题。

气候变化谈判的逻辑是，发达国家对其在工业化过程中和今天的碳排放负有历史责任，所以要承担减排责任；发展中国家，在发展过程中不可避免地要产生碳排放，减排不可避免地要限制发展速度，作为交换，发达国家承诺向发展中国家转让技术，支持其减排。可是，自联合国气候变化

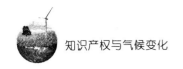

框架公约签署以来，发达国家没有履行承诺。理由？技术归私人企业所有，受到知识产权保护。但发展中国家和企业又否认知识产权是技术转让的障碍，知识产权由此成为技术转让中富有争议的问题。

我不是知识产权方面的专家，但我理解，所谓吃透这个问题，就是要解释清楚几个简单的问题。这本书的作者通过大量的实证研究来回答这些问题。我认为他们给出了如下的回答。

第一个问题是，知识产权真是技术转让的障碍？抑或是借口？

回答：两方面都有。发达国家通过贸易政策对国际技术贸易进行限制，由来已久，绿色技术也不例外。在有些情况下，即便拥有技术的私人企业出于自身利益的考虑呼吁技术转让，其所在国的法律和贸易政策也会借国家安全之名，不准转让。所以，发达国家政府将技术不转让完全推说是知识产权，有推托责任之嫌。

那么，知识产权对技术转让有影响吗？本书说，有，很有影响。

第二个问题，为什么不愿意转让技术？

回答：因为竞争关系。因为国家之间存在竞争，外国企业和中国企业存在竞争，技术又是发达国家竞争的优势，所以，发达国家和企业自然不愿意将技术转让给竞争对手，或潜在的竞争对手。

当然，也有另一面，当外国机构及企业和中国企业不存在竞争关系时，甚至存在利益互惠关系时，技术转让有可能发生，也曾经发生。

第三个问题，这和知识产权有什么关系？

回答：知识产权是竞争的工具。对发达国家而言，它是竞争优势。在各个产业中，因行业竞争的局势和知识产权地貌不同，有不同表现。在LED产业中，多表现为一夫当关，万夫莫开的态势。这里，核心知识产权为几大外国企业所有，数以千计的企业在竞争中处于十分被动的地位。

在风电产业，中国企业在发展历程中无法从十大领先外国风电企业获得技术，转而向国外中小技术企业购得技术，因海量的专利密集在风机技术的各个领域，后者无法担保不踩地雷。这种不确定性，让诸多风电企业在面对海外市场时，不战而退。得益于核心技术已经形成近20年（过了专利有效期），太阳能光伏产业的情况曾经好些。但国内光伏产业现在处于危难中，迫切需要产业升级，而纵观新一代技术的专利分布，大多在国外企业手中。

即便掌握了技术，因为知识产权而不能自由使用，这等于没完成技术转让的生命周期。

第四个问题，如何解决不愿转让技术的问题？

回答：合乎逻辑的选项有四个：

A 不竞争，实现大一统。这是个十分遥远的目标，目前还不现实。但是，核算各国在绿色产业产业链中贡献的附加值，看清各方在价值链中的地位，可以澄清各国企业在全球化生产过程中的互相依存关系。这对于今天消除贸易保护，帮助未来营造一个良性的人类社会生态系统是有用的。

B 不竞争，强制其许可技术。

C 竞争，但寻求竞争中的合作。

D 竞争，并致力于创造有利于公平竞争的竞争环境。这样的竞争环境应当能让优秀的企业脱颖而出，让新兴的创新力量具有后来者居上的可能性。

第五个问题，知识产权在解决上述问题中应当扮演什么角色呢

作者回答是，在不同的层面扮演多重角色：

在产业链和价值链方面，不对知识产权进行审计，附加值的计算会是笔糊涂账。

在强制许可技术方面，某些情况下，比如纳入标准中的技术、涉及重大公共利益的技术等，专利的强制许可是必要的。但它是否能作为经常普遍的做法，其效果还需论证。

在寻求竞争中的合作方面，知识产权能保护技术持有人的权属。由此，它可能使得产业链上中下游的合作更容易进行；同样道理，也能吸引第三方，比如那些没有直接竞争关系的技术公司或研究机构与制造业合作。可以鼓励行业间的专利许可，通过建立许可平台、价值评估机制等为专利许可创造条件。处于产业链相同位置的横向竞争，就比较困难。它们

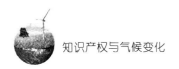

之间多是不打不成交。在专利诉讼大战后坐下来交叉许可的不在少数。但手里得有自己的专利才行得通，自主创新或并购都可以。

在创造有利于公平竞争的竞争环境方面，知识产权的角色有几个方面。第一，平衡的知识产权制度，比如，提高专利的质量门槛，让专利披露的内容与权利对等，从而有利于后来者的学习和改良；第二，完善竞争法，制止技术和专利许可中的不正当竞争做法及垄断行为；第三，促进国际贸易和投资规则中有利于发展中国家创新的规则，比如，我国对研发的补贴以是否拥有自主知识产权为衡量标准，类似的补贴却引发 WTO 争端，这是本不该发生的。

当然，以上每一个大的问题和回答中，又有无数的更加具体的问题和回答。

我感到，在这本书中，作者或者还有更加创新和大胆地回答。他们把知识产权作为认识绿色产业现实的一把钥匙，和实现技术转让发生所需的制度和机制层面环节。我们不缺少一个宏大的理想，现实中企业和行业遇到的知识产权问题也常见于报端，但从现实出发，提出实现理想的制度建设层面的研究和创新却不多见，而它却正是气候变化谈判所需的。

我希望多一些这样的研究，让我们的气候变化谈判行之有效，让我们不断地接近知行合一的境界。

2012 年 12 月 9 日

前　言

让我们谈谈知识产权……

王树平

知识产权和气候变化怎么会放到一起？这两者看似是毫不相关的两个概念，原本就不应该有什么关系的，你看，应对气候变化需要的是新能源或节能减排技术，中国刚成为碳排放的大国，特别需要这样的技术；但是中国缺少这样的技术，而发达国家拥有不少这样的技术，发达国家如果把这些技术转让给中国，中国就可利用这些技术降低碳排放，气候变化问题可以得到缓解，则皆大欢喜。这是很简单的逻辑。此外，今天的气候变化问题，主要是发达国家在工业化过程中长期排放二氧化碳的结果。既然有历史责任，那就更应该承担些义务了，《联合国气候变化框架公约》因此规定了发达国家转让技术帮助发展中国家减排的义务。

可是，国家间存在竞争。发达国家有先进的技术，而技术就是其竞争优势，出于竞争的考虑，它们一般不会转让技术。

发达国家能以应对气候变化的大局为重，破例转让技术吗？不然。发达国家和发展中国家都将绿色技术视为下一轮产业革命的动力。前者希望保持其在以往产业革命中取得的领导地位，而后者期望在这一次革命中摆脱落后地位，迎头赶上。因此，发达国家虽然也知道气候变化需要技术转让，但竞争优势不能放弃啊！

国际知识产权制度将这种国家的技术优势变为国家的竞争优势。在国家层面的竞争中，知识产权的作用很重要。

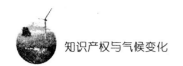

另外，在发达国家，国家的技术优势在很大程度上是通过企业和研究机构承载的。换言之，是后者的技术优势集合构成了国家的技术优势。发达国家在解释为什么其在《联合国气候变化框架公约》下的技术转让义务未能履行时，也声称绿色技术在企业手里，并由知识产权保护，所以政府不能在技术转让上有所作为。那么，知识产权是技术转让的障碍，还是促进技术创新的动力以及促进技术转让的桥梁呢？在这个问题上，发达国家和发展中国家的意见存在分歧。

就这样，气候变化与知识产权结下了不解之缘。

一场没有划分量级的拳击较量

试想这样的一场拳击比赛，虽然有着看似完美的规则，但是却忘了给选手们划分重量级，轻量级选手和重量级选手同场竞技。先不谈是否公平，没能棋逢对手，双方选手其实都失去了充分施展特长的机会。这样的比赛往往不是最精彩的。

绿色产业的知识产权较量，就如同这样一场忘记划分重量级的拳击赛。中国企业当然是轻量级选手，与之抗衡的则是重量级的国外竞争对手。比如，有人预测中国风能企业和国外领先企业在专利数量和质量上的差距大概有五年。根据我们的专利分析来看，这属于非常乐观的估计。在太阳能光伏产业和 LED 照明产业，情况大同小异。差异如此悬殊对全球产业的竞争有着深远影响，并且也会对这些领域的技术创新和扩散造成制约。

国外对于技术 know-how 的转移态度犹豫。如果站在他们的立场，仅从他们的自身利益角度来看，这并不难理解。谁愿意为自己制造竞争对手呢？知识产权往往被视为一个战略武器，它既可以用来保持自己的竞争优势，又能阻止他人进入市场。所以，竞争对手深知再高的价也难以买到知识产权许可。在这种情况下，一个企业只有掌握足以牵制竞争对手的重要专利，才会迫使竞争对手与其进行交叉许可，比如一度作为后起之秀的韩国企业在 LED 照明领域就做到了与强大竞争对手的交叉许可。但如果自身没有如此强势的知识产权组合，则几乎是不可能的。简单说来，中国风能企业目前还没有可用来交叉许可的专利筹码。在国际竞争的现实下，这正是国际技术转让的困难所在。

各个绿色产业的竞争形势和专利的状况有所区别，所以困难的程度和表现各不相同。LED 照明产业的竞争十分激烈，专利的所有权集中在少数国外企业手中，所以知识产权对技术转让的影响最为突出。太阳能光伏产业的第一代核心技术较老，知识产权对技术转让的影响不突出。事实上，中国强大的工业制造能力与国外研发机构的合作一度造就了中国太阳能光伏产业的辉煌。但是，涉及产业升级所需要的下一代技术，光伏产业则没有这么幸运。这些新技术基本都掌握在外方手中，核心技术受到专利的保护，技术转让的难度会在不久的将来日渐明显。众所周知，市场供不应求时，商业机遇应运而生。在风能产业，大的国际风机制造产业不愿转让技术，那些欧洲中小风电科技公司便抓住了这样的机遇，试图填补这个风电技术需求与供应的真空地带。仅在 2009 年，主要通过向中国企业出售设计图纸和相关服务，这些公司就大赚了一笔，创收高达 4.6 亿美元。其中有些企业在此之前还濒临破产，但通过这样的方式起死回生，柳暗花明。中国风电企业虽然不能从大公司那里得到最理想的技术，毕竟能退而求其次，也算得到了技术。如果故事就此结束，也算得上是比较令人满意的结局。

无人能幸免

绿色产业的竞争现实是残酷的。在中国市场上，多个绿色产业都出现了爆炸式增长。绿色产业的市场前景一度引发巨大的投资冲动，资本投资纷至沓来。因为没有显著的技术作为竞争优势，在竞争者众多的情况下，价格竞争随之而来，低价竞争让所有制造企业叫苦不迭。国外主要制造商们大手笔投资中国市场，结果发现实际投资回报与预期的目标差距显著。有人认为一定是中国政府的偏袒才造成这种状况，比如对中国企业进

行补贴。但事实上，我们的调查发现他们所说的补贴几乎没有被实行过。中国企业在竞争中取胜往往是因为，产品质量总体上过关，而且价格低廉，售后服务也快捷。而其中的杀手锏则是价格低廉，但这也是迫不得已。在没有技术优势的情况下，为求生存，它们不得不降低价格。可是，依靠这样的竞争手段中国企业还能坚持多久？那些中小企业，由于无法承担持续降价带来的利润损失，可能很快就坚持不住了。当然，对那些大型国外公司来说，它们尽管也可以通过降价来和中国企业竞争，并以牺牲利润为代价，但这不是它们理想的选择，也不是仅有的选择，所以它们开始另寻出路。根据以往的经验，知识产权战略是一个很好的法宝，因为知识产权战略在其他消费品领域中屡试不爽。在风电领域，它们期望以知识产权为竞争优势的战略可以让它们笑到最后。可是到目前为止，知识产权战略在中国市场还没有为它们创造奇迹。它们也在问自己还要坚持多长时间？

那些外国中小型科技公司和供应商的日子应该很好过吧？唇亡齿寒，它们也面临威胁。试想，当中国客户的数量从几百个减少到几十个，甚至几个，并且剩下客户的利润也越来越微薄时，这些靠技术许可为商业模式的企业如何保证可持续的发展？再说，由于之前高额的许可费，作为被许可方的中国企业会尽可能地大量生产风机来弥补许可费的高额成本。而对于那些没有能力进行大规模生产的企业来说，它们付出的许可费无法通过风机销售收回，结果不再有能力投资新一代的技术。

在知识产权问题的表象下

在知识产权问题的表象下，隐藏的是更深层次的矛盾。比如，在风电领域，我们可以看到很多自相矛盾的现象，它们正是这些深层矛盾的外在表现，它们也牵制着知识产权的作用。

绿色科技的创新与爆炸式市场发展速度的矛盾

既然撬动技术转让的支点是自主知识产权，那么为什么中国企业不自己搞创新，充实知识产权储备？缺乏基础性研究是造成中国制造企业在专利活动中不活跃的原因。倒不是因为中国企业不愿意从事研究。它们中也有不少乐意做科研，但是市场不给它们机会。比如，在中国风能市场爆炸式增长的情况下，如果一个制造商选择花费大量时间、有步骤地进行研发，到头来往往会发现市场已经被其他竞争者瓜分殆尽。即便是那些购买国外技术的企业，当它们终于推出自己研发的风机时，机型可能已经过时了。风机卖不出去，它们就会缺乏资金进行新一代技术研发。那些脚步变换快，能迅速提高创新能力的企业乃凤毛麟角。有专家甚至说，自主创新是条死路。在风电产业，很显然，不能把创新完全交给市场。

各国寻求绿色技术突破的需求与滞后的国际贸易规则之间的矛盾

那些致力于发展低碳经济的政府深知必须在绿色技术上寻求突破，相应地，必须采取实质性的行动，比如对创新进行补贴。比如，美国政府便向离岸风电产业提供补贴。这些资金被用来攻克技术瓶颈和疏通机构内部流程。这很明智。中国政府也试图补贴风电产业的研发，尽管并不是所有措施都已经到位。双方政府都不得不采取补贴措施，因为就目前情况来看，新能源产业根本无法和化石能源产业竞争，现有的新能源技术还没有好到足够和化石能源抗衡。一些政府对绿色能源产业的补贴被指责破坏了WTO规则。那么是不是WTO规则需要开展重新审查低碳经济的新现象，对绿色能源补贴制定更有针对性的明确规则呢？这个矛盾尚没有列入WTO或任何国际组织的议程。除补贴问题外，反倾销、技术壁垒、知识产权的边境执法（如，337调查）等贸易规则也相对滞后于绿色技术转让和扩散的需要。

绿色产业在国际自由组合创新资源的需要与各国条块分割的利益间存在矛盾

主要经济体国家期待中国担负起更多应对气候变化的责任，但是，它们的技术贸易投资政策却不完全有利于中国在低碳领域的技术投资和创新。外国政府希望通过绿色产业提高就业率，但是它们有的贸易投资政策却不完全有利于来自中国的投资。那么问题的根本何在？让我们试着打破常规，跳出知识产权自身的框架，从知识产权和外界的相互作用关系来寻求解决的答案。

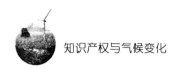

一些国家的政府一再通过贸易方式解决绿色能源领域的问题，如反倾销、加强知识产权边境执法等。但是这将无助于帮助消费者获得由创新带来的低价新能源及高能效产品。这是因为巨额的诉讼费往往会把中国企业用于创新的资金消耗殆尽，而这也对产业链上的国外企业产生副作用。外国政府面临一个越来越无可避免的两难局面，那就是针对中国进口商的贸易措施也伤害到其本国的制造企业。对于这些国家的部件或设备供应商而言，当它们下游的中国企业利润减少时，它们也面临需求缩水。制造链就是如此的全球化。不仅如此，资本结构也是高度全球化的。举个例子，中国十大太阳能光伏企业绝大多数都有国外机构投资者持股。这些投资者的利益自然也会是贸易保护主义首当其冲的受害者。仅仅针对表象无法解决根源上的问题。正所谓治标不治本。在表面上，以上矛盾是国家间利益的博弈，在本质上，它是发达国家内部资本间的分配矛盾，以及跨国资本与公众利益分配的矛盾。

……

在以上列举的关系中，各方都不尽满意。各国政府之间的贸易争端频发。不但中国风电企业的持续发展正经历着最严峻的挑战，国外风电企业也同样面临无法达到预期的市场表现，承受着巨大压力。这样的关系是无法维系的。

应对措施

当前人类面临的问题在于缺乏共同的愿景和勇气去建立一个有益于全人类的、可持续的经济社会生态系统。结果，在现有的系统中，经济社会活动的主体追求自我的、局部的、短期的利益。从长远来看，这种做法很可能不仅损害人类共同的利益，而且也会损害每个相关者的个体利益。

在未来几年，我们可能会目睹国际产业的风起云涌，行业洗牌，这也许并不是一副美丽的景象。但这种情况不是不可避免的。前提是我们必须采取措施来迅速缩小在知识产权上的差距，解决知识产权表象下的深层矛盾，并致力于建设一个新的人类社会生态系统。比如：

在技术创新上，停止对市场的过分依赖，转而依靠建立合作的国际技术创新机制以及让优秀者胜出的竞争机制；及时改进贸易和投资规则，以适应应对气候变化的需要。

在气候变化的框架下探讨知识产权，寻求能够最佳服务于技术创新和扩散的知识产权机制。不妨学学拳击比赛，划分重量级。但这毕竟不是拳击比赛，更像是划船比赛，人类同处一条船，命运与共，需要协力。

最重要的是，要通过实证研究认知国家间利益是如何关联、如何相互依赖的。唯有一个健康的人类社会生态系统才能保障全人类经济和社会发展的长期繁荣。

……

本书的出发点是回答一个看似简单的问题：知识产权在绿色产业的技术创新、技术转让和技术扩散中的作用是什么？而循着这个知识产权的视角，我们不但回答了这个问题，而且考察了回答这个问题所必须触及的表象下的深层矛盾。具体来说，第一章分析了国际绿色产业的专利地貌；第二章分析了产业的竞争环境；在此基础上，第三章、第四章和第五章分别考察了知识产权在绿色产业技术创新、技术转让和技术扩散中的作用。以上各章作为本书的第一部分是概述。在第二部分我们近距离透视了三个绿色产业，它们分别是第六章的风能、第七章的 LED 照明和第八章的太阳能光伏产业，第九章基于上述产业研究中所发现的问题，针对绿色技术国际转移和扩散相关的国际、国内组织机构的职能和能力，提出了关于政策改善的建议。

最后，让我们引用马丁·路德·金博士的那句话来概括我们所观察到的错综复杂却引人入胜的关系，"我所说的无非一个简单的事实，每一个生命都是紧密相连的，无论如何，我们都被一个无法挣脱的、相互关联的命运之网绑在一起。直接也好，间接也罢，我们命运与共。如此神奇，我无法成为我，如果你不成为你；你也无法成为你，如果我不成为我。现实就是如此的错综复杂，相互联系。"

目　录

第一部分　概述

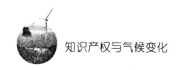
第二部分　绿色产业的近距离研究

第一部分
概　述

第 一 章

全球专利地貌以及中国的地位

一 全球专利地貌以及中国的地位——在
特定绿色产业中存在差距

欧洲专利局最近的一项研究指出，在环境友好技术（Environmentally Sound Technologies，ESTs）领域中依然存在知识产权差距，并且中国处于落后地位。研究中的两个方面尤其值得关注。

"特别明显的是，前六大专利申请国占所研究的清洁能源技术（Clean Energy Technologies，CETs）领域申请量的80%，并且每个国家在不同的领域都占据领先地位。""CETs领域中在创新和专利申请方面领先的6个国家分别是：日本、美国、德国、韩国、英国和法国。专利活动集中于这些国家的情况也反映出了其他科技领域的专利趋势。除了地热以外，CETs所有领域的集中程度都比较高。"

"对于新兴国家来说，中国在CETs领域有最多数量的优先发展项目，绝大部分为太阳能光伏领域。但是，专利数据表明，中国企业在此领域的专利活动非常少。事实上，这种趋势在领先的中国风机制造商中也存在。这反映出尽管这些企业在领域中是领先的生产商和制造商，但是它们并没有掌握大量的技术。""同样，印度的情况也类似。印度差一点点就挤进

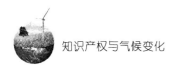

八项 CETs 门类专利申请国的前 20 位。"①

上述发现并非特例。事实上，这和全球专利申请的整体地貌是一致的，并不仅仅存在于绿色科技领域。发展中国家的整体知识产权储备量很小，若和发达国家庞大的知识产权储备量相比，甚至可以说是没有。本书中针对风电、LED 照明以及太阳能光伏产业中多个主要技术领域的全球主要国家和地区的专利统计分析图表也反映出这样一个事实：地球并不是平的。据估计，发达国家的知识产权储备比发展中国家领先好几十年。②

一个关于中国的普遍误解就是中国目前已经有大量的，或即将赶上发达国家水平的知识产权储备。不难理解，这种误解来源于中国企业在专利申请数量上的迅速增长。另外，即使绿色科技属于新兴技术，也不应该假设在绿色技术领域的后来者能和之前的参与者站在同一起跑线上。这些观点都不是事实。本书中，我们对此三个绿色产业领域的专利进行了详细的分析，分析的结果展示了一个相当清晰的在这些领域的专利地貌。关于这些专利地貌的详细叙述将在之后的章节中展开，以下所述只是一个概括。

二 三个绿色产业的专利地貌总览

（一）风力发电行业的专利地貌

对于风电领域的专利分析，我们以欧洲专利局对风电产业的专利技术分类（Y02E10/70）中所列的十二个专利分类号为专利数据检索标准，进行相应的专利数据收集和统计。我们分别统计和分析了各技术领域中截至 2011 年底公开的 2000～2010 年申请的专利数据，包括中国、欧洲、美国、

---

① Konstantinos Karachalios, Nikolaus Thumm, Ahmed Abdel Latif, Pedro Roffe, Benjamin Simmons, and Tahir Amin, "*Patents and Clean Energy: Bridging the Gap Between Evidence and Policy*," Geneva, the United Nations Environment Programme, the European Patent Office, and the International Centre for Trade and Sustainable Development, September 30, 2010, http://www.epo.org/topics/issues/clean-energy/study.html.

② Mark Blaxill, Ralph Eckardt, *Invisible Edge*, 2009, Portfolios Publication.

日本以及 PCT①专利年度申请分布趋势；各国/地区拥有专利数量排名靠前的企业专利申请人及其所拥有的专利数量；另外，为了方便国内业者更深入地了解中国的专利申请情况，我们对其中7个重点技术领域的中国发明专利申请进行了国内申请人和国外申请人的专利申请趋势以及数量的对比分析。

从针对上述风电领域的十二个技术领域的专利数据统计来看，风电技术领域的专利和核心技术几乎都掌握在少数几家公司手中，包括美国通用电气公司（GEN ELECTRIC）、丹麦维斯塔斯风力系统公司（VESTAS WIND SYSTEM AS）、日本三菱重工（MITSUBISHI HEAVY IND LTD）、德国西门子公司（SIEMENS AG）、再生动力系统（REPOWER SYSTEMS AG）、德国诺德克斯能源有限公司（NORDEX ENERGY GMBH）、西班牙歌美飒创新技术公司（GAMESA INNOVATION & TECH SL）、德国 Enercon 公司（艾劳埃斯·乌本，WOBBEN ALOYS）、美国剪式风能技术公司（CLIPPER WINDPOWER INC），以及丹麦 LM 玻璃纤维公司（LM GLASFIBER AS）等。而国内的企业几乎在各核心技术领域均无相应的知识产权积累，不仅是在国外专利申请方面几乎无任何知识产权积累，即使在国内专利申请方面同样处于劣势地位。而值得关注的是，由于中国市场的扩大以及风电制造业的规模巨大，上述国外企业也注重在中国的专利布局，专利布局的时间与其他国家/地区几乎同步。可以说，中国国内的风电企业在技术和知识产权领域缺少话语权，不管是参与国际竞争还是从事国内的生产制造。

（二）LED 照明行业的专利地貌

在 LED 照明行业，中国企业的专利地位相比技术领先的国外公司差距非常之明显。以目前应用最广的白光 LED 领域为例，拥有专利申请数量较多的公司有飞利浦、三星、松下、夏普、东芝、三洋以及日亚。这些公司在白光领域是市场的主要占有者。上述公司中白光专利申请较早的是

---

① PCT 指基于专利合作条约的国际专利申请，http：//www. wipo. int/pct/en/treaty/about. html。

日亚，而像东芝、三洋和松下这些公司，在白光 LED 领域都有持续的研究和投入，总体专利申请量一直呈上升趋势。而三星和飞利浦是白光专利申请相对较晚的公司，但增长速度很快，其专利申请总量已经居白光专利申请的前列。这些公司除了在本国布局有较多专利申请外，也积极在国外进行专利布局。不仅如此，像三星、飞利浦这些与中国市场接触很早的公司也很早就注重在华的专利申请，在中国申请的专利数量较多。

与国外公司在全球的专利布局的表现相比，国内的 LED 企业在知识产权方面的积累就显得非常羸弱。从技术和知识产权层面来看，中国企业在 LED 领域的技术研发较为落后，在专利布局上起步也较晚。特别是在高端芯片领域，不仅专利申请的时间较晚，在数量上相比技术领先的国外公司差距也非常明显。

在产业链上游的核心技术领域中，比如外延技术领域，国内的 LED 企业在研发和专利布局上处于绝对劣势；在 MOCVD 设备及工艺相关技术领域，韩国三星，日本夏普、富士通，美国镁光（MICRON）等企业在此领域的专利申请具有领先优势，而像应用材料公司、科锐等在此领域享有盛名的企业也位居专利领先企业之列。另外，得益于台湾半导体产业战略，台湾半导体在此领域也拥有一定数量的技术和专利储备，其专利申请量已能进入前 10 位的行列。而中国内地尚无一家企业或研究机构在专利申请数量上能进入前 10 位的行列。

另外，我们可以看到在晶体外延生长技术领域，中国的专利申请在 2000 年后也有明显的快速增长趋势。比如，在向中国专利局申请的专利中，有数名中国专利申请人进入了排名前 20 位的专利申请人中，不过均为研究机构；与 LED 其他技术领域统计结果一样，没有一家中国大陆的 LED 企业进入其中；同时，来自国外的申请人占了约四分之三。

在封装领域，排名前 20 位专利申请人中，韩国三星高居首位，其他大都为欧、美、日的申请人；中国台湾的工研院、台湾半导体也名列其中。中国大陆虽然集中了全球主要的 LED 封装产业，但是仍然没有一家来自中国内地的企业在此领域的专利排名中出现。

在其他关键的应用技术领域中，比如 LED 电路控制技术领域，专利统计显示的排名前 20 位的专利申请人中，中国台湾的几大液晶显示器厂商如友达光电、鸿海精密、中华映管以及台湾工研院都位列其中，无中国内地企业上榜。

（三）太阳能光伏产业的专利地貌

太阳电池技术目前已经发展到第三代技术。第一代技术以硅基板太阳电池为主，其现今仍是应用最多的主流技术；第二代技术为薄膜太阳电池技术，主要包括硅薄膜太阳电池和碲化镉薄膜电池；而纳米太阳电池技术被称为第三代太阳电池技术，目前已有一些前沿的研发机构和企业在此领域有了重要的技术产出和专利积累。

中国是全球最大的太阳能光伏组件生产基地。光伏组件生产处于太阳能光伏产业链的中下游。光伏组件的封装技术包括封装材料是光伏组件质量的重要保障。中国作为全球最大的太阳能光伏组件生产基地，虽然近几年国内的专利申请量在持续上升，但在此领域的全球专利申请者 15 强中，尚无一家中国企业入围。即使是向中国专利局提出申请的前 10 位专利申请人中，半数为外国企业，国内申请人也为数不多。这也显示了国内企业在此技术领域中的研发乏力或专利意识薄弱。

在光伏组件密封材料及封装技术领域，在总量上，美国的专利申请基本上一直走在其他国家/地区的前头。而在全球前 15 位的专利申请者中，日本公司占了其中的半数多，这也显示了日本公司在化学材料领域和封装技术领域的领先地位。而现实中，目前的封装材料供应商也主要为日本的厂家。

在目前国内的多晶硅太阳电池光伏组件成本中，硅材料（包括多晶硅原材料和硅片）的成本占 42% ~ 60%。硅材料的生产处于产业链的上游。硅材料的生产技术方面，全球专利申请量排名前 15 位的公司均为日本和欧美的公司，尚无一家中国企业入围。虽然近几年中国在此领域的专利申请量在大幅提高，但在中国专利申请排名前 10 位的专利申请人中，

位居前列的也为日本和德国的公司。而国内的企业，仅有江苏中能和江西赛维 LDK 入列，而其专利申请总量与著名的海外公司相距也较大。

类似的情况也出现在第一代太阳能技术的其他技术领域，比如一些主要的电池生产设备、聚光太阳电池组件和发电系统、光伏并网连接技术、电源管理技术、最大功率点跟踪控制领域等。

薄膜电池技术被称为第二代太阳电池。美国在薄膜电池技术领域明显具有领先地位，比较突出的是碲化镉薄膜电池，其他国家在此领域则无法与美国相比。另外，在前景比较看好的铜铟镓硒（CIGS）薄膜技术领域，专利申请量排名前 15 位的申请人中，日本的申请人和美国的申请人占据了多数席位，显示了其在此领域的研发和知识产权优势，同样，尚无中国企业入围其中。中国国内的专利布局较晚，但最近几年具有持续大幅增长的趋势。在国内专利申请排名前 7 位的申请人中，我们也能够看到有几家中国企业和研究机构入围，包括昆山正富机械、浙江正峰新能源、电子18 所、清华大学等。

纳米太阳电池被称为第三代太阳电池，是未来的高效太阳电池的重要种类之一。在目前的纳米光伏领域，专利申请量在全球前 15 位的公司或研究机构中，美国 NANOSYS、韩国三星、日本三菱等公司排名前列，尚无一家中国企业入围。

不过，在纳米光伏技术领域，中国国内的申请人近几年来的研究非常活跃，国内的专利申请量呈现爆发式增长趋势。但是，国内的研发和专利申请主要集中在大学和研究机构。所以，国内的技术研发要注重和产业的结合。另外，面对全球化的竞争趋势，国内的专利申请人要加强在国外的专利申请布局。

总之，不仅在太阳能光伏产业目前使用的主流技术领域中，中国企业的专利地位与国外企业差距很大；在第二代和第三代技术领域，差距同样存在。但是，国内的研究机构在研发和国内专利申请上比较活跃，而国内企业在所有技术领域的全球专利排名中都没有入围；只是在个别技术领域，有为数极少的企业出现在国内专利申请的排名中。

第 二 章
竞争背景——让优秀者胜出

一 全球竞争结构以及创新动态

（一）全球竞争格局和创新活力

意料之中的是，国内和国外的企业都认为竞争是导致技术无法自由转移的原因。国内的企业指出，外国企业有先进的科技，而中国企业通常在这方面非常薄弱。所以，技术成为外国企业最重要的竞争优势，并且知识产权就是维持这种优势的工具。这种想法得到了知识产权专业人士以及发达国家企业的认可。有的专业人士甚至提出知识产权是唯一的竞争优势，或者至少是主要的竞争优势之一。他们认为知识产权能够让对手敬而远之。

很多中国企业并不满意自己在全球竞争中的现状。在当今全球经济背景下，发达国家主要靠先进技术创收，而发展中国家主要靠的是廉价劳动力。

廉价劳动力让中国成为世界工厂和增长最快的经济体。同时，在中国的西方企业也因此得到了丰厚的回报。但体制中存在的问题给中国和西方国家制造了不少困扰。一些人认为，由于吸引了大量制造业的岗位，中国应当对高失业率负责；而中国的一些人认为，这些都是中国工人和企业辛

勤劳动应得的份额。中国的工业处于全球价值链的最底端，所以，和其他新进者一样，中国也希望像日本、韩国曾经做的那样，转换自己在价值链中的处境。

中国的经济增长模式同样也建立在对自然资源和能源的消耗上。如此的增长模式并不是可持续的，这也让中国成为主要的碳排放国。中国希望转变发展模式、走可持续发展和创新型发展的道路。

成为创新型国家是中国发展绿色技术的内在动力。当然，由于中国是主要碳排放国家，所以需要利用绿色技术减少碳排放。另外，中国也意识到严重依赖廉价劳动力、自然资源和能源消耗的增长模式是没有持续性的。事实上，根据中国的人口结构和有限的资源，这样的发展模式中国不但不想，也不可能持续。今后，老龄化的中国将失去廉价劳动力优势，环境面临严重污染，能源短缺也会限制 GDP 增长，所以，中国希望成为创新型国家并追求知识经济作为替代方式。同时，气候变化也成为问题之一，这刚好更加坚定了中国的选择，给中国更多动力来赶上新一轮的工业革命。明显的是，气候变化和中国选择的发展方式会形成一种合力，并且将产生深远的影响。影响之一就是中国对发展绿色技术的决心和承诺，这实际上也成为创新的焦点和重心。

那么，发达国家应该对中国此举担心吗？担心中国向创新型国家转型可能带来的对当今竞争格局的影响吗？

如此担心当然是有的。

这也使得发达国家的企业进退两难。有的企业意识到技术转移和扩散是应对气候变化的需要；同时，也担心从长远来看，这会使自己失去竞争力。正所谓"在中国，即使技术本地化能够提高生产效率和促进技术转移，发达国家的政府也很可能不会出台支持政策，因为随着生产的流出，这些国家的产业竞争力会逐渐被消耗殆尽"①。

---

① Takahiro Ueno, "Technology Transfer to China to Address Climate Change Mitigation," 2009, http：//www.rff.org/RFF/Documents/RFF - IB - 09 - 09.pdf.

　　一些发达国家的经济学家指出，创新是解决当今经济困境的一剂良药。[①]对他们来说，低碳经济有利于确保他们在国际竞争中的领导地位。毫无疑问的是，中国转变其经济模式的努力会打破当今国际竞争格局。问题在于，格局的打破是好是坏，是否能够同时有利于发展中国家和发达国家？换句话说，技术转移和本地化是否会削弱发达国家的竞争力？问题的答案需要进一步地研究来证明。这个答案不仅会影响发达国家对中国创新的态度，也会影响中国贸易伙伴的自身利益。

　　我们通过回顾历史来寻找答案。

　　"二战"后，日本的工业体系基本成了废墟，为了振兴经济，从1950年起，日本政府就把"引进大量技术"作为基本国策，用了近30年的时间，陆续从欧美引进了大量的技术，60年代末期已基本改变了战后技术落后的局面；到70年代，其在创新领域开始大放异彩，80年代开始向外输出创新技术。

　　对此，我们不妨问这样一个问题，"技术转移至日本使美国失去竞争力了吗？接下来，是韩国之于日本？接下来呢？"

　　20世纪70年代，日本在创新领域的大放异彩刺激美国出台了一系列政策法规来推动国内创新，如贝耶—都乐法案（Bayh-Dole Act）。美国和日本并没有被迫退出竞争，相反，二者变为更强大的创新者和贸易经济的赢家。

　　中国可能给创新带来怎样的贡献？成本创新道路给全球竞争带来活力的例子，说明中国的成本创新可以为全球创新和竞争作出独特贡献。

　　现有的科技从花费上来看，还无法大规模实施以实现减排目标，所以需要突破性的技术。发达国家的公共和私人领域在绿色创新方面一直处于领先地位，并且将持续保持领先优势。中国可以用创新来作出自己的贡献。一个例子就是"成本创新"模式，这种模式在其他产业中已经得到了体现。

---

① J. Stiglitz, *Freefall*: *Free Markets and the Sinking of the Global Economy*, Penguin, Oct. 2010.

成本创新的定义是利用中国在成本方面的优势，以一种全新的方式为全球的客户提供产品和服务的策略，这种策略能够以低价提供高科技，以前所未有的低价提供一度被认为是标准化的、畅销细分市场的产品的完美替代。这种模式的成功源于多种因素，包括低成本研发和工程资源、高效率、开放式架构和专注用创新来降低制造过程中的成本，等等。[①]

这种方式和传统的创新与从西方企业舶来的商业模式大相径庭。西方典型的做法是高价出售最新开发的高科技产品，这样，只有少部分有钱的客户能够购买。价格会逐渐下降，然后那些低收入客户才能够负担得起。这种渗透模式能够确保研发的投入得到回报。

相反，在低成本创新模式中，中国企业用低成本进行创新。这意味着需要利用上述所提到的那些资源，然后，向市场以低价和低利润销售。虽然价格较低，但巨大的经济规模也可以让企业收回研发的投入并获得利润。

无论是"高成本创新"还是低成本创新，两种模式在西方和中国分别得到实现。所以两种模式并无优劣之分。

为了回应低成本创新所带来的挑战，一些成熟的西方企业开始采取新方法。它们也在中国进行研发，以利用中国低成本创新资源的优势；同时，针对当地市场的需求专门开发廉价的产品，并且之后也会向全球市场销售。对中国企业和西方企业来说，这都将使竞争升级，也会刺激双方的创新潜力。全球的消费者都能从充满活力的竞争中受益。这样的竞争也为全球经济注入能量。

对双方来说，这种竞争在具有破坏性之余也是有建设性的。换句话说，并不是中国企业或者外国企业谁能够对绿色创新作出更大的贡献，而是两者之间的这种竞争的活力能够激发那些有利于应对气候变化的

创新。

技术创新带来的成本降低尤其重要，这可以加速绿色技术的扩散。成本创新首先出现在信息和通信技术领域，但是理论上也适用于绿色技术领域的绿色科技创新。

成本创新仅仅是中国企业选择的创新道路之一。理论上，中国企业可以采用和西方企业相同的创新模式。比起依赖于创新的模式，仅仅依赖低成本的竞争模式可能对全球创新和竞争造成破坏。

低成本创新模式完全不同于纯低价模式，纯低价模式没有任何创新的成分。如果中国企业不能依靠创新竞争，那么它们将不得不重回低价竞争的恶性循环，这对全球竞争和创新也是具有破坏性的。在绿色领域已经出现了一些例子。

在以绿色科技为特点的新一代产业革命中，如果中国、印度、巴西或其他发展中国家可以高效地创新，可能会再一次出现20世纪70年代日本创新的景象。毕竟，一个国家的劳动人民若仅仅作为廉价劳动力是巨大的浪费，他们应该成为知识财富的来源。

所以，绿色产业需要良性的竞争，并通过良性的竞争让优秀者成为赢家。

当发达国家和发展中国家在低碳经济中都希望成为胜利者和创新者时，竞争对整个人类社会的发展是有益的，但这种竞争必须是良性的，不分国籍人人平等，能够让优秀的参与者获得胜利。换句话说，这样的竞争能让每个人有机会成为赢家。

（二）知识产权在竞争中的角色

1. 专利是一种竞争工具

这种特色源自专利制度的合理性：政府通过授予发明者一定时期内的、排他性的权利，来交换某项技术对社会的公开。这种一定时期内的排他性使得专利所有人能够获取一些市场优势，比如技术的排他使用使产品具有独特性而配以更高的市场价格，因为其他人未得到专利所有人的授权

不能够使用此项发明。专利所有人如果愿意，也可以不授权任何人。这样，专利所有人就可以收回研发的投入并通过向消费者收费来获得投资回报，因为他有能力排除其他人参与竞争。[①] 专利所有人也可以通过许可授权他人使用发明，使用人须支付许可费或以其他代价交换，如交叉许可专利。这样，专利权就成为知识产权所有人的一种竞争工具，因为在权利期内，这种排他性的权利能够消除竞争对手。

2. 平衡

如此看来，维持平衡是很重要的。这种平衡是指专利所有人权利和公共利益之间的平衡，也涉及最初的发明者与后来的在原发明上作出改良的发明者之间的平衡。在专利制度的历史上，这些方面往往存在冲突。

就内部而言，这种平衡可以通过制定合理的权利期限来实现。另外，也可以通过合适的保护强度来实现。

竞争法的制定初衷就是为了保护消费者，其基本原理是多重竞争会带来更多选择，从而使消费者受益。[②] 所以，竞争法从本质上来讲能够在专利法之外维持一种外部平衡。很多国家都有自己的竞争法。但是，至今还没有涉及知识产权的国际竞争法。《与贸易有关的知识产权协议》（TRIPs）中的部分条款规定了可以适用竞争法的具体情况。

专利作为竞争手段的这一特性对技术转移产生了深远的影响：出于对竞争的担心，知识产权所有者可以阻止其他人使用此项技术，即使后者已经掌握了此项技术或者正在使用中。另外，专利的所有人可以有选择地进行技术转移而无须担心失去所有权。这种情况适用于专利所有人需要同盟者一同竞争。比如，获得许可的人是专利所有人制造链上的供应商或客户。有趣的是，当不存在直接竞争关系的时候，专利所有人可能更加倾向

---

① Commission on Intellectual Property Rights, "Report of the Commission on Intellectual Property Rights, Integrating Intellectual Property Rights and Development Policy," September 2002, http://www.iprcommission.org/papers/text/final_report/reporthtmfinal.htm.

② Carlos M. Correa, "Intellectual Property and Competition Law: Exploring Some Issues of Relevance to Developing Countries," 2009, http://ictsd.org/i/publications/11376/.

于获得现金收益。专利权赋予他们金钱刺激。这在专利权人为大型或小型技术企业，而被许可人为大型制造商时经常发生。

在绿色产业领域，专利诉讼和竞争强度的关系也和上述观察相符。在太阳能电池板产业，目前的市场依旧巨大，单个企业无法满足全球需求，所以太阳能电池板制造商没有必要利用知识产权来和竞争者争夺市场份额，市场还大得很。但是在两三年后，市场竞争的格局可能会改变。当更多的竞争者进入市场时，价格开始下降，市场需求也在不断被满足。这时，会产生更多的知识产权纠纷。企业为了应对变化、避免问题，并且希望在问题产生时通过交叉许可，或者利用专利作为谈判砝码，将会申请越来越多的专利。

在那些开始饱和、竞争越发激烈的市场，专利纠纷也会越发频繁和激烈。在风轮机产业，全球风轮机制造的开工率在 2010 年只有产业产能的62%，但前几年却达到了 70% ~ 75%。这种情况很可能持续到 2012 年。市场趋向饱和，竞争加剧会导致此领域中的知识产权纠纷也更加频繁和激烈。

3. 国家间的知识产权竞争

上述竞争是典型的企业层面竞争。知识产权制度也被国家用作在全球经济中获得竞争力的手段。相比于知识产权储备稀少的国家，整体上知识产权储备强大的国家拥有普遍竞争优势。毋庸置疑，知识产权储备相对充分的国家倾向于严格的全球知识产权制度，这样就可以确保自己的知识产权地位。所以，知识产权储备充足和知识产权储备缺乏的国家之间存在冲突。发达经济体如美国、欧洲、日本和新兴经济体如中国、韩国之间就存在这样的冲突。

在多数情况下，一国的利益与该国的私有领域的利益是一致的。在其他情况下，也可能存在冲突。比如，私人领域可能认为最符合他们利益的做法是向外许可技术，但政府会倾向于反对对外许可，以维护经济或军事方面的竞争优势。如美国政府出于国家安全的考虑，对很多技术采取限制出口措施。但是很多美国商人不断呼吁放宽限制，认为过严的出口限制会让他们落后于那些出口限制宽松的国家的企业。

不同于在商业运作中起到平衡知识产权的竞争法，目前没有法律来平衡国家间利用知识产权的竞争。由于知识产权地位的悬殊，中国企业面临一系列错杂的知识产权壁垒，但却缺乏救济手段。

二　知识产权在竞争中的角色

（一）　知识产权差距在竞争中的影响

理论上，专利制度下每个人都在同一起跑线上。但事实是，知识产权间的差距让那些专利储备贫乏的国家或企业难以参与竞争。这相当于让知识产权中的巨头和毛头小子在同一规则下竞争。

知识产权差距本身也在不断扩大，正如贫穷只会越加贫穷，这种恶性循环很难打破。因为在技术方面，后来者总是需要站在前人的肩膀上。如果总是不得不从零开始，将永远跟不上步伐。这意味着，后来者需要使用发明的许可。但是在竞争中，前人并不是都愿意这么做，除非可以通过交叉许可来使用对方的发明。那些没有专利的参与者将无法开展工作。在某种程度上说，如果能得到良好平衡，专利制度本身并不会成为障碍。也就是说，那些采用专利制度的人其实是利用专利固有的"排他性权利"来制造障碍。专利之间的差距是障碍的根源。

专利的差距并不是因为发展中国家自身不具有创新能力。相反，这和不同的文明如何对待知识的方式有关。从历史角度出发，发展中国家把知识作为公共财产，而非私人财产。当现今的专利制度被延伸到国际范围、再到发展中国家的时候，那些历史上积淀下来的广泛的知识并不能算作知识产权。

专利的差距不仅仅存在于中国。历史上，美国、日本、韩国在早期工业化时期也都经历过类似的情况。但是它们通过先模仿、后改进、再创新改变了这种处境。对中国来说，TRIPs 对世贸组织成员提出了更高的要求，专利制度对模仿者的要求也越发严格。中国入世之后，通过模仿来追赶的难度越来越大。所以中国要使自己的知识产权储备达到发达国家水平将会是一个巨大的挑战。

虽然，TRIPs 对所有世贸组织成员一视同仁，但从另一个角度来看，对各成员产生的影响是非常不平等的。虽然 TRIPs 自实施以来一直在试图解决此问题，但是问题一直都还存在。

中国改变自己地位的方式是把重心放在提高自身的创新能力上，通过对内创新政策和国家知识产权战略来解决知识产权的差距问题。政府出台了中长期科技发展计划，并且不断完善知识产权法律制度。这些努力和中国应对气候变化的努力不谋而合。

在此背景下，中国出台了本土创新政策，其中关键的部分是关于加强知识产权执行力和提高知识产权制度的效率，目的是鼓励企业创新和创造有利环境，方法是强调知识产权创造：用知识产权作为标准来评估企业达到享受这些激励政策的条件。只有当一个企业拥有自主知识产权，才能被视为创新型企业，才能享受如税收减免等鼓励政策。不同于鼓励出口或放松知识产权管理，这些政策的真正目的就是去解决更加严峻的挑战——知识产权差距。[①] 在此政策实施阶段，重点应该是鼓励创新。这意味着知识产权最终会符合技术进步的程度、而不是与之分离。否则，知识产权的质量将得不到保障。

政府对创新的干预程度在中国国内或国外都存在激烈的讨论。因为存在着不同的政策和经济背景，企业或政府把政府对创新的干预视为"国家资本主义"行为或者"市场资本主义"中的不平等规则都是再自然不过的了。抛开意识形态，有关气候变化的不可忽视的真相就是如果没有政府的干预，绿色能源不可能代替传统能源，因为前者从市场角度来看是失败的。这就是为什么甚至是发达经济体的政府也需要投入大量的资源来鼓励绿色科技的创新。但这并不是说中国政府应该代表私人领域去竞争。重点应该是能力建设以及创造有利于创新的环境。

---

① 有关此创新政策的细节，请参考本论文第二部分有关补贴的讨论。

（二）从全人类的角度考虑气候变化和知识产权平衡

发明者的排他性权利和公共利益之间的平衡被视为国家层面的专利制度的经济合理性。正如前文所指出的那样，专利保护的合理性是与社会妥协后的交易：如果没有专利保护，就会缺乏发明和创新。对长期情况的假设是，尽管垄断性定价使得价格上升，但消费者最终还是受益方，因为短期的损失会在持续研发产生的新发明中得到补偿，并且价值会远远高于之前的损失。经济学家认为专利制度通过鼓励技术进步促进了动态效率，牺牲了来源于垄断相关成本的静态效率。尽管这种专利保护的理由是建立在一系列简化的假设上、并不是在实践中得出的，但是这在国内范围中还是有用的。

全球化使得知识产权的概念超越国家界限，新的挑战随之而来，那么如何在全球经济的层面上达到国家间的平衡？这里所说的平衡的概念也不再只是单个国家范围内的发明者和公众之间的平衡了。新的利益相关者相继出现，国家本身也成为这种平衡的利益相关者，因为国家自身也是全球经济的竞争者。有的国家拥有充足的知识产权，而有的国家却很少。世贸组织的 TRIPs 注意到了这一点，并且给那些还没有充足知识产权的成员国一定时间来迎头赶上。但如何赶超、在赶超过程中的问题如何解决，TRIPs 无法给出想法。解决手段中存在真空地带。

另外，气候变化是对整个人类的挑战。在整个人类社会和单个个体之间的博弈中，气候变化是一个主要的影响因素。国家渴望在绿色经济中领先的雄心也会影响竞争的格局。

至于气候变化，其中是否涉及知识产权问题依然在激烈地讨论。新兴的绿色经济也是一种全球经济。在一定程度上，这个事实本身就是答案：如果知识产权是全球经济中未决的事项，绿色领域又何以避免？在现实生活中，国家间在绿色产品的国际贸易中冲突不断。部分冲突的根源是缺乏在全球层面中解决国家间知识产权不平衡的一种令双方都能接受的办法。类似情况也出现在大量的与绿色产品有关的新兴市场国家和成熟的发达国家市场的贸易冲突中，还存在于这些国家的私人领域中的知识产权诉讼中。令人意外的是，冲突的双方都常常被贴上国家主义的标签。

关于解决不平衡的根本途径究竟是什么依旧不清晰：是知识产权政策本身，还是竞争法？或是应该调整国际贸易规则和全球治理，或者是一种新的全球经济模式，一个可以使竞争和合作更好运转的模式？发展中国家提出了各种解决与绿色技术相关的知识产权问题的手段，如放弃绿色技术专利权、强制许可、缩短专利保护时间，等等。其中不乏可以解决知识产权差距的有效方法。也有人建议，对于这些措施要具体问题具体分析，比如缩短保护时间对于 LED 芯片的基础技术专利是可行的。有人认为对具体领域具体技术的强制许可有利于竞争。在采取上述任何建议之前，需要对其可能对绿色产业和利益相关者的潜在影响做更加仔细的实证分析。

第 三 章
知识产权与技术创新

　　本章概述了知识产权在绿色技术发展中的角色，专利制度对中国绿色技术的发展是促进还是阻碍？每个绿色技术领域都有其独特的竞争格局。因此，知识产权的角色在不同的绿色技术领域也有所不同。这一章，我们试图阐明在风电领域、LED 照明领域和太阳能光伏领域，知识产权是如何同技术创新相互作用的，以便为了解知识产权在绿色技术发展中的角色提供一些思路。

一　风电领域

（一）创新跟不上产业发展速度使得专利活动不活跃

　　中国风电产业始于 20 世纪 90 年代，那时产业的整体创新能力还处于非常低的水平，只有数量有限的几家研究机构涉及此领域的技术研究，明显无法支持产业的发展。在中国政府出台了一系列支持风能产业的政策之后，产业的创新能力才开始有所提高。然而风机市场如此快速的发展并没有给产业足够的时间去创新。当时，对于中国企业来说，它们面临一个生死攸关的两难选择：如同和时间赛跑一样，如果创新的速度无法赶上市场发展的速度，那么企业会失去市场。大部分企业都无法做到利用自主创新来满足市场的需求，所以大都选择从二级公司购买技术。

相较于市场现状和国际上领先的竞争者，大多数中国企业的创新能力都是落后的。比如，中国的研究机构和研究人员的数量均远低于国外，这可以从此领域的专利申请情况中得到印证。在过去的十年中，虽然专利申请有所增加，但是总体知识产权组合依旧不足，在海外的专利活动尤为稀少。

目前，产业发展的速度减缓，并且由于出现产能过剩，竞争日益激烈，这使得企业必须通过高质量和更好的服务来获得市场。所以，创新比任何时候都重要。

（二）知识产权制度对技术创新和扩散的影响取决于是否遵循经济合理性以及是否维持动态平衡

知识产权制度若能维持发明者和公共利益之间的平衡，就是具有经济合理性的。这样，既可以促进技术创新也有利于技术扩散。相反，如果发明者披露的专利技术细节不充分，专利在促进后来者进行创新活动的作用就会被削弱；如果专利保护的范围过宽，技术改进的空间就会被压缩，技术扩散的不确定性和风险也会上升；而专利保护范围过于严格则会伤害发明人的创新积极性。一旦出现这些情况，就会对技术创新和转化造成负面影响。相比于一个不合理的、不平衡的知识产权制度，一个合理的、平衡的知识产权制度可以更好地服务于技术创新和扩散。由于技术发展的速度和竞争的特点不同，专利制度的平衡点在各领域是不同的。

在风能产业，我们观察研究了上述规律的作用情况，结论是如果符合这种规律，那么知识产权制度会对技术转化产生积极影响；反之，若制度有漏洞，则会带来消极影响。

因此，知识产权制度若出现下述情况，将会阻碍创新：

• 专利披露不充分会侵蚀专利制度的合理性，对进一步创新带来直接影响；

• 专利保护范围过宽会限制后来者的进一步创新和权利人滥用专利权的情况；

● 由于风能产业发展迅速，对处于发展阶段的中国企业来说，专利保护期过长，不利于它们进行技术创新；

● 正在形成的"专利丛林"限制了所有风能企业的创新空间，包括中国风能公司。

在下述情况中，知识产权坚持其合理性，会对创新带来积极影响：

● 披露充分和高质量的专利有利于后来者预测可能出现的技术问题；

● 也有利于激励后来者去寻求更优秀的技术解决方案；

● 促进风机制造领域的竞争；

● 建立一个技术地貌分析的数据库，帮助企业更好地了解自己在竞争中所处的地位，并且能够了解竞争对手的技术发展进程，制定相应的研发战略。

（三）知识产权许可、技术转让对创新可能产生的影响

中国风电领域的企业通过向欧洲的二级风能企业或技术企业购买图纸而获利，相当于让中国企业能够站在别人的肩膀上发展，虽然不是巨人的肩膀，但也强过完全从零开始。

但问题和挑战依旧存在：

第一，由于高额技术转让费用，获得技术的企业出于收回成本的需要，被迫扩大生产和采取价格竞争，使得在研发方面的投入不断减少。

第二，技术出让方出让的 know-how 缺少深度，比如，不包括设计软件，使得受让方依旧不清楚深层的原理，对受让方的后续技术创新并没有多大帮助。

第三，出让方通常不允许对其设计做任何调整，这直接影响到技术在应用中的适应性和在创新中的改善。

（四）困境中的一线希望

即使公司没有能力将其研发成果进行大规模生产，知识产权也能够保护自主创新的成果。公司可以通过对外许可来收回研发资金，比如某中国

风机制造厂商就是通过这种方式最终销售出了其研发的技术，尽管其自身无法把该技术推向市场。

二　LED 照明领域

（一）中国在 LED 照明领域中处于价值链的低端，知识产权差距限制其创新能力

在 LED 照明领域，传统领先企业与新兴力量的知识产权地位相差悬殊，市场竞争日趋激烈，两者之间的矛盾不断加剧。在此领域，知识产权比在其他任何一种绿色产业领域都有更明显的作用。

在 LED 产业的上游，核心构件如 LED 芯片有严格的专利保护。一些国外公司掌握了大部分核心技术的关键专利。这些公司在知识产权中的地位让它们可以确保自己产品的高利润率、限制竞争对手的利润率，也有利于它们建立品牌，进一步加强竞争力和赢利能力。而高额的利润回报使得它们有能力投资研发和建立品牌。但是，随着 LED 照明领域竞争不断加剧，后来者相继进入市场，也给这些公司在确保其领先地位和赢利能力方面带来挑战。一方面，它们继续创新，从技术上领先对手，不断强化其既有专利优势，并且这种持续创新已经成为一种企业文化；另一方面，通过知识产权诉讼和边境执法的方式积极实施知识产权战略，特别是针对海外市场的竞争对手。

相较而言，由于缺乏上游技术和知识产权，大多数中国 LED 企业处于 LED 制造链的中下游。另外，这些企业的数量也很庞大。所以对大部分企业来说，价格优势尤为重要。它们倾向于从中国台湾和韩国采购 LED 照明产品的核心组件：LED 芯片，价格低于欧、美、日的主要知识产权所有人。当这些产品出口至海外市场时，这些知识产权所有人会发现这些中国产品的价格大大低于使用他们制造的芯片的产品的价格。为了阻止此类竞争，便发动边境执法来阻止产品进入市场。

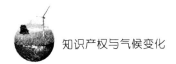

很多中国企业在这些措施的阻碍下，不得不放弃海外市场。它们多为中小型私人企业，无力承担应对边境执法的花费。比如，据估计，在美国针对国际贸易委员会（ITC）审查的辩护费相当于中国整个 LED 行业的年利润①。其他贸易手段，如技术壁垒，也进一步削弱了行业的赢利能力。所有这些因素使得中国 LED 产业损失惨重。目前，差不多99% 的中国 LED 照明企业无法赢利，这意味着绝大部分企业无法承担持续性的研发投入。无创新方面的投资，特别是对上游技术研发的投资，意味着中国 LED 行业无法转变其技术和知识产权地位，结果就是不得不陷入被动的恶性循环中。

（二）保护创新和促进创新都需要知识产权

在 LED 产业的下游，由于技术门槛较低，中国 LED 企业有一些创新并且获得了一些知识产权组合，但大多数为实用新型或者外观设计类专利，并非发明。若要改变在全球竞争中的被动地位，这些知识产权组合还相去甚远。但是，至少可以使得这些企业的产品区别于其他产品，逐渐建立自主品牌。考虑到大多数中国企业都为终端产品制造商，所以建立自主品牌还是非常重要的。

一个罕见的例子是，2000 年以后，中国在技术专利申请方面表现优异，尽管前 10 位的专利申请人均为研究机构，无一家 LED 企业进入前 10位。理论上说，如果能保持这种势头，那么为行业创造出一条可替代的技术路径、帮助企业走出现在的困境是可能的。此种假设中，专利保护新技术。专利所有者可以与产业联盟或其他中外企业共享知识产权。换句话说，知识产权可以促进可替代技术的发展。

知识产权对于 LED 照明产业的技术创新究竟是一种障碍还是一种加速器？对于中国企业，由于存在巨大的知识产权差距，知识产权是

---

① 张平：《337 产业利益游戏》。Rothschild 案，337 调查的代价是数百万美元，绝大部分由中小型非国有企业承担。

他们创新的障碍。这种困境成为一种恶性循环，难以突破，更不用说获得技术创新投入。但对于那些致力于建立自主品牌，通过用更优化的技术解决方案和产品质量与竞争对手区分的企业来说，一旦它们在核心技术领域作出实质性的技术创新，知识产权也就成为一种加速器，帮助它们推广技术。对于国外企业来说，如果它们能够保持创新的企业文化、不满足于现状、持续投入创新，知识产权对他们来说也是一种加速器。

在此背景下，致力于创新的企业呼吁鼓励创新的文化，并利用知识产权来培育此种文化。按照这样的设想，知识产权应当在三个层面发挥作用，鼓励创新文化的建立。在个体层面，知识产权应该保护个体发明者的发明创造，让他们的成果得到尊重；知识产权也应该鼓励企业通过研发来提高产品的质量，并且阻止低端模仿，换句话说，就是保护那些有创造性的模仿。在企业层面，知识产权管理应当纳入公司治理中。最重要的是，在现阶段，法律制度应该有利于知识产权的保护。在更高层面，培养一个鼓励创新的商业文化，包括强化竞争法，限制全球范围内的反竞争商业手段。

三　太阳能光伏领域

（一）缺乏确保技术升级的知识产权

在过去，中国领先的制造商曾经在特定的技术领域成功地实施了成本创新。这种创新模式主要是提高光伏电池的质量和制造工艺，这种创新使企业获得了一些市场优势。但是中国太阳能电池板企业却无法在制造链上的其他领域发展技术，比如在转换电池、电控和其他系统组件方面。[1] 另外，它们也没有能力开发出同样精准和便于操作的设备。所以它们不得不

---

[1]　Javier Campillo and Stephen Foster：《全球太阳能 PV 产业分析、重点关注中国市场》，2008。

依赖国外的设备供应商。

目前中国光伏产业发展面临重大困境。市场持续疲软和竞争日益激烈，企业不得不以不断的低价来获取市场份额，利润空间不断被压缩。在面临如此重大困境的形势下，企业的整合与技术的升级成为必然趋势，而产品技术升级又离不开核心知识产权的保障，中国企业在这些方面与国外差距很大。由于近几年来国内光伏产业的投资大多集中在技术门槛较低的多晶硅项目以及组件上，而对于代表未来产品方向的高效低成本电池技术、电网集成系统等方面投入不足。正如我们在专利分析中所看到的，这些领域的核心知识产权几乎全部由国外的公司或研究机构掌握。所以，中国企业目前的技术创新也相应面临困境。一方面，不得已的低价策略导致利润空间不断压缩甚至亏损；另一方面，由于前期在高端技术研发方面的不足以及在知识产权储备方面的明显劣势，对于现有产品的升级缺乏技术和知识产权的保障。例如，在高效低成本电池制造技术领域，作为对目前的硅基板电池技术改进的 MWT 或 EWT 电池技术，美国和欧洲的企业早已走在前列。再比如，在光伏产业的高端的光伏发电系统控制领域，日本企业远远走在我们的前面，大多数核心技术的专利也早已被国外的专利权人所掌握。很显然，国内企业寻求这些领域的技术创新以求得产业突破也将必然面临严峻的知识产权的风险和挑战。

（二）知识产权的差距意味着在联合创新中不平等的地位

由于创新能力不足，中国制造商无法独立开发下一代技术。开发下一代技术所需的技术一般都有 know-how 和专利保护，这些技术的所有人倾向于保留这些技术来保证其竞争优势，而不是对外许可。一些研究建议中国企业和知识产权所有人合作，而通常知识产权合作的方式是用自己的专利和竞争者进行交叉授权。根据我们的专利分析，中国企业在太阳能光伏产业并不是主要的专利所有人。尽管在国际太阳能电池板市场中占有不小的份额，但中国的太阳能光伏企业所拥有的专利组合非常有限。知识产权方面的差距使得中国企业无法通过交叉授权的方式与竞争者合作。对于国内的光伏电池制造商来说，目前只能支付高额的技术转让费与国外公司进行技术合作，方能进行产品的生产和销售。而采用这种合作方式的主动权并不能由中国公司掌握。

简要来说，知识产权的差距对此领域产生的影响大大高于从前，决定着技术和产业的升级换代。所以，这将是产业的一个转折点。

第 四 章
知识产权和技术转移

根据不同行业独特的竞争机制，知识产权在技术转移中扮演着不同的角色。

一 风电产业

中国风电产业在技术转移上的历程可概括为三个阶段。

第一阶段：1997～2003 年。在此阶段，业界试图通过与国外企业合资来获得技术转移。这些合资并不是十分成功。其中一个合资仅在两个销售订单后便归于沉寂。主要原因之一是合资方中的外国投资者不愿意转移核心技术，结果由合资公司制造出的产品远比进口产品要贵。五六年之后，所有的合资均告失败，外国合资方没有向他们的中国合作方转移高端技术。

在这一阶段，有两个中国风力涡轮机制造商，即金风科技和运达风电，采取了不一样的措施——购买 660KW 技术而不是合资。但是，当时的市场对于他们和整个产业来讲都是比较小的。

第二阶段：2003～2008 年，是中国的风电产业开始起飞的阶段。很多公司开始购买技术——准确地说，是从外国设计公司购买设计图纸，其中大多数为二级和三级设计公司。全球前 10 位的主要风力涡轮机制造商从未向中国本土企业转移过技术或在中国建立合资公司。有一个误解说中国已经从国外竞争者那里获得了技术转移并且将其挤出了市场。这并不符合实际。

购买技术存在的问题是，这种技术和产品对于快速发展的市场可能不够成熟。对于风力涡轮机制造来说这个问题更突出，在此领域，经验积累是关键。

在某些情况下，在产品被从图纸到定型再到量产完全开发出来之前，市场已经前进了而导致产品过时。一些设计图纸看起来似乎与中国制造商要求的风力涡轮机是同一型号的，但在实际中却并不适用。比如，中国的风力类型为3，这意味着涡轮机需要比原始设计更长的叶片。更严重的情况是，购买图纸时技术并不过时，但产品市场竞争已经非常激烈；等到产品完全开发出来时，与市场上现有的更先进的涡轮机相比就显得过时了。因此，这些公司丧失了收回研发投资的机会，也无力投资研发更先进的产品，只能在产业中低水平挣扎。

那些尽力设法开发与市场同步的产品的公司有时需要面对另一个问题——知识产权风险。

由于那些外国设计公司仅仅是出售设计图纸，不包括设计中的技术秘密，中国的公司不得不依靠这些外国设计公司来开发下一代产品来适应变化的市场。在某些情况下，即使设计公司转让了技术秘密，一些中国公司暂时也缺少吸收能力。

第三阶段：2008年至今，联合设计。在这一阶段，有实力的中国公司开始实施"引进、消化和创新"战略，购买设计图纸并消化吸收提高中国自身的能力。一些中国公司开始与外国公司联合设计产品。一些中国公司也开始收购外国设计公司。但是此产业的收购与中国汽车产业购入了大的国际品牌大不相同。问题在于收购的外国风力涡轮机设计公司不是特别有名的公司，有一些甚至在此之前没有制造出自己的产品。所以联合设计的强度和产出还需拭目以待。

由于风力涡轮机市场进入了稳定增长阶段。中国制造商正努力自主创新。然而，前10位的国际制造商已经进行3MW和5MW离岸风机的研

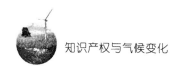

发——风力涡轮机市场最高端的领域。

从以上的案例分析中我们可以看到知识产权在何种情况下阻碍技术转移以及在何种情况下有利于技术合作。

知识产权阻碍技术转移的情况：

• 实现规模性生产所需的一些 know-how 和最先进技术的 know-how 大部分掌握在国外主要风电企业手中，国外中小风电技术公司无法提供这些技术 know-how；前者的商业战略及相关知识产权战略未能及时根据中国风电产业的特点加以调整，技术转让未能发生，也导致外国企业本身未能实现预期的市场竞争优势，而且错失了技术转让收益——两败俱伤。

• 在早期的合资中，因为外方不转让技术 know-how 给合资企业，而是坚持进口主要部件，造成价格比完全进口的风机还高，导致产品卖不出去，合资失败，技术转让终止。

• 在购买图纸的技术许可模式中，知识产权的障碍表现在：

第一，技术转让费用较高，加剧了受让方收回成本的压力、助长了其扩大生产规模的动机、助长了恶性价格竞争、削弱了研发投入的实力。

第二，know-how 供应与需求不平衡，导致转让方将一项技术向多家重复转让，这不仅抬高了许可费价格而且埋下了技术同质化的风险。

第三，转让方不转让诸如设计软件等方面的深层 know-how，结果，受让方知其然，不知其所以然，不利于受让方的技术创新。

第四，转让方通常不允许被许可方对设计进行改动，也直接影响了技术适应（technology adaptation）和技术创新能力的提高。

• 风电专利的密集使得国外技术转让方不敢向技术受让方提供行动自由的保障，这种权利的不确定性导致技术受让方被迫放弃或推迟向海外市场扩散风电产品和技术；另外，和知识产权相关的纠纷也使得情况趋于恶化。

• 在联合设计模式中，外国合作方所在国家的知识产权转让和并购法律制约了知识产权的自由交易和投资，影响了联合研发的效果。

知识产权促进技术转移的情况：

● 知识产权可以保护企业自主创新的成果，即使是在企业无法将创新成果投入规模生产的情况下。理论上讲，中国企业也可以通过转移技术来赢得客户、最终收回研发成本，然而这种情况在目前还比较少见。

● 在外国机器制造商投资中国部件制造商的过程中，会产生 know-how 一定程度地在产业链上下游之间的垂直转移。

在最近的几次合资中，know-how 通过技术指导和人员交流产生的流动对创新能力的培养发挥了重要作用，这正是合资相比其他形式技术转让的优势所在。

● 在购买图纸的技术许可模式中，知识产权许可费给国外中小企业转让方带来利益驱动，技术转让得以发生，中国风电企业则因此获得技术，在较短时间内将产品推向市场。

● 在并购和联合研发模式中，外方的知识产权资产是其获益的条件。

二　LED 照明领域

在 LED 照明领域，知识产权与技术转移和扩散之间的关系主要表现为三个方面：一是此领域的传统大厂，日亚化学、丰田合成、科锐、欧司朗以及飞利浦之间形成了强大的专利交互授权网络。二是以五大厂为首的传统大厂与以韩国和中国台湾 LED 新兴势力之间的旷日持久的、你来我往的专利侵权诉讼形成的少数的以纠纷和解为形式的妥协与技术合作。三是最近由飞利浦、日亚化学、科锐通过各自的知识产权许可政策形成的技术许可群体。

在 LED 产业的核心技术——LED 芯片技术领域，上述的传统 LED 五大厂具有绝对的专利储备优势，而且这种专利层面的优势一度为其带来了市场上的绝对优势地位和高额利润。21 世纪以来，随着世界 LED 市场的不断快速发展，特别是近几年市场规模的急剧扩大，以韩国三星、首尔半导体以及中国台湾亿光、晶电等企业为代表的 LED 新兴势力开始强势进入 LED 照明市场，不断冲击传统 LED 大厂的市场份额。为了应对来自新

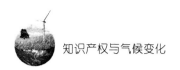

兴势力的市场竞争，五大厂之间通过专利交叉授权形成了强大的专利网络，同时通过专利武器，在全球主要市场针对韩国和中国台湾的 LED 厂商发起了一个又一个专利诉讼意图遏制新兴势力对其市场地位的冲击。经过多年的发展，像韩国三星、首尔半导体等企业也积累了相当数量的核心专利，逐渐形成了可以与五大厂互有攻防的局面，于是，以局部和解为结果的技术合作与扩散也由此产生。

另外，飞利浦和科锐最近都公布了其知识产权许可政策，通过其许可政策，有一批 LED 厂商与之签订了技术使用许可协议，由此也出现了一定范围内的技术转移和扩散。

而对于中国大陆的 LED 企业来说，在技术和知识产权地位上较五大厂以及处于第二梯队的韩国和中国台湾企业差距甚远，只有个别企业获得专利许可。这样的企业是相对有些规模的企业，而且其产品是出口发达国家的市场。另一种获得技术转让的情况是，国际大品牌厂商有时会向为其进行 OEM 生产的中国企业授权使用技术解决方案，以保证后者的产品达到要求的质量标准。当然，成为大品牌的 OEM 厂商，也有其代价——它使得企业没有品牌发展的机会，而且没有研发的自主权，如果长此以往，会影响中国 LED 产业的发展。

绝大多数中国 LED 照明企业获得国际技术转移或专利技术许可则十分艰难。这并不完全是因为技术拥有者不愿许可，有的企业，如飞利浦也在积极尝试向中国企业许可。但是，因为众多中国 LED 企业是规模较小的企业，它们并未形成足够的研发实力和专利储备，自然也无法获得专利诉讼和解或者合作谈判时的筹码；另外，因为利润微薄，不得不接受的许可费将会成为企业发展的致命障碍。所以，许可很难发生。

我们从这几年的国际知识产权纠纷中国内企业的遭遇，以及与飞利浦、日亚化学、科锐公司签订专利许可协议的厂商名单中就可以看出这一点——与飞利浦签订许可协议的约 200 家厂商中，中国的 LED 制造商寥寥无几。

参照韩国和中国台湾的 LED 企业在其发展和市场开拓过程中所遭遇

的经历，可以预见的是，中国大陆的 LED 企业要想在此领域有所作为将会更加坎坷。如果要取得突破需要做两方面的工作：中国的 LED 产业需要整合，改变众多小企业低价竞争的状况，鼓励有规模的有创新能力的龙头企业在竞争中出现，结合企业和公共研究的研发力量，增强创新能力和知识产权力量，形成可以与传统大厂对话的实力；与此同时，国际 LED 产业也要从产业健康发展角度和自身长远利益考虑，采取具有创造性的以合作为特点的商业模式，并用知识产权作为合作的桥梁服务于这种模式。这需要整个产业采取理性的认识，并由一个以产业自我管理为特点的全球产业协调机构来推动。单个的企业很难做到。一个公平合理的国际政策平台应当引导和帮助产业寻求可能的途径来朝这个方向努力。合理的国际技术转移将会成为中国和全球 LED 产业未来发展的关键。

三　太阳能光伏领域

在太阳能光伏产业在中国兴起，形成规模化产业的起始阶段，国际技术交流起了很大作用。国际技术转移和扩散主要是以海外华人学者、科学家回国创业为主要形式，如无锡尚德的创始人施正荣博士等。由于目前尚处于主流产品的硅基板太阳电池及其组件的生产制造技术主要为 20 世纪90 年代以前就已经开发完成的技术，这一时期国际技术转移和扩散中涉及的知识产权问题多表现为技术秘密层面，并没有出现影响较大的专利诉讼案件。而在产业链的前端环节，即硅材料生产制造领域，国际技术转移和扩散则不甚理想。由于在光伏组件的成本构成中，硅材料的成本占据了一半以上，而手握硅材料制造领域核心技术的国外先进厂商，利用其技术和知识产权上的优势，瓜分了光伏产业的绝大部分利润，中国的光伏企业虽然在产业的成本投入上远超过国外的硅材料企业，而获得的产业利润却远远不及这些国外的硅材料企业。正因为如此，国内的企业近几年加大了在硅材料领域的投资，而投资的效果从 2009 年开始明显体现，国际硅价急剧下降，中国光伏制造商的成本也大幅降低，导致国际光伏产品价格下

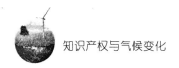

跌。然而，由于中国企业并没有掌握先进的硅材料生产技术，也未得到国外先进技术的转移，因此，中国的硅材料产业也成了高能耗、高污染的产业，不断被媒体曝光的污染事件也证明了这一点。

然而中国的光伏业者尚未从硅材料的成本降低中获得期望的利益和更为合理的产业利润分配，却很快陷入了更为艰难的境地。由于金融危机以及欧债危机的影响，国际光伏市场每况愈下，一方面生产成本的降低导致低价竞争越来越激烈，另一方面，由于原先在硅材料制造领域依靠技术优势获得巨额回报的国外公司风光不再，出于市场竞争的需要，针对中国产品发起的贸易保护措施此起彼伏，国际光伏市场的竞争越加惨烈，企业的生存与发展也越发艰难。

在这种情况下，国际技术转移和扩散或许会成为解决当前国际光伏产业困境的一个有效途径。结合国外企业在高端技术领域和替代技术上的知识产权与技术上的优势以及中国企业的制造和成本优势，扩大光伏领域的合作范围，生产高效低成本的光伏产品，提供高效的光伏发电系统以及电网传输技术等，扩大光伏产品的应用推广规模，振兴国际光伏市场。这样的国际合作案例最近已开始出现并发挥效果，2011 年中国蓝星集团收购全球领先硅材料制造企业挪威 Elkem 公司的案例恰能说明这一点：既改善了国外企业的财务状况，中国的企业也能凭借先进的技术摆脱落后的产业环节，改善自身的发展。

由此，可预见的是，在未来的光伏产业发展中，知识产权和技术的国际转移与扩散将扮演重要的角色，建立公平合理的知识产权和技术价值评估体系以及统一的国际合作平台将会促成国际光伏产业的健康可持续发展，加速绿色新能源技术的推广应用。

第 五 章
国际贸易中的知识产权及扩散

本章中我们将对中国以及中国绿色产业在国际贸易中所遭遇的贸易措施进行实证分析。我们将研究这些措施如何影响绿色科技扩散，以及知识产权在其中的角色。

一 反补贴案例

2010 年 10 月 15 日，美国贸易代表办公室（USTR）根据 1974 年贸易法案的第 301 条，启动了一系列针对中国有关绿色科技贸易和投资的行为、政策和做法的调查，以回应美国钢铁工人协会向其提出的诉求。

"根据此诉求，被调查的政策包括出口限制、禁止性补贴、对外国公司的歧视性条款和进口货物、技术转化要求，以及对国内企业的补贴，认为这些措施是对美国利益的严重损害。该诉求进一步宣称中国的政策造成美国对中国在绿色科技产品领域的贸易赤字自中国加入世界贸易组织以来严重增加，中国已经成为造成美国在此领域的全球贸易赤字的首要因素。"①

美国贸易代表办公室（USTR）将就上述政策是否违反了 WTO 补贴

---

① 美国贸易代表办公室，"United States Launches Section 301 Investigation into China's Policies Affecting Trade and Investment in Green Technologies," Oct. 2010, http：//www.ustr.gov/node/6227。

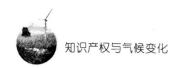
和反补贴协议（SCM Agreement）进行调查审理。如果审理无结果，此案就会交由 WTO 争端解决联盟，由 WTO 裁决组来决定。毫无疑问的是，无论结果如何，都将对很多绿色科技领域的一系列政策产生影响，包括风能、太阳能电池和节能汽车等绿色科技领域。①

2010 年 12 月 22 日，USTR 宣布它将在 WTO 争端解决机制下要求对从中国政府得到补贴的风电设备制造商进行一轮审查。2011 年 7 月，中国终止了对国内风电设备制造商的政府补贴。②

（一）存在争议的政策的性质

进一步分析这些政策会发现对补贴政策所采取的限制动作可能会危及技术创新、转移和扩散。

首先谈谈中国创新政策的性质。被调查的补贴政策都属于中国鼓励自主创新政策的范畴。这些鼓励自主创新的政策是为了实现中国 "中长期科技发展计划 2006 ~ 2020" （简称 "计划"），这是中国主要的国家发展计划。

中国意识到其自身的发展不可能长期依靠廉价劳动力、高能耗和高污染的模式，唯一的模式是走可持续发展道路，并且这种道路的必要性在国际社会和中国不断提高的对气候变化的意识中得到印证。中国已试图在其国家发展路线中结合气候变化和可持续发展，转变经济模式发展低碳经济。

所以，创新政策的内容主要是为营造一个有利于创新的环境提供手段，支持创新和技术转化方面的能力建设，以及建立一个国家创新体系。

所以，自主创新政策中的补贴目的是为了支持创新，而不是增加出口

---

① Office of the United States Trade Representative, "China Ends Wind Power Equipment Subsidies Challenged by the United States in WTO Dispute," June 2010, http://www.ustr.gov/about-us/press-office/press-releases/2011/june/china-ends-wind-power-equipment-subsidies-challenged.

② Office of the United States Trade Representative, "China Ends Wind Power Equipment Subsidies Challenged by the United States in WTO Dispute," June 2010, http://www.ustr.gov/about-us/press-office/press-releases/2011/june/china-ends-wind-power-equipment-subsidies-challenged.

货物的数量。比如，财政、金融和税收激励政策仅仅给予具有高创新内容的项目和产品。换句话说，不符合条件的出口企业无法享受补贴。另外，若假设补贴是为了鼓励生产国外进口产品的替代品，那么为什么更多补贴对象是进口企业而非出口企业呢？比如，对于那些中国需要但是还没有的技术，给予零关税的待遇。

（二）补贴是知识产权补贴

"自主创新政策"中的"自主"二字可能正是造成如此大的争议的重要原因。所以很多人质疑为什么只补贴"自主"创新而不是所有创新就是不难理解的了。知识产权就是答案。

根据国家自主创新产品申请说明的解释，自主创新产品需要具备以下三个条件：①对社会和经济发展有重大贡献；②产品在中国具有自主知识产权和自主品牌，所有权不存在争议；③必须是在中国具有里程碑意义的、能够代表最高创新成就的产品。自主知识产权意味着知识产权是申请人的技术创新成果，申请人就该成果在中国拥有所有权，或者该知识产权在中国的使用权和所有权由其他中国公司、组织或个人获得；同时，申请人不得在该知识产权的使用、处置和进一步开发方面被其他国外实体限制。

正如本报告之前所讨论的那样，知识产权差距，而非知识产权本身，是科技转化和创新的最大障碍。加入 WTO 意味着中国没有机会像美国、日本、韩国的工业化历史那样，通过模仿来弥补差距。由于知识产权差距本身造成的技术贸易方面的限制，中国无法依靠技术转让。中国没有任何选择，只能努力开发自主科技来弥补差距。换句话说，自主创新政策是中国克服在技术转换和知识产权储备方面极端劣势的最佳做法。只有这样，中国制造商才能在稍微平等的条件下参与国际竞争。通过把拥有独立知识产权作为认定自主创新政策的最关键的评判标准，补贴的性质实际上是针对中国薄弱的知识产权地位补贴出口，而不是补贴国外进口产品的替代品。

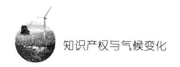

不管是发达国家还是发展中国家，合理的补贴标准必须成为所有国家技术政策的基础。从经济角度来看，发展中国家可以合理地考量不同行业相对于发达国家来说面临的障碍，然后来评估补贴是否能帮助该产业在长期内参与到国际经济中并且获利。[1]

最后，评判标准应倾向于使补贴关注于那些有能力制造顶尖产品的产业以及那些由于国际上的一些障碍而受到限制，或者没有能力获取技术来创造的社会效益。知识产权差距是目前中国绿色科技产业面临的最大劣势，对于中国乃至任何国家来说，在该领域实现创新无疑都是最困难的挑战。

创新补贴以及创造知识产权的努力是十分合理的。回顾美国专利系统建立的初期，制度的设计者就决定每一个美国发明者都应该就专利申请获得补贴，当时的补贴是专利申请免邮费，因为那时的邮资很高，专利申请要通过马匹送往华盛顿。这应该算是一种民主，那就是每一个人都有发明创造的自由、每一个发明创造都有获得专利的权利，没有一个美国人被排除在外。但是如果目前处于极其不利地位，一旦遇到良好的补贴政策就能摆脱困境，并且能够在未来不再依赖补贴进行创新或知识产权创造，那么给予补贴是合理的做法。

（三）气候变化需要更多的努力和竞争

通常来说，新能源技术在商业上依旧是不可行的。比如，据估计，只有当天然气价格上升50%（对美国来说70%）的时候，风力操作在商业上才是可行的。政府补贴是必需的。绿色科技的开发和转化目前尽管困难重重却是绝对必要的，这就是为什么所有政府都被呼吁应当采取更多措施来促进绿色科技的转化并提高其质量。[2] 中国的创新政策首先计划在以下

---

① John H. Barton, "New Trends in Technology Transfer: Implications for National and International Policy," ICTSD Programme on IPRs and Sustainable Development, February 2007, http://www.iprsonline.org/resources/docs/Barton percent20-percent20 Newpercent20 Trends percent20 Technology percent20Transfer percent200207. pdf.

② IPCC, "Summary for Policymakers Methodological and Technological Issues in Technology Transfer," 2000, http://www.ipcc.ch/pdf/special-reports/spm/srtt-en. pdf.

六个优先领域实施：计算机和应用设备，通信产品，现代化办公设备，软件，新能源及其设备，高能源效率产品。在这些优先领域中，新能源和高效能产品，就应对环境变化来说，是最需要补贴的。针对支持这些领域的政策的反补贴调查可能会延迟中国已经开展的相关努力，并且很有可能会威胁到绿色科技的分布和绿色领域的竞争，它们本可以促进绿色科技产品的降价和普及。

（四）实践中的补贴政策和影响

在中国的实践中，一些政策，如政府采购还没有被施行，这是由于还没有一个整理了所有符合条件的产品的清单。在本研究报告中，这一点得到了所有当地政府和绿色科技公司的证实。当被问及政策是否应当被实施时，大部分公司都给出了肯定的答复。LED 照明产业中的中小型企业尤其欢迎此政策，它们认为通过政府采购，能够帮助它们建立声誉，更具有竞争力，也能够让这些致力于创新和建立品牌的企业得到回报。但是同时，也有一些人认为该政策的实施存在困难。比如，在建立一个理性的标准方面可能会有困难，究竟如何判断专利的优劣程度。

中国给予了外资企业平等机会，在中国注册的外资企业也有资格申请补贴。这是中国在 2009 年美国就政府采购清单政策出台和即将实施之时提出质疑后作出的澄清。

一些公司认为自己没有得到所需的补贴，事实上，在土地使用方面，外国公司得到的是同等待遇。一家国内 LED 照明公司先后五次转移办公地点，就是为了满足其增加办公空间的需要，但是他们的申请却没有获得批准。相反，该公司认为外国公司在取得土地使用许可方面更加容易，在土地使用方面享受的是"超国民待遇"。

这些政策是否真的如调查请求中所指出的那样给中国的产业带来了一个良好的开端？事实上，有的政策还没有开始实施，所以还不可能给美国造成他们所指的损失。那如果这些政策实施之后，是否会带来如美国所担忧的损失？

截至 2009 年，所有中国制造的风机都是用于满足国内市场的需求。中国一家领先的风机制造商金风，仅仅是在 2009 年才开始了他们第一次进入美国市场的尝试。太阳能电池板产业主要是由海外市场的需求来推动的，主要是德国和西班牙市场。如一家太阳能电池板制造商所称，该产业早在中国政府给予关注之前就已经发展了十万八千里了；中国的清洁能源汽车甚至还没有做好供应政府示范工程的准备，更不用说出口了；碳捕获与储存项目（CCS）也还在示范阶段。所以即使是在中国市场，即便政府采购开始实施，也不见得会对外国公司产生影响。这是由于对择标来说，价格是首要考虑，虽然创新的成分会给企业加分，但也是有限的。在均高于底价的条件下，外国风机往往比中国产品贵 20% ~ 30%。所以仅靠补贴还不足以产生像国外公司所声称的影响。

相反，补贴最终可能给国外投资者带来的利益不会少于国内投资者。很多领先的新能源公司虽然建立于中国，但是后来都获得了海外的风险投资基金，并最终"退出"中国，在海外交易所上市。比如，排名前 10 位的太阳能电池板公司的大多数，包括尚德，现在都有外国风投的投资并且有外国股东。这些在中国建立，美国、澳大利亚所有的公司都很有可能具备自主创新政策的条件，补贴政策所带来的利益当然也会直接流向其投资人，包括海外投资人。

总的来说，外国公司可能获得的最大的利益就是中国会从此建立一个鼓励创新的文化和商业环境。

如果中国的创新政策完全实施，将对世界经济带来怎样的影响？毫无疑问，竞争会增加。对那些竞争力不强的中国和外国公司来说，它们将面临艰难的处境。但是这将为应对气候变化带来好处，因为绿色科技可能会变得更好、更便宜。那么对美国的就业有什么影响呢？跨国公司会转移岗位到劳动力更加低廉的地区，即使不是在中国，也会是在越南、印度或者其他很多国家。很有可能的是中国的劳动力会越来越贵，因为中国的人口结构存在很多问题，意味着在今后的几年劳动人口会减少。另外，技术上的突破能否把蛋糕做得更大？一些必须在当地完成的工作，如风场安装和维护工作是否会增加？是否美国真的会像其所说的那样，只补贴中国对绿色产业补贴的一半，是否能创造更多的工作岗位？所有问题还需要进一步研究。

301 调查也就 WTO 补贴模式提出了一个大的问题，那就是目前的补贴模式对发展中国家来讲是不利的，并且没有把气候变化考虑在内。一些国际专家认为，WTO 的补贴协议存在偏见，对发达国家更有利，因为协议允许很多发达国家使用补贴项目，特别是在研究和开发方面的补贴，但同时禁止或限制发展中国家使用补贴项目，如对基础建设的补贴（土地和公用工程）以及信用（银行贷款优惠利率）以限制这些发展中国家的生产。

在很多发展中国家，包括在自由贸易区的土地和公用工程，以及通过开发银行进行贷款的中小型企业的信用都有补贴。如果发达国家由于自身面临高失业率和其他经济困境而迫使发展中国家成为其替罪羊，并把发展中国家纳入 WTO 争端解决机制，这对发展中国家来说将是极其不幸的。

二　反倾销

根据 WTO 秘书处的报告，2008 年下半年的新增反倾销调查申请相比 2007 年同期增加了 17%。2008 年全年一共有 208 起反倾销调查申请，其中三分之一以上涉及中国。①

中国是这些新增调查的最主要的目标，其中有 34 个是直接针对中国出口的。但是，比起 2007 年 7 月至 12 月一共出现的 40 起有关中国出口的新增调查，此数据下降了 17%。②

---

① WTO Secretariat Reports Increase in New Anti-dumping Investigations, WTO: 2009 PRESS RELEASE. http://www.wto.org/english/news_ e/pres09_ e/pr556_ e.htm.

② WTO Secretariat Reports Increase in New Anti-dumping Investigations, WTO: 2009 PRESS RELEASE. http://www.wto.org/english/news_ e/pres09_ e/pr556_ e.htm.

（一）中国绿色领域中的反倾销案例

1. 太阳能光伏产业的反倾销

2009 年，德国太阳能产业联合会 BSW 的常务董事告诉路透社，他们将决定是否在该年度末针对中国竞争者的倾销行为申请采取管制行动。另外，SunPower 等其他美国制造商也表达了希望当地政府能够开展反倾销调查的愿望。

有关 ESTs 产品的反倾销并不会仅仅针对中国，来自其他国家的制造商，不管是发达国家还是发展中国家，也有可能遭遇反倾销调查。欧盟曾向美国生物柴油和生物燃料征收五年期关税，征税范围包括从农作物，如油菜子、玉米、小麦和蔗糖中提取的可再生能源乙醇。这些都再一次显示了欧盟和美国在扩大其生物燃料国际贸易中的努力和存在的冲突。①

随着工业国家包括生物燃料在内的环境政策的出台，此类争议还将愈演愈烈。各国政府就这些政策可能产生的影响还没有完全得出结论。②

2009 年 8 月，德国两家大型太阳能公司 Conergy 和 Solar world 向德国政府和欧盟委员会申请对中国产太阳能电池进行反倾销调查，此次调查由于中德企业的协商和沟通最终未形成政府行为；而 2011 年美国多家光伏企业的破产却引发了更严重的针对中国光伏产品的双反调查。2011 年 8 月美国太阳能电池制造商 Spectra Watt 以及 Evergreen Solar 申请破产保护；紧接着由美国能源部支持的美国商用屋顶太阳能系统制造商 Solyndra 在 8 月 31 日宣布破产。10 月 19 日，德国 Solar World AG 旗下美国事业以及多家太阳能厂商向美国商务部、美国国际贸易委员会（ITC）提起申请，要求美国政府对中国出口到美国的光伏产品进行双反调查并采取贸易限制措

---

① "EU Hits U. S. Biodiesel Makers With Five-Year Tariffs," Stearns and Graham, Bloomberg News, 2009.

② "EU Hits U. S. Biodiesel Makers With Five-Year Tariffs," Stearns and Graham, Bloomberg News, 2009.

施；而美国商务部分别于 2012 年 3 月 20 日和 5 月 17 日作出反补贴和反倾销初步裁决，认定中国输美晶体硅光伏电池及组件存在补贴行为，幅度为2.9% ~ 4.73%；以及由于存在倾销，美国商务部宣布将向中国太阳能电池板制造商征收 31% ~ 250% 的惩罚性关税，这对原本就处于产业严冬的中国光伏企业更是雪上加霜。

2. 低价的原因

在太阳能电池板的实例中，价格优势正是造成低价的真正原因。金融危机时期，生产所需的主要原料多晶硅的价格从每吨 400 美元直降至每吨50 美元以下。另外，中国光伏制造商的产能在最近几年成长迅速，并且也在努力降低制造成本。所以，中国制造的太阳能电池板及其组件的价格也随之下降，为中国厂商带来巨大的竞争优势。

（二）反倾销对技术转化的影响

从上面太阳能电池板的例子中可以看出，反倾销对技术转移和整个产业价值链都产生影响。

几乎所有中国太阳能电池板制造商的重要生产设备都是从海外的设备提供商处进口的，德国和美国是最大的进口对象。另外，一些设备的部件也是从海外进口的。比如，光伏组件接线盒主要从瑞士公司灏讯（Huber + Suhner）进口，该公司拥有众多的专利来保护其技术，在世界上也是数一数二的供应商；另外一家为美国泰科（Tyco Electronic）。这些公司的利润率甚至高过作为其客户的中国太阳能电池板制造商。在产业的上游，多晶硅领域，用于制造太阳能电池板的原材料也有很多是从欧洲国家、韩国、美国和日本进口的。

至于终端产品的应用，目前太阳能光伏项目也多位于海外。中国的太阳能电池板制造商也只能供应太阳能电池板，光伏系统本身只能由当地供应并且多半是当地的供应商建设和运营，所以很多太阳能光伏系统项目都不可能在中国完成。制造和运营的终端都位于海外，直接导致利润和工作机会也都留在当地。项目所在国的政府，根据项目发电量向项目提供补

贴，从而使项目实施方直接受益。中国的太阳能电池板有更低的成本和价格，这使得项目公司能够赚更多的钱，反之亦然。所以，海外的太阳能光伏项目是符合所在国公司的利益的。

2008 年，德国在太阳能产业的投资达到了 20 亿欧元。其在研发方面的投资也成长迅速。太阳能产品出口量也有很大的增长。原因之一就是中国电池制造商从欧洲进口了大量的电池生产设备。但是根据太阳能产业联合会（SEIA）和 GTM 的数据，2010 年可再生能源领域的总出口太阳能原料为 25.2 亿美元，总出口太阳能设备为 14 亿美元，主要出口商包括全球半导体产业主要硅片供应商休斯电子材料公司（MEMC）和赫姆洛克（Hemlock）半导体公司。美国向中国的出口已经超过了美国从中国进口。

所以，针对中国太阳能电池板制造商的反倾销调查不仅会在设备、部件和材料方面直接影响技术转化，也会影响德国、美国和其他国家的供应商的利益，同时对这些国家的经济和就业带来影响。

目前，普遍认为是中国低价的产品使得 ESTs 成为负担得起的技术，并且为技术扩散和应对气候变化带来积极影响。详情请见表 5 – 1。

表 5 – 1　本地生产降低制造成本和产品价格

SC&USC	在 SC 工厂每千瓦时的制造成本是日本的 20% 左右
NGCC	在 NGCC 工厂的制造成本是日本的 25% 左右
光伏	劳动力密集型组件工艺中 PV 的制造成本有巨幅下降（Marigo，2007）
风电	本地制造的风能产品的价格是进口产品的 30%（JEPIC，2006）
WHR	发电厂中水泥厂的初期成本降低了一半；CDQ 的初期成本是日本的 75%（NDRC，2008；NEDO，2008）
EE-RAC	劳动力密集的组装工艺的制造成本巨幅下降，零部件供应商之间的竞争也降低了制造商采购最终产品的价格（Marukawa，2007）
CFL	即使在 2000 年前，本地生产的 CFL 产品的价格为 4 美元左右，进口同类产品的价格为 10 美元左右（Lin，1999）

资料来源：Takahiro Ueno，Technology Transfer to China to Address Climate Change Mitigation，2009，http：//www.rff.org/RFF/Documents/RFF – IB – 09 – 09.pdf.

（三）知识产权和反倾销的关系——缺乏专利和自主品牌让中国企业更容易成为反倾销的对象

由于多靠低成本、低价竞争，中国非常容易成为反倾销的对象。在很多情况下，低价意味着低利润率，所以人们自然而然会问，为什么中国不像其竞争对手那样提高价格，从而提高利润率？这是由于中国制造商在产业中没有先进的技术和知识产权，所以往往集中在技术门槛较低的领域。这也和缺乏自主品牌有关。他们往往是以代工厂的形式来销售产品，产品都是国外标签，自身赢利很少。反过来，中国制造商之间，以及它们与国外竞争者之间也有价格竞争，而非技术或知识产权的竞争。这才是为什么中国总是遭受反倾销调查的根本原因。

（四）反倾销中的品牌问题

当专利将要或者已经失效时，品牌是维持企业竞争力的极其有用的手段。对于拥有强大品牌的公司来说，一旦其专利失效，就会开始降低价格。这样的话，其竞争对手也不得不降价。因为如果以同样的价格能买到知名品牌产品，谁又会愿意买那些名不见经传的品牌呢？若一家知名企业决定把其产品的价格降低到接近成本，那它的竞争对手就不得不亏本出售。这对后者来说是非常危险的，因为它们非常容易被视为在进行倾销，尽管在上述场景中他们是被迫降价的。

大部分中国公司没有强大的品牌，所以最终只能靠低价来竞争，而他们的利润率本来就已经很低了。当专利失效后，专利所有人降低价格，他们不得不"倾销"。对中国公司来说，摆脱这种困境的最终手段还是获得专利、发展自主品牌。同时，经济学者和法律专家也要加深对品牌在竞争中的作用的理解，以便防止不利情况的发生。

正在使用中的专利往往得到大量关注，但那些即将或已经失效的专利却被忽视。在制药产业，药厂在距专利失效相当长的一段时间之前就会开始做准备。当大量专利将要失效时，早日采取措施，可以避免毁灭

性的打击。总而言之，自主创新政策和发展品牌应该是避免倾销的最终手段。

三　337 调查和其他边境执法措施

知识产权边境执法是强有力的一种阻止侵权商品进入一国边境的手段。这种手段也能迅速生效——海关备案几乎可以立刻生效，获得排除令的时间也大大快于法院裁决的时间。美国贸易法（19U. S. C. 1377）337条款规定，美国国际贸易委员会（ITC）有权签发排除令，海关可以根据其指令阻止侵犯在美企业产权的货物进入美国，包括侵犯专利和未经注册的知识产权如商业外观和商业机密。其他国家也在采取类似保护措施。[①]

（一）　美国和日本针对中国 LED 产业的边境执法案例分析

2008 年 2 月，美国哥伦比亚大学的退休教授 Gertrude Neumark Rothschild 控告全球逾 30 家 LED 厂商以及激光产品制造商，包括 4 家来自中国大陆的公司侵犯其拥有的专利权（专利号：5，252，499），并向美国国际贸易委员会（ITC）递交申请，要求其启动"337 调查"并签发普遍排除令和禁制令。两家中国企业应诉并最终和解。[②]

这些诉讼可能对中国 LED 产业产生巨大冲击。一旦美国国际贸易委员会（ITC）签发了普遍排除令，与原告所拥有的专利相关的 LED 产品和下游产品，在专利过期之前都将被禁止进入美国市场。在 2008 年和 2009 年，另外 6 家中国公司也被卷入由 Rothschild 教授提出的第二轮和第三轮 337 调查。

日本的边境执法机构有比 ITC 更大的权力。除了行使如美国 ITC 所拥有的权力外，日本执法机构甚至可以对任何一项知识产权相关诉讼作出实质性的判定，包括专利侵权诉讼。另外，海关有权对正在进行初步禁令听

---

① Altman and Foster, "Legal Spotlight: Border Control, Trade and For fiting Review," 2009.

② Ofweek 光电新闻网，2010，http://www.ofweek.com。

证程序的货物采取立刻扣留的措施。以上与专利相关的规定鼓励知识产权所有者采取日趋复杂的知识产权纠纷程序。比如，富士通便利用此程序对韩国三星 SDI 的进口等离子显示器涉嫌侵权提出诉讼。①

结果是，很多中国企业不得不放弃该市场，尽管这些市场对 LED 产品有极大的需求。在日本，几乎没有中国的品牌。中国 LED 厂商只能成为代工厂，而没有自己的品牌。中国的 LED 应用产品多出口至欧洲、南美和其他主要市场。②

跨国公司通常利用这些边境执法手段来保护其专利，并且进行市场竞争。比如，一家深圳的 LED 照明厂商接到来自其日本客户的通知，被告知他们出口至日本的 LED 照明产品因为遭到了日亚集团的诉讼而被日本海关扣留。该日本公司被要求使用日亚的芯片，但该厂商拒绝了此要求并使用韩国制造的芯片。其结果就是该日本客户不得不放弃货物。在此之后，该中国企业也被迫放弃了日本市场。另外，在一起较为独立的由 Rothschild 教授向美国国际贸易委员会提出的 337 调查案中，另外一家中国 LED 制造商的和解条件就是答应购买日亚生产的芯片作为其 LED 产品的部件。日亚和韩国公司首尔半导体（SSC）也存在专利诉讼战争，前者在日本发动边境执法调查的同时也在美国国际贸易委员会发起 337 调查，试图阻止首尔半导体进入日本和美国市场。

专利战争只是市场竞争的手段之一。很多专利所有人直接给海外的下游客户发信，指责中国的 LED 企业侵犯了其专利。下游的客户为了避免承担连带责任，往往就停止购买中国 LED 产品。

边境执法对中国企业的影响巨大。应对边境执法（如在发达国家的知识产权诉讼）的成本很高。事实上，几乎整个中国 LED 产业的年利润都被应对这些诉讼消耗殆尽。由于大部分企业为私人中小企业，即使打赢官司，也是得不偿失。所以他们大多数都选择退出市场或进行和解。即便是

---

①　Altman and Foster, *op. cit.*

②　Ofweek 光电新闻网，2009，http：//www.ofweek.com。

在和解中，由于几乎没有专利，中国企业也没有办法进行讨价还价，所以只能接受极其不利的条件。高价许可费并不是唯一的困难——有时对方感兴趣的并不是许可费，而是要求中国企业同意成为其 OEM，或是出让公司股份。这些条件在竞争法看来也是值得怀疑的。毫无疑问，这使得中国企业难以参与国际竞争。

（二）边境执法存在的问题和解决方式

对于中国公司来说，克服此障碍的根本挑战在于缩小知识产权差距。在日亚和首尔半导体的专利战中，首尔半导体的核心专利是一项突破性的芯片技术，该技术对两家企业最终通过交叉授权进行和解起到了关键性的作用。换句话说，韩国已经有了足够强大的专利组合，在边境强制措施下寻求突破。长期来看，中国需要通过创新来克服此困难。同时也需要在短期内通过其他方式来获得更多谈判筹码，这一点将在后面的章节进行讨论。

自然而然，中国开始考虑建立同等的边境措施，并以此为谈判平台来进行合理的利益交换。很多中国企业也有类似的想法。但是，这对国际竞争又会带来什么影响呢？结果就是使得非关税壁垒在各国边境死灰复燃，带来新一轮的贸易保护主义。目前，中国算是明智地拒绝了这一看似容易实则问题重重的道路，而选择在 WTO 机制内解决问题。

边境执法系统是一项非关税性的，保护国内市场免受外国竞争的手段①。2000 年，欧盟早在 WTO 争端解决机制开始调查美国 337 条款之前就对此提出过抗议，并得到了加拿大和日本的支持。世界贸易组织争端解决机构（WTP）裁定美国 337 条款违反了 WTO 规则，并且要求美国作出更改。尽管美国就此作出了些微调整，但是依旧不符合 WTO 规则。

第一，337 条款通过对外国产品的歧视措施和违反国民待遇，为美国产品提供了双重救济。

第二，适用普遍排除令（GEO）的标准过于宽松和模糊，给国外出

---

① Mark Blaxill, Ralph Eckardt, Invisible Edge, 2009, Portfolios Publication.

口商带来不确定性和任意性，并造成不公平的利益损失。

第三，一些337调查仅仅指出了被调查产品的国籍，而不透露被调查公司的名称，这样实际上剥夺了外国公司作出回应的权利，也危害了有关公司的利益。

第四，337条款授权国际贸易委员会自行发起337调查的权力缺乏足够依据，也不符合TRIPs协议。中国对此问题也给予了极大的关注，这给中美正常贸易往来带来了负面影响。①

总之，最大的问题在于337条款的救济措施，特别是普遍排除令本身。因为根据对某公司某项侵权的调查，就可以将排除令范围延伸到那些和本案无关的，但生产相同产品的公司，这一点是极其有问题的。申请排除令的门槛也很低，所以也相当于鼓励过度或不当使用该程序。同时，就算调查结果是不侵权，被告也没有任何救济措施。

日本的边境执法也存在类似的问题，即便没有美国这么严重。赋予海关采取边境执法权力、对侵权和禁制令作出实质性裁决的做法不符合法治，也不符合TRIPs协议。

337条款的设立是为了保护美国公司的美国专利和美国市场，但是在实际运用中，却被非美国的公司用于起诉中国和其他国家的公司，阻止美国竞争者或者其他国家的企业在它们的产品中使用中国产部件。一些美国芯片企业抱怨GEO伤害了它们的利益。其对中美贸易产生的总体影响更加复杂。正如之前在LED案件和解中提到的，看似美国公民保护美国市场的做法最终却是保护了日亚。在新的全球经济劳动分配情况下，337条款是否会服务于美国或者其贸易伙伴的利益还是未知数。事实上，美国国际贸易委员会的Carpenter先生曾有言论认为，中国进口对美国经济有积极影响，不仅将通货膨胀维持在较低水平，而且还创造了工作机会。他也同时指出美国存在一些误解。② 同样，日本的边境执法或其他国家的类似

---

① 商务部：《国别贸易投资环境报告2006》，http：// www. mofcom. gov. cn。
② 《浙江贸易摩擦案件占全国三分之一》，http：//finance. qq. com/a/20080925/000503. htm。

手段也存在误解。

气候变化使情况变得更加紧迫。LED 依旧比传统照明产品昂贵，技术方面也依旧需要突破。全球竞争使得创新成为竞争的关键，来自中国的低成本创新应该被重视。

扩散也依赖一个健康的竞争环境。在此之前提到的 LED 竞争中，发达国家市场总是受害者。比如，在一个 LED 灯中包括 288 个芯片，如果一家中国制造商逐渐使用日亚的芯片，那么总成本将是使用韩国产芯片的三倍。芯片成本占据整个产品成本的大部分，这样，使得产品的价格上升至 500 元，而不是 200 元。前者是后者的 2.5 倍。据估计，芯片的制造成本是 0.3 元，所以日亚售价每 1 元的芯片中有 70% 是知识产权费用。考虑到现在中国制造商逐渐从市场退出，消费者现在面临更高价格的 LED 产品。如果中国的企业支付高额许可费并且得到许可，此费用最终也会转嫁到消费者的头上。高价是阻拦 LED 获得更大市场规模的最大障碍。这也对寄希望于 LED 产品实现减排目标和为气候变化产生积极影响设置了障碍。

LED 产业只是绿色领域中曾经遭遇过，并且可能继续遭遇边境执法的其中一个产业。在风力涡轮机领域，日本三菱公司和欧洲公司 Enercon 都曾经遭遇过 337 调查。三菱在经过了 3 年的努力后还是没有如愿进入美国市场，现在仍在努力中。Enercon 则放弃了美国市场。对其他绿色领域来说，遭遇此障碍只是时间的问题。

要求 WTO 对此问题立即采取行动的呼声此起彼伏，要求各国的边境措施符合 WTO 要求，并且美国应该在这方面起带头作用，另外，中国和其他发展中国家也同样要做到这一点。

我们其实还没有触及问题的最根本处。更深的问题在于，如何处理专利法赋予的排他性权力和竞争法禁止的垄断之间面临的两难选择。在日亚和首尔半导体，以及三菱和 GE 之间的诉讼战中，337 调查只是这些专利诉讼战的部分战役。首尔半导体和三菱最终把问题的矛头指向了问题的核心——反托拉斯法。其竞争对手是否违反了反托拉斯法？目前还没有答案。就此问题的司法权超出了国家或地区本身。国家反托拉斯法是根据一国当时所处的经济历史阶段而制定的。不同时期的国家利益有所变化。WTO 规则中的一些 TRIPs 协议条款中有对于微观层面的专利活动的限制，但是对于全球专利竞争目前所面临的这种困境，还没有相关的内容。

有人呼吁 WTO 出台一个促进科技转换和分享知识的宣言。这是否是知识产权全球治理以及竞争制度从一小步跨越到一大步的准备？

目前只有一种方式去寻找答案。

四　技术壁垒

本节中所采用的术语"技术壁垒"（Technical Barriers，TB）包括在国际贸易中实际被用于阻碍技术扩散的通用技术标准和监管要求，是指广义上的技术壁垒；因此，它的含义与世贸组织《贸易技术壁垒协定》（TBT 协定）中所定义的术语"技术壁垒"有所不同。世贸组织所定义的技术壁垒是指因起草、采纳和实施不同的技术法规及评定程序而产生的不必要的障碍。在下文的讨论中，广义上的技术壁垒包括这种狭义的定义。

（一）中国绿色产业所面临的技术壁垒

1. LED 照明行业

在 2010 年上半年，深圳有超过 30% 的 LED 出口商受到了国外技术壁垒的影响，造成的直接损失预计以几十亿美元计，且超过了其他贸易壁垒（如反倾销及反补贴措施及关税）所造成的损失。[1]

在深圳这个世界主要的 LED 照明灯、背光灯及展示照明灯生产基地中，所召回的照明系统中有 40% 是 LED 灯。技术法规和标准已成为阻碍行业发展的严重问题，但深圳并不是唯一的一例。在 2010 年的国际贸易中，中国 LED 产品至少遭遇了九起召回事件[2]。

---

[1] 《欧美频设壁垒　深圳 LED 很受伤》，http://bbs.ofweek.com/thread-322189-1-1.html。

[2] 《欧美频设壁垒　深圳 LED 很受伤》，http://bbs.ofweek.com/thread-322189-1-1.html。

针对 LED 照明市场，日本、美国及欧盟的国际标准组织颁布了一系列复杂的标准及技术法规，包括与安全、能效、规格、电磁兼容性、测量方法、环境保护等方面有关的要求。此外，半导体照明产品还需满足传统灯具行业的标准，并须通过相应的测试和认证。LED 照明的标准和技术法规仍在不断发展，这给市场更增添了不确定性。在灯具行业中，出口贸易普遍面临着难以满足技术法规及标准的困境。随着人民币的升值、出口退税的降低、原材料价格的上涨及不断遭受的反倾销措施，LED 行业面临着国际贸易中技术法规与标准相关问题的严峻考验。①

2. 风电行业

风力涡轮机制造商在国外市场可能也面临类似的难题。由美国风能协会（American Wind Energy Association，AWEA）所起草的关于小型风力涡轮机性能及安全的标准（AWEA 9.1－2009）很可能被美国国家标准协会（American National Standards Institute，ANSI）采纳为国家标准。届时，中国向美国和加拿大出口的小型风力涡轮机将面临新的技术壁垒限制。

该标准主要影响叶片扫掠面积小于 200 平方米或直径小于 16 米的风力涡轮机。该标准大量采用了 IEC 61400 系列标准中的有关内容，并对主要的测试内容作出了具体规定，如风力涡轮机性能检测、噪声检测、强度与安全性、寿命测试等；同时，该标准还包含对独立认证机构以及标签的要求。由于中国境内没有该标准认可的实验室（NRTL），故该标准一旦正式实施，相关检测与认证将给国内生产企业带来极大的不便。

尤为值得注意的是，该标准中规定的寿命测试参照 IEC 61400－2：2006 第 9.4 节的有关规定，要求所提交的认证测试报告必须包括 6 个月运行测试、2500 小时任何风速下发电测试、250 小时大于 1.2 倍平均风速下发电测试、25 小时风速大于 15 米/秒发电测试的结果。这些测试要求将会给中国相关生产企业带来相当大的困扰。②

---

① 《欧美频设壁垒 深圳 LED 很受伤》，http：//bbs.ofweek.com/thread－322189－1－1.html。

② 《中国出口美国及加拿大小型风力涡轮机将面临新的技术壁垒》，2010，http：//www.fenglifadian.com/china/5119ACA74.html。

3. 其他耗能产品及能源相关产品

欧盟于 2009 年发布的关于耗能产品生态设计要求指令（EuP 指令）中包含与具体产品有关的实施措施。该指令的适用范围原则上涵盖了所有耗能产品及与能源有关的产品，包括窗户、保温材料及一些耗水产品，如喷洒器和水龙头，还包括这些产品的部件。根据商务部的分析，该框架指令及其实施措施存在两项重大缺陷：首先，具体产品的实施措施及技术细节应分别分阶段实施，因此其他国家的制造商无法确定 EuP 指令适用于其产品的具体时间和方式。其次，由于过渡期太短且生产商花费太高，在某种程度上，实施措施在技术上是不合理的。某些能效要求并不能实现显著的能源节约，但却使得产品的成本支出大幅增加。此外，考虑到现行标准与新要求之间存在重大差异，制造商需要修改其产品设计并寻求新的认证，一年的过渡期过短。再者，其他国家的制造商由于与欧洲标准组织不存在关联或无法及时获取最新进展，在与欧盟制造商竞争时，将处于不利地位。新要求还可能导致与世贸组织规则有关的问题。世贸组织《贸易技术壁垒协定》规定在适当的情况下与效能有关的产品规范须避免在国际贸易中设置不必要的壁垒，但不包括与设计或描述特征有关的产品规范。

若欧盟采纳并实施生态设计要求的新指令，进入欧盟的中国产品将受到重大影响。

自 2014 年 9 月开始，欧盟还将开始实施重型车辆的排放绩效标准。根据商务部的信息，对于车辆污染控制装置的有效期，欧盟并未提供验证试验数据和分析报告，这可能不符合《贸易技术壁垒协定》第 2 条第 5 节的相关规定。欧盟采纳不同的评估方法将迫使汽车制造商采购新的测试设备，从而抬高了其成本。[①]

（二）问题的规模

复杂的评价方法已构成国际贸易发展的障碍，也阻碍了新能源技术及

---

① 商务部：《国别贸易投资环境报告 2010》，http://gpj. mofcom. gov. cn/aarticle/d/cw/201004/20100406869158. html。

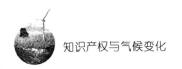

节能产品的推广。美国有 2700 多个州及市政当局制定了与产品安全有关的法律法规，但这些要求之间缺乏一致性和透明性。美国环保总署不仅对产品系列进行评估，还对每一式样进行评估。鉴于评估期间为半年到一年不等，这就极大地增加了评估费用，同时还减少了商业机会。[①]

欧盟每年都会发布大量的技术法规，当前数量已超过了 15000 个。这些技术法规不仅数量惊人而且内容复杂，对其他国家向欧盟的出口而言，这是一个极具威胁的壁垒。[②]

技术法规通常体现在欧盟指令中，而欧盟指令还须转换为成员国的国内法律，这就导致同一技术法规在实施中出现较大差异，且认证程序也存在较大的不一致。[③]

欧盟通常在技术法规中直接引用欧盟标准的有关规定，但无须向世贸组织发出通知，且内容不易为公众所知。欧盟偏离国际标准的倾向性给技术带来了不确定性，同时也抬高了制造商和出口商的成本。而外国制造商基本上没有参与制定和修改欧盟标准的机会，也无法及时获悉相关信息。[④]

其他发达国家和发展中国家也都存在类似的影响国际贸易并阻碍节能产品的壁垒。

（三）世贸组织关于技术壁垒的规定

世贸组织规则规定，为保护人类、动物及植物的生命和健康以及为保护环境，并为防止欺骗行为，有必要为技术标准和规范进行立法。另外，

---

① 商务部《国别贸易投资环境报告 2010》，http：//gpj. mofcom. gov. cn/aarticle/d/cw/201004/20100406869158. html。

② 商务部《国别贸易投资环境报告 2010》，http：//gpj. mofcom. gov. cn/aarticle/d/cw/201004/20100406869158. html。

③ 商务部《国别贸易投资环境报告 2010》，http：//gpj. mofcom. gov. cn/aarticle/d/cw/201004/20100406869158. html。

④ 商务部《国别贸易投资环境报告 2010》，http：//gpj. mofcom. gov. cn/aarticle/d/cw/201004/20100406869158. html。

规则还强调了财务后果及出口商的负担，以及技术立法用于贸易保护主义壁垒的风险。世贸组织《贸易技术壁垒协定》（TBT协定）因此规定了避免不必要贸易障碍的条款。

例如，透明性原则要求成员在正式采纳有关规定之前应经过通知程序，以便其他成员有时间提出修改意见。成员还应提供：与所有相关法律、法规、行政命令等有关的书面声明，以确保TBT协定的规定适用；刊载技术法规、标准及合格评定程序草案和终稿的出版物名称；对技术法规、标准或合格评定程序提出书面修改意见的预期时限，以及依据第10条的规定设立的咨询点联系人姓名及地址。作为通知责任的补充，每个世贸组织成员须设立咨询点作为信息集中中心。

（四）技术壁垒中的知识产权

技术标准和法规可能涵盖专利保护技术及/或专有技术。在某些情况下，若当前专利影响到国内法规的遵守且无法获得相应的许可，则可申请强制性专利许可。美国《清洁空气法案》（美国法典第42篇第7608节）规定在下列情况下可实施强制性专利许可：若总检察长认为一项专利技术为其他人士遵守法规所需，且无合理的替代技术，则美国法院可通过法庭命令并"依据法庭在庭审之后所确定的合理条款和条件"授予许可。[①]

中国在知识产权上的差异往往导致试图打入海外市场的中国公司经常发现技术法规和标准构成事实上的技术壁垒。在技术法规和标准的意图是阻止竞争时，这种状况会发生；在合法使用这些技术法规和标准时，这种状况也会发生。

在加入世贸组织之后首次遭遇世贸组织贸易壁垒案件时，中国意识到了知识产权的重要性。在该案中，深圳打火机公司发现欧盟在其修订标准中纳入了一项专门技术，而该标准对其产品产生影响。这项专门

---

① IPCC, "Summary for Policymakers Methodological and Technological Issues in Technology Transfer", 2000, http://www.ipcc.ch/pdf/special-reports/spm/srtt-en.pdf.

技术是一项专利技术，已为许多欧盟国家所采用。对于不具有这项专利的中国公司来说，这项标准就构成了一个知识产权技术壁垒。购买许可将增加遵守标准的成本。最终这项标准和其他贸易问题导致该行业中许多公司倒闭。①

在 LED 行业，核心技术和专利均掌握在日本、美国及欧洲几家公司手里，他们拥有的专利量占全部 LED 专利的 85% ~ 90%。中国拥有的专利还不到 10%，且大多与下游应用及封装技术有关，只有很少一部分是与芯片和外延片相关的核心技术。换句话说，中国的技术及知识产权处于极其不利的地位。许多中国公司已经遭遇了专利诉讼的威胁。一旦这些专利技术被纳入技术标准，影响将是普遍性的。与其他技术壁垒不同，由于不能通过提高产品质量加以避免，知识产权的影响更加强烈。

世贸组织 TBT 协定并不直接处理知识产权问题，也不处理知识产权差异，尽管这些差异导致发展中国家在满足技术法规和标准的要求时处于特别不利的地位。TBT 协定只是规定了一些原则，在某些情况下，这些原则可能消除知识产权问题。

由于各国广泛参与国际标准组织有助于确保国际标准反映各国的生产和贸易利益，世贸组织鼓励所有成员参与国际标准组织，包括编制标准的国际组织以及编制合格评定程序指南或建议的国际组织。尽管并不能解决技术及知识产权问题的根本问题，但该原则的实施至少可以有助于防止因缺少利益关系方参与和缺少对标准的投入而导致的技术壁垒。有效参与的前提条件是参与方拥有相应的技术和知识产权。

世贸组织规则同时强调国际标准的协调不得遏制技术创新，也不得以其他方式阻碍制造商引入新产品或生产产品变型。无论对于发展中国家还是发达国家的突破性创新技术潜在发明者而言，该原则都至关重要，因为这些潜在发明者相对于当前的技术、知识产权的拥有者处于不利地位。因此，鉴于该原则对创新及新技术扩散的潜在重要性，应制定更详细的措施

---

① 中央电视台：《反倾销案例》，http：//www.cctv.com/lm/124/41/90123.html。

以确保其应用。

考虑到国际标准的实施和执行所需的技术和财务资源可能超出发展中国家的能力，世贸组织 TBT 协定规定发展中国家享有特殊的和差别的待遇。该协定的相关条款规定，若某些条款的充分应用与发展中国家成员的发展、财务及贸易需求不匹配，TBT 协定可减轻其影响。此外，发展中国家成员可实施旨在保护与其发展需求匹配的本土技术、生产方法及流程的技术法规、标准和测试方法。最后，对于其拥有特殊贸易利益的产品，发展中国家成员可要求国际标准组织评估制定相关国际标准的可能性。

如同在 LED 案件中所看到的，知识产权差异及其对发展中国家的影响能否符合这种特别待遇的条件？如果符合，那么什么类型的知识产权安排可以在消除该影响的同时，对知识产权所有人及中国出口商而言具有可行性？这些问题的回答还需要进一步的研究。

（五）与技术壁垒有关的气候变化问题

作为应对气候变化的部分措施，与新能源及能效有关的技术法规及标准日益增加。为逐步改善环境，政府也在通过生态标签、产品标准、行业准则及社区教育等方式号召人们提高使用节能产品、流程及服务的意识[①]。因此，预计以后会有更多的节能技术法规及标准涌现。

但与此同时，应对气候变化的努力要求加快技术转移和扩散。尽管从中国进口新能源和节能产品有助于该类产品的扩散，但质量问题仍是中国制造商面临的挑战。质量提高虽然意味着成本增加，但对于获得消费者对产品的信心至关重要，并因此影响节能技术的扩散。因此，改进质量并满足技术法规和标准的要求不仅符合中国制造商的利益，也符合全球利益。

技术壁垒降低了技术扩散的速度，且成为满足节能技术标准及法规的障碍，从而对出口商和消费者的利益构成威胁。若技术壁垒的目的在于增

---

① IPCC, "Summary for Policymakers Methodological and Technological Issues in Technology Transfer", 2000, http: //www. ipcc. ch/pdf/special-reports/spm/srtt-en. pdf.

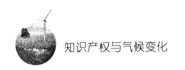

加出口商满足标准的成本并使其排除在本国市场之外，则不会激励出口商尽快满足标准，而消费者将承担后果——滞后获取改进的技术以及因缺乏选择而导致的高价格。

为解决该问题，应加强实施世贸组织 TBT 协定，以阻止技术壁垒。

（六）更具建设性的方法

作出进一步的努力以帮助出口商，确保节能技术可以满足法定标准及法规并避免不必要的障碍，这就需要采取更具建设性的方法向企业提供支持，包括提供用户友好型信息平台，在合格评定程序中提供快捷服务，以及提供节能技术中的专有知识和知识产权。

例如，一个目的明确的国际技术合作平台可以在提供满足标准及法规的技术解决方案的同时，向发达国家的技术公司，特别是中小企业提供业务机会，也可以与培训计划相结合以推广解决方案；对于知识产权，可以依据公平、合理及非歧视的条款和条件制定相应的许可方案。在贸易技术壁垒委员会之下设立一个节能技术分会可能有助于制定和实施此类建设性意见。

五 技术出口管制

（一）影响节能技术的出口限制

对于一个中国碳捕获与储存（Carbon Capture and Sequestration，CCS）示范项目而言，燃气轮机是这套复杂的系统中的一项关键技术，但是，由于该技术可被用于军事目的，美国对其出口进行了限制。

在解释《联合国气候变化框架公约》下节能技术自发达国家向发展中国家转移的现象为何少见时，发达国家的政府往往表示由于知识产权属于私有领域，政府不能强迫私人公司转让技术。该解释有几分道理，但事实上，发达国家的政府依据管制出口及再出口的法律法规阻止了众多潜在的技术转让。

由于严格限制向中国出口诸如核材料及设备、复合材料化工产品、高功率直流电源、电流脉冲发生器、高性能计算机、传感器、激光器、船舶、航空电子装备及航天器推进系统之类的高技术产品，欧盟及日本恶化了双方贸易中的不平衡。[①]

通过指定出口管制清单及出口许可，美国政府机构如商务部及州政府对美国产品及技术的出口及再出口施加了更为严格的限制。管制产品清单涉及 10 个领域：核材料、设备材料、材料及化学、微生物及毒素、材料处理、电子设备及计算机、通信及信息安全、传感器及激光器控制、航海及航空设备、船只推进系统及航空器。[②]

许多重要的缓解与适应技术，比如燃气轮机、半导体、燃料电池、材料处理、海洋环境三维监控设备、水产生物健康、疾病预防及水产控制，都是受管制领域，更不用提许多相关的技术。防止武器扩散的合法出口管制是合理的，但不应成为阻碍节能技术转让的普遍壁垒，因为节能技术正是应对气候变化的关键。

（二）对技术转让、贸易及商业竞争的影响

在美国这个管制最严格和最繁复的国家，向中国的未决出口申请数量在 2006 年就达到了 10000 个。[③]

因为限制了技术的转让，技术出口管制在一定程度上来说导致了中美之间的贸易赤字。将美国出口管制清单与中国《国家中长期科学和技术发展规划纲要》所列技术相比较，会发现出口管制影响到规划纲要所列11 个关键技术领域中的 10 个，所有 27 项关键研发领域以及 13 项民间研发重大专题中的 11 个[④]。因此，这一点便丝毫不令人奇怪：在中国进口的

---

① 商务部，2010，*op. cit.*。
② 商务部，2010，*op. cit.*。
③ 商务部，2010，*op. cit.*。
④ 美对华技术出口限制与中国高技术发展重点选择，须晔、程家瑜、杨起全，2009，http://wenku.baidu.com/view/fee0bcd9a58da0116c1749d7.html。

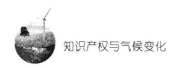

72.4 亿美元的机械设备中，美国只占到 8% 的份额，而在 160 亿美元的半导体材料和设备中所占的比例不到 3%。在 2006 年，中国高科技产品进口年平均增长率为 31%，但自美国进口的产品比例则从 18.3% 降至 9.1%。欧盟已取代美国成为中国最大的技术进口来源地，日本次之。[①]

中美商会（AmCham-China）为此专门设立了一个工作组研究该问题。工作组一些成员是从事绿色行业的公司，比如通用电气、应用材料公司、中芯国际（SMIC）及泰科电子。根据美国商会提供的信息，出口管制已成为导致美国出口商丧失销售机会和工作岗位的普遍问题。美国出口管制为制造商的业务发展战略设置了障碍，使其在技术及产品开发路线图中需要花费额外的时间、资源并带来了不确定性。这就导致中国制造商认为采购美国产品的弊远大于利[②]。

在对半导体行业的案例研究中，中美商会展示了出口管制是如何削弱了美国公司的技术竞争力。半导体设备制造商日益转而采用非美制部件和元器件，除此之外，晶圆代工厂拥有越来越多的机会从中国本土及其他美国之外的来源采购材料和设备，这些来源现在能够以较低的成本提供越来越有竞争力的产品。出口管制是决定由何方供应设备的一项主要因素。改善的质量和较低的成本以及出口管制相关的时间和费用支出导致美国公司在半导体行业的总体竞争中越来越艰难。[③]

因此，美国企业敦促美国政府评估美国出口管制政策对美国公司的竞

---

① 商务部：《美国对中国出口管制将错失大量机会》，人民网，2007 年 6 月 29 日 http：//politics. people. com. cn/GB/1027/5927016. html。

② The Effect of U. S. Export Controls：Case Studies from China on Impact of Export Controls on Manufacturers' Decisions to Use or Not Use U. S. – Origin Goods in Commercial Products, The American Chamber of Commerce in the People's Republic of China Export Compliance Working Group, February 19, 2009, http：//www. larkintrade. com/files/Effect_ of_ Export_ Controls_ Response_ to_ BIS_ Request_ 021909_ Public_ Final. pdf.

③ The Effect of U. S. Export Controls：Case Studies from China on Impact of Export Controls on Manufacturers' Decisions to Use or Not Use U. S. – Origin Goods in Commercial Products, The American Chamber of Commerce in the People's Republic of China Export Compliance Working Group, February 19, 2009, http：//www. larkintrade. com/files/Effect_ of_ Export_ Controls_ Response_ to_ BIS_ Request_ 021909_ Public_ Final. pdf.

争力造成的更广泛影响，而美国公司的竞争力也是美国经济及国家安全的重要组成部分。[①]

（三）出口管制体系中的问题

根据中国商务部的信息，目前美国的出口管制有如下问题：第一，多个部门参与出口管制导致美国商务部、国务院及对某些产品进行控制的其他机构之间产生管辖权冲突，使得效率低下、不确定性增加以及美国的产品出口申请期延长。第二，出口管制清单过于广泛，其中包含许多军事上未使用的技术及可以从其他国家获取的技术。第三，获取许可需要满足众多要求且需花费大量的时间。除出口许可要求外，美国还设立了一个称作"准出口"的特别体系，对涉及外国国民及管制技术的项目进行控制。若某些国家的国民参与该类项目，则须获得商务部的批准，而该申请通常耗时半年。[②] 根据中美商会的报告，在西飞〔西安飞机工业（集团）有限公司，XAC〕与一家美国公司签订无损检验设备的采购合同后，中方项目经理及设备操作员根据计划前去美国接受操作培训并进行装运前检验。装运前对最终产品进行检验是大型贵重设备采购的惯例，且操作员前往东道国接受基本的设备操作培训也是普遍存在的现象，但受制于安全咨询意见（Security Advisory Opinion）法案，西飞的员工甚至无法获得美国签证。[③]

过去也曾有过进行改变的努力，但不可控的国际事件引起美国政府的强烈政治反应，并导致了更加复杂和繁复的程序和限制。[④] 难以改变的部分原因在于冷战思维的残余影响以及中国经济地位的不断上升。

---

① The Effect of U. S. Export Controls: Case Studies from China on Impact of Export Controls on Manufacturers' Decisions to Use or Not Use U. S. – Origin Goods in Commercial Products, The American Chamber of Commerce in the People's Republic of China Export Compliance Working Group, February 19, 2009, http: //www. larkintrade. com/files/Effect_ of_ Export_ Controls_ Response_ to_ BIS_ Request_ 021909_ Public_ Final. pdf.

② 商务部，2010，*op. cit*。

③ 中美商会，*op. cit*。

④ 中美商会，*op. cit*。

（四） 为共同利益而改变

作为积极的一面，在中美对话中，美国已同意放松高科技产品向中国的出口限制，这一步从绿色能源技术开始，双方还宣布了一系列合作协议。例如，美中已签署了一份议定书，约定共同建立清洁能源研究中心并就碳捕获与封存示范项目展开合作。双方还签署了《应对气候变化能力建设合作备忘录》，并宣布建立美中可再生能源伙伴关系。但与此同时，美国 301 调查在这种宽松氛围下发出了复杂的信息。[①]

六　结论

（一） 一些壁垒可追溯至知识产权差异

知识产权体系有助于在中国公司中培育创新文化。另外，巨大的知识产权差异不可能在短时期内缩小，这构成中国难以逾越的障碍：通过为自主创新提供激励和支持以缩小知识产权差异的尝试易使中国遭受美国的反补贴调查。

中国在知识产权领域的弱势地位使其更易遭受知识产权边境执法措施的阻碍。

由于中国技术和知识产权地位尚未强大到足以参与制定国际技术标准及/或满足国外技术标准的升级，中国经常会因为技术壁垒而遭受重大损失。

即便相关技术的专利保护期已届满，由于中国公司缺乏维护强大品牌并索取溢价的先进技术，中国公司也容易遭遇反倾销措施。

所有这些壁垒都削弱了中国公司的竞争力并降低了其在创新上的投

---

① 《中美清洁能源宣言》，白宫，2009，http：//www. whitehouse. gov/the-press-office/us-china-clean-energy-announcements。

资。综上所述，技术壁垒会对包含绿色技术的绿色产品的扩散造成影响。

贸易壁垒造成的后果也会对中国的贸易伙伴产生影响。鉴于全球经济已高度一体化，外国贸易伙伴向中国公司提供资本、设备、材料、元配件及专业服务，中国公司所面临的贸易壁垒困境也会影响外国贸易伙伴。而这些外国伙伴遭受业务损失时，其员工往往会丧失工作机会。

（二）绿色产业面临贸易壁垒的脆弱性

在国际贸易中，绿色产业更容易面临挑战。

绿色技术更易遭受反补贴调查。由于新能源及节能产品的价格尚不具有竞争力，政府倾向于通过提供补贴以帮助绿色产业的技术创新和扩散。

反倾销措施对绿色技术的推广产生的影响更重要。可负担的价格对于节能技术产品的推广至为关键，这就意味着绿色产品更可能受反倾销税的影响并导致产品价格升高。

技术法规及标准的频繁变动也更容易造成技术壁垒。无须赘言，为应对气候变化，这些标准中的很多是必要的。但若制造商缺乏满足标准的技术能力，技术立法便会变成壁垒，导致绿色产品的扩散延缓。

既然中国及其贸易伙伴均认为绿色产业具有战略重要性，就不应让技术出口管制限制绿色产业的发展。

第二部分
绿色产业的近距离研究

第 六 章

风 电 产 业

一　风电产业的竞争与合作

（一）中国风电技术发展概况

1. 风电产品市场份额和市场竞争情况

从全球市场来看，2009 年，风电产业的发展日趋国际化，但是区域品牌的优势仍在发挥巨大的作用。在德国市场中德国品牌企业占据市场份额的 74%，其他品牌只占 26%，如果包括丹麦维斯塔斯（Vestas）等欧洲品牌的市场份额，本土品牌的市场份额高达 94.5%。西班牙风电市场中，西班牙本土品牌的市场份额高达 51%，如果将欧洲品牌计算在内，西班牙本土品牌的市场份额高达 91%。中国风电市场的竞争，随着本土品牌的兴起，本土化的比例也在不断提高，2009 年本土化品牌的市场比例已经提高至 87%，比 2005 年的 40% 提高 47 个百分点。① 根据欧洲风能协会最新统计数据显示，2011 年，全球前十大风力发电设备公司所生产的设备已占到全球市场的 82.5%。丹麦企业维斯塔斯（Vestas）蝉联冠军宝座，市场份额达 14.8%。中国华锐风电公司（Sionvel）、金风科技公司（Gold Wind）、东方

---

① 百度文库：《风电行业系统知识整理报告》（2010 - 12 - 17），http：//wenku. baidu. com/view/d325c0fcc8d376eeaeaa3114. html ［2011 - 10 - 10］。

汽轮机有限公司（东汽）和联合动力均进入前 10 位，见图 6-1；而排名前 5 位的丹麦维斯塔斯、中国华锐风电、美国通用电气（GE Wind）、中国金风科技、德国 Enercon 占全球市场的 52.2%；排名前 10 位中的 4 家中国企业的市场份额达到了 31.5%。再看中国国内的风电市场，2011 年，中国市场份额排名前 10 位的风电制造商占了 84.2% 的份额；而排名前 5 位的制造商的市场份额达到 66.4%，具体参见表 6-1。由此可以看出：风机制造的国内市场和世界市场均呈现出较高的集中度趋势。而在整个行业中，风电供应过剩、融资困难、价格持续承压等因素可能将促使风机供应端的集中度进一步提高。

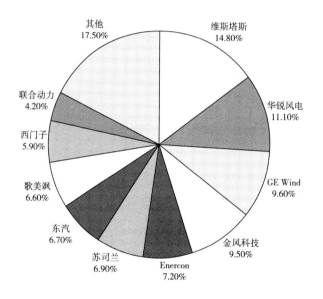

图 6-1　2011 年世界风电企业市场份额

资料来源：德国《商报》，http://www.chinaelc.cn/ch_hangye/kuaibao/2012081326824.html。

从中国市场看，其特点为：

（1）风电机组制造市场集中度高。在 2011 年全国新增风电装机容量中，前三家企业占 52.2%，占据超过一半的市场，排名第 4 以后的企业新增装机容量累计不到 83 万千瓦，与前三家企业差距较大。前 10 家企业占

表6-1 2011年中国累计风电装机前10位的机组制造商

序号	企业名称	累计装机容量（MW）	市场份额（%）
1	华锐风电	12977.0	20.8
2	金风科技	12678.9	20.3
3	东汽	6898.0	11.1
4	联合动力	5282.0	8.5
5	维斯塔斯	3565.5	5.7
6	明阳风电	3123.0	5.0
7	歌美飒	2785.9	4.5
8	湘电风能	1801.5	2.9
9	上海电气	1781.5	2.9
10	GE Wind	1575.5	2.5
总计	—	52468.8	84.2

资料来源：百度文库：《2011年中国风电装机容量统计》，http：//wenku. baidu. com/view/779aeaa4b0717fd5360cdc6f. html。

市场份额90.3%，可见产业的高度集中、竞争激烈，第三梯队市场份额较小，参见图6-2。

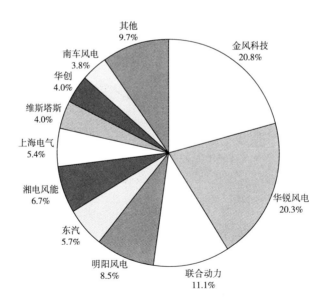

图6-2 2011年中国市场新增装机容量制造商分布

资料来源：百度文库：《2011年中国风电装机容量统计》，http：//wenku. baidu. com/view/779aeaa4b0717 fd5360cdc6f. html。

（2）中国风电机组制造竞争进一步加剧。由于规模化效应及零件供应完善带来成本降低，而成本的降低引发价格进一步下跌。自 2008 年开始，中国风电机组的市场售价出现下降趋势。尤其是进入 2009 年，风电机组的市场售价迅速走低。到 2009 年底，国产风电机组的市场价格已从 2008 年初的每千瓦 6200 元左右下降到每千瓦 5000 元以下，参见图 6 - 3；而 2011 年，每千瓦机组价格跌破 4000 元底线，进入"3000 元"时代。①

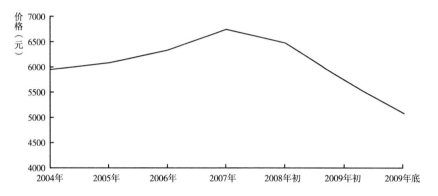

图 6 - 3　2004 ~ 2009 年国内风电机组（含塔筒）市场价格走势

资料来源：《风电行业研究》，2011 - 3 - 4。

（3）设备出口增加，但出口量非常小。全球风电市场的迅猛发展，给国内风电设备制造业带来发展机遇。从 2007 年开始，中国一些风电整机制造企业开始探索向海外市场扩张。到 2009 年底，已经先后有保定惠德、浙江华仪、金风科技、上海电气、江苏新誉等多家企业实现了整机出口，尽管出口数量不大，但这种探索是国内企业走向国际市场的重要基础。从 2011 年的统计数据看，国内风电设备制造商金风科技、联合动力、湘电风能、重庆海裳、三一电气以及华仪的累计出口量已达到 220.6MW，其中仅金风科技的出口量就达到 189MW。②

---

① 北极星电力网新闻频道：《风电机组"白菜价"已成"劣币"的生存土壤》，http：//news. bjx. com. cn/html/20120518/361220. shtml。

② 中国风力发电信息网，http：//www. cnwp. org. cn/ziliao/show. php？itemid = 740。

2. 风电设备厂家的规模与竞争力

从全球竞争格局看，以 Vestas、歌美飒（Gamesa）、GE Wind 为代表的外资风电企业占据主导地位；同样，从国内的市场情况看，外资企业所占份额虽然已经从 2005 年的 75% 下降到 2009 年的 13%，但他们仍在中国市场占据重要地位。金风科技、华锐风电、东汽持续成为中国风电企业的前三强。2009 年，在外资企业中，Vestas、Gamesa、GE Wind 规模最大，总装机容量为 4797.25MW，占中国总装机容量的比例为 18.6%，占外国产品的比例为 75.6%。经过近几年的国内风电产业的迅猛发展，中国风电产业链各环节基本均有企业布局，但叶片、轴承等关键领域仍处于发展阶段，产业链配套尚不完善，随着中国风电产业爆炸式发展，国内风电机组的上游关键零部件配套能力明显不足，尤其是轴承、齿轮箱。国内风电机组用轴承（特别是主轴承）大部分依赖进口。上游关键零部件生产与配套能力不足，已成为制约国内风电产业发展的瓶颈。[①]

目前世界风电设备制造业主要集中在欧洲的丹麦、德国、西班牙和亚洲的印度、北美洲的美国。其中欧洲的风电设备制造业生产能力占世界的 50% 以上，是最重要的风电设备生产地，也是最大的风电出口地区。美国和印度是后来居上的国家，美国的 GE Wind 公司占世界风电设备市场的 16% 左右，成为世界风电设备发展最快的企业之一。近几年，中国华锐风电、金风科技和东方汽轮机等一批新兴企业，在世界风机市场的竞争中开始崭露头角，虽然在世界累计市场份额仅占 14.5%，但是在 2009 年新增市场份额中已占据 30% 以上。[②]

3. 对风能装机容量等指标进行纵向和横向比较

2010 年中国新增风电装机容量 18.9GW，占全球总增容量的 50.3%。总装机容量前 5 位国家（中国、美国、德国、西班牙、印度）占全球总

---

① 贺齐东：《风电设备制造企业核心竞争力的研究》，东南大学硕士论文，2010 – 5 – 23。

② 百度文库：《风电行业研究》（2011 – 03 – 04），http://wenku.baidu.com/view/16bda028647d27284b73513c.html ［2011 – 10 – 10］。

装机量的 74.2% ，上一年同期数据为 72.9% 。中国和美国占据了全球总装机容量的 43.2% ，相对于上一年同期数据 38.4% 有明显的提高。由于中国风能市场的强劲增长，世界风能市场中心逐渐向中国转移。2010 年中国独占全球超过半数以上的新增风机装机容量。① 具体情况见图 6 - 4、图 6 - 5。

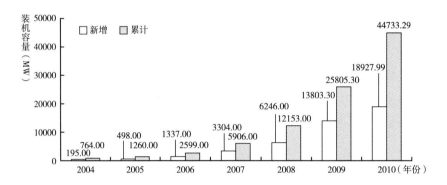

图 6 - 4 中国（不包括台湾地区）装机容量纵向对比（2004 ~ 2010）

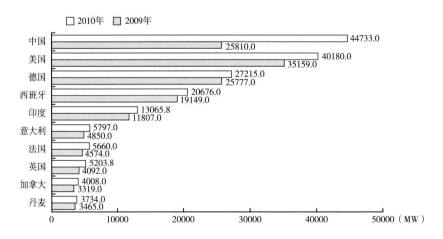

图 6 - 5 总装机容量前 10 位国家

---

① 世界风能协会（WWEA），"World Wind Energy Report 2010"，http：//wwindea. org/home/ images/stories/pdfs/worldwindenergyreport2010_ s. pdf ［2011 - 4］。

截至 2010 年底，全球风力发电量达 430TWh，占全球电力总供应量的 2.5%。在某些国家和地区，风能已成为其最重要的电力供源，其中份额最大的几个国家为：丹麦 21%、葡萄牙 18%、西班牙 16%、德国 9%，参见图 6-6；而作为风机装机容量的大国，中国风能发电占全国总发电量的 1.2%；美国风能发电占其发电量的 2%。中国风能连续四年保持着倍增发展的势头，2010 年其风能发展增速 73.3%。然而中国依然面临着风能并网发电的主要挑战。根据中国电力企业联合会的数据，2010 年新增风能装机只有 31070MW 成功并网发电[①]，大部分新增风能尚无法并网。

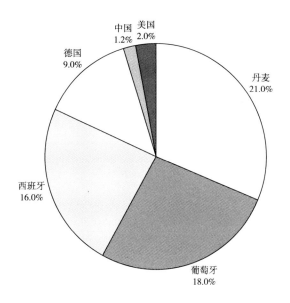

图 6-6　风力发电占电力供源份额国别对比

资料来源：世界风能协会（WWEA），"World Wind Energy Report 2010"，http：//wwindea. org/home/images/ stories/pdfs/worldwindenergyreport2010_ s. pdf ［2011 -4］。

---

① 中国电力企业联合会：《我国风电并网容量达 3107 万千瓦，连续 5 年实现翻番》，http：// www. cec. org. cn/hangyeguangjiao/lvsenengyuan/2011 - 02 - 10/39771. html ［2011 - 02 - 10］。

海上风能装机容量在 2010 年继续增长。全球共有 12 个国家建立了海上风电场，其中 10 个在欧洲，其余两个分别在中国和日本。2010 年全球超过半数的海上风能装机位于英国。参见图 6 - 7，2010 年英国新增海上风能 653 MW，成为全球最大的海上风能装机国，其海上风能装机总容量达到 1341 MW。其次是丹麦（190.4 MW，占其风能装机容量的 22.9%）、比利时（165 MW，为其年度新增装机容量的 49%）。中国 2010 年在上海附近外海建立了其主要海上风场，装机容量达到 100 MW，但是相比中国总风能装机容量，海上风能目前在中国依然微不足道（其新增装机容量占总新增装机容量的 0.5%）。

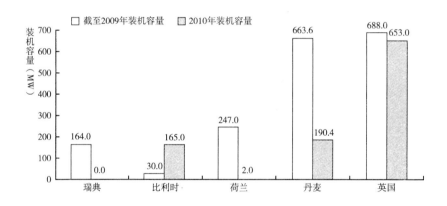

图 6 - 7　海上风能前 5 位国家

资料来源：世界风能协会（WWEA），"World Wind Energy Report 2010"。

4. 对中国风电技术的研发、制造、应用现状进行客观评述

虽然中国在数量上已经成为世界风电大国，但仍然称不上风电强国。[1] 虽然中国风电装备制造业已经成为具有国际竞争力的优势产业之一，企业技术创新取得明显进步，但是中国风电产业配套体系仍然不完善，产品技术研发未能在产业链上有效整合。

---

[1] 国际环保组织"绿色和平"、中国资源综合利用协会可再生能源专业委员会：《风光无限——中国风电发展报告 2011》。

（1）研发现状

中国从 20 世纪 70 年代开始研制大型并网风电机组，直到 1997 年在国家"乘风计划"的支持下，才真正从科研走向市场。中国风力发电机组的研发能力严重不足，基本还处于跟踪和引进国外先进技术的阶段。加之风力发电机组技术发展非常迅速，更大功率、更先进技术和新的设计理念不断涌现，部分技术国内刚刚掌握就已经落后于国际主流技术。中国风电设备制造起步较晚，虽然采取了测绘仿制、合资生产或购买许可证国内组装等技术途径，但未能掌握风电机组总体设计的核心技术。同时，开发中的测试、实验标准与规范极不健全。虽然中国对风电机组的测试技术作过一些研究，但不够系统。另外，技术标准、产品认证工作滞后，技术发展和创新能力不足。[①] 以华锐风电、金风科技、东方汽轮机为代表的国内大型厂商近年来加大投入，自主研发出了不少针对国内风能资源特点的产品、工艺。然而，由于面市时间较短，未经市场充分检验，技术、经验还存在诸多不完善，往往也成为竞争中的软肋。海外品牌久经市场磨炼，风电开发商自然更为信赖。比如，维斯塔斯生产风电整机已 30 余年，几乎拥有全球各地风电场的运转数据，常常可以预测可能出现的问题，并事先做好技术准备[②]。在海上风电设备方面，国内海上风电刚刚起步，而国外已经开始批量应用，在海上风资源以及水文、地质资源研究，海上风电机组技术开发，潮间带（近海）风电场施工、运行维护技术，海上风电送出技术等方面，迫切需要研发支持。与欧美国家相比，中国风电企业缺乏核心竞争力，一大原因是自主研发投入少，在科技力量、实验设置条件、科研实力等方面存在不小的差距。例如，德国从 1980 年起每年的研发投入基本保持在 1000 万 ~ 2000 万美元；美国 1981 年曾高

① 中国市场调研网：《2010 ~ 2011 年中国风电行业年度授信政策指引研究报告》（2011 - 4 - 19），http：//www.20087.com/2010 - 04/R_ fengdianxingyeniandushouxinzhengcezh.html［2011 - 10 - 10］。
② 北极星电力网新闻中心：《整机卖出"萝卜白菜价"国内风电装备业发展仍旧任重道远》，http：//news.bjx.com.cn/html/20110523/284344.shtml［2011 - 5 - 23］。

达 1.4 亿美元，近几年保持在每年 4000 万美元左右；西班牙的风力公司投入固定资产总额的 11% 用于研发①。相形之下，中国企业的研发投入远远难以达到这个程度。

（2）制造现状

由于风电产业内部的利益争夺激烈，中国企业基本上是各自为战，独自进行风电技术的研发和引进消化吸收再创新，彼此间缺少合理的分工协作，由此也就产生了多家企业先后购买国外同一家公司的技术的现象。这种行为不仅浪费了大量的资金，还导致国内风电产业技术同质化的问题严重。并且，由于国外主要风电公司出于竞争的考虑，不愿转让技术，国内企业能够引进的大多都是相对落后的或缺乏时间检验的技术，这就导致低端产品产能的过剩。同时，这种低水平重复引进还制约了国内企业研发能力的提高。大批企业买来图纸后，很短时间就开始大规模生产，并且签下巨额订单，这也导致目前一些国产兆瓦级风机已经出现问题，达不到标准，返修率很高。靠着买图纸以及销售提成，国内大批风机生产企业实现了在国内市场的快速扩张，然而根据国外地理环境设计并制造出的设备，能否经得起中国特殊环境的考验，还需要时间考验。②

目前，中国虽能自主生产 2MW 级永磁直驱发电机组，但与机组配套的并网变流器却全部依赖进口，严重制约了国内风电产业的发展。③ 风电机组整机设计方面与国外尚有差距。前期靠国外提供设计技术或合作设计，自主设计能力还较薄弱，在设计经验方面和国外仍有一定差距。对绝大多数企业而言，依据中国风况条件进行自主设计、研发新型风电机组能力不足，还没有开发出适用的风电机组设计软件。国际上已经实现 5 ~

① 赵刚：《风电产业发展弊端尚未得到有效遏制》（2010 – 7 – 26），http：//www.chinanews.com/ny/2010/07 – 26/2425102.shtml［2011 – 10 – 10］。
② 中国日报：《央视调查：外国图纸将拖垮中国企业》（2009 – 09 – 08），http：//www.chinadaily.com.cn/hqcj/2009 – 09/08/content_ 8665877_ 3.htm［2011 – 10 – 10］。
③ 2010 年 5 月，中国自主研发生产的 2 兆瓦级永磁直驱式风力发电变流器在湖北武汉通过鉴定。

6MW 风电机组小批量应用，正在设计研制 10MW 风电机组；中国已研制出 3MW 风电机组，正在研制 5MW 风电机组。在风电机组关键部件方面与国外存在巨大差距，兆瓦级以上风电机组配套的轴承、变流器、变桨矩系统处于小批量生产阶段，整机控制系统国内尚处于试制阶段，这些产品仍主要从国外进口。重要部件如齿轮箱、发电机的可靠性有待提高，叶片尚处于自主设计初级阶段。[①]

（3）应用现状

国内的风电产业公共研究测试平台处于起步阶段。美国、德国、丹麦和西班牙等国家很早就建立了国家级的风电机组野外测试、地面传动和叶片测试的公共平台，中国在这方面则刚刚起步，制约了中国风电技术的持续发展。风电场设计建设方面与国外存在差距，中国主要利用国外的商业软件进行风电场设计，这些软件对中国复杂地形的风电场设计误差较大。另外，中国正在建设千万千瓦风电基地，如此规模的风电场设计在国际上也没有先例，海上风电场设计国内刚刚起步，需要技术支撑。风资源分析方面与国外有差距，缺乏针对中国气候和地理特点的风况研究，风资源数据库与全局性风况图谱建设、自主风资源分析及风电场设计软件系统、风电场设计技术等严重依赖国外软件，尚未形成先进的风电场测控系统和短期功率预测系统，电网接纳风电技术水平落后于国外。

并网问题凸显。随着中国风电装机容量规模的快速增长，并入电网及远距离输电等问题越来越突出，而中国国内的智能电网建设尚处于起步阶段，因此比较严重地影响行业发展，部分已实现电网接入的风电场，被限制发电的情况时有发生，部分风电场损失电量高达 30%。中国风能发展主要存在三个问题，即发电能力受风速限制较大、设备大型化程度不足和风电入网难。受材料限制，中国多数装置在风速 3 米/秒以下不能发电；风电叶片的基材多为玻璃纤维增强环氧树脂，台风来袭时若不拆下叶片就

---

① 国际新能源网：《中国风能发电现状与展望》（2011 - 03 - 15），http：//china. toocle com［2011 - 10 - 10］。

会损坏。国内风电的装机容量很大，但折算发电能力满负荷才 2300 小时，利用率不足 1/3。作为风电利用两大类型之一的海上风电，近海风电建设成本很高，要求至少是 5MW 的设备，最好是 10MW。而中国制造的风力发电机组大多数在 1.5MW，3MW 和 3.5MW 的设备刚刚下线。自控技术、轴承和叶片技术等大型化设备的技术差距制约了风电，特别是海上风电的发展。再有就是入网难。中国现在规定风能入网比例不能超过 10%，其中一个重要因素就是受电网技术制约。中国正在发展智能电网技术，随着该技术的不断成熟，风电上网的比例可能会得到提高。另外，中国正在研究更多的发电技术，比如磁悬浮风力发电。采用该技术，风速在 1 ~ 1.5 米/秒就可以发电。因为不采用叶片结构，台风来袭时照样可发电。不过目前磁悬浮风力发电还处在研发初期，发电能力只有 1kW，主要是与太阳能发电互补，为城市路灯供电。①

当前风能产业方兴未艾，但尚未能够建立一套完善、成熟的流通、贸易体系。中国企业仅有的技术力量也基本集中在设备制造环节。风电产业链包括技术研发、设备制造、设备的检测认证、风场建设与运营等，中国目前并未形成完整的产业链。由于缺乏全盘考虑，风电产业已经出现了上下游衔接不强的问题。总体而言，中国风电产业正处于从基础理论、应用研究到关键技术研发、设备研制、公共研究测试能力等完整产业发展体系形成的关键时期，亟须国家给予扶助和支持。②

（二）风电产业竞争与合作的专利分析

本节中的专利分析旨在通过对目前主要国家/地区在风电产业相关技术领域的专利申请趋势，专利权人/专利申请人的分布，专利申请量等进行统计分析，来了解此产业各技术领域的主要技术和知识产权拥有者，国内外在核心技术以及知识产权储备方面的差异，为产业投资者、国内业者

---

① 中国日报：《央视调查：外国图纸将拖垮中国企业》，*op. cit*。
② 中国市场调研网：《2010 ~ 2011 年中国风电行业年度授信政策指引研究报告》（2011 - 4 - 19），http：//www. 20087. com/2010 - 04/R_ fengdianxingyeniandushouxinzhengcezh. html［2011 - 10 - 10］。

等了解此产业的知识产权的现状和竞争形势，制定相应的研发和知识产权战略以及产业发展规划等提供参考。

本分析报告以欧洲专利局对风电产业的专利技术分类（Y02E10/70）中所列的十二个专利分类号为专利数据检索标准进行相应的专利数据收集和统计，分别统计和分析了各技术领域中截至 2011 年底公开的从 2000～2010 年申请的专利数据，包括中国、欧洲、美国、日本以及 PCT 专利年度申请分布趋势；各国/地区拥有专利数量排名靠前的企业专利申请人及其所拥有的专利数量。为了方便国内业者更深入地了解中国的专利申请情况，我们还针对 7 个重点技术领域的中国发明专利申请进行了国内申请人和国外申请人的专利申请的趋势以及数量的对比分析。

1. EPC/Y02E10/72：风力涡轮机（转轴沿风向方向）

图 6-8 显示的是 2000～2010 年主要国家和地区在风力涡轮机领域的专利申请年度分布情况，由图中可以看出，虽然 2009 年和 2010 年在此领域的中国申请量远超过美国、欧洲等主要国家的专利申请量，但是，当我们再对中国的专利进行分析时发现，同期的中国发明专利申请量却不是那么客观，而且其趋势和欧洲、日本的申请趋势非常一致，这说明，在这些发明专利申请中，绝大多数发明专利也是由外国公司在中国进行的专利申请，而国内公司仅贡献了大部分的实用新型专利。图 6-9 针对中国专利申请人的统计也能说明这一点。

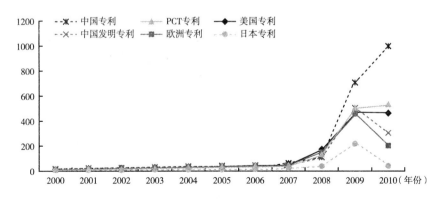

图 6-8 风力涡轮机专利申请地区、年度分布（2000～2010）

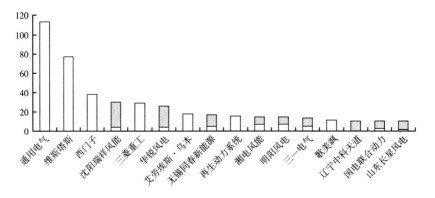

图6-9　风力涡轮机中国专利申请人统计（前16位）

图6-9显示的中国专利申请量前16位的申请人中，虽然出现了9个中国企业的名字，然而一方面数量上与国外申请人相差较大，另一方面，中国企业申请的专利大都是实用新型专利（柱状图中的灰色填充部分），发明专利数量偏少。而从图6-10所显示的国内、国外专利申请人在中国的发明专利申请量的对照表可以看出，国外的申请人在华专利布局较早，而国内的申请人在这两年的申请量有了大幅提高，其中个人申请也占了较大一部分的份额（约占50%）。

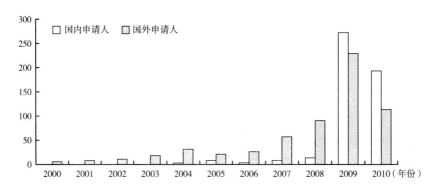

图6-10　风力涡轮机中国发明专利国内、国外专利申请人统计（2000~2010）

而从图6-11、图6-12、图6-13统计的在美国、欧洲以及PCT专利申请排名前10位的申请人中，无一例外地均未出现中国企业的名字。

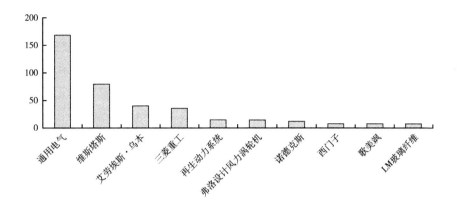

图 6 – 11　风力涡轮机美国专利申请人统计（前 10 位）

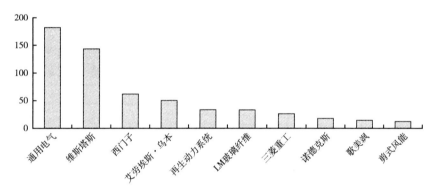

图 6 – 12　风力涡轮机欧洲专利申请人统计（前 10 位）

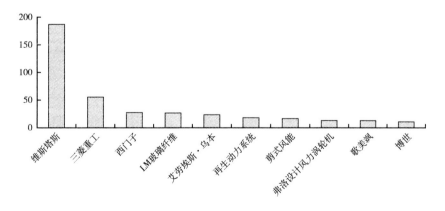

图 6 – 13　风力涡轮机 PCT 专利申请人统计（前 10 位）

2. EPC/Y02E10/72B：叶片或转子

图 6 - 14 显示的是 2000 ~ 2010 年风机叶片和转子技术领域的各主要国家/地区的专利申请量的分布图，所显示的各国/地区的专利申请趋势比较一致，中国专利申请量增长趋势亦同，这显示了国外公司对于中国市场的关注，进行了积极的专利布局，图 6 - 15、6 - 17、6 - 18、6 - 19 所显示的不管是中国专利，还是美国、欧洲以及 PCT 专利申请排名前 10 位的申请人中，均未发现中国企业的身影，这也凸显了国内企业在此领域的技术以及知识产权的巨大劣势。即使是中国专利申请，从图 6 - 16 能明显看出国内申请人和国外申请人在发明专利申请量上的巨大差距。

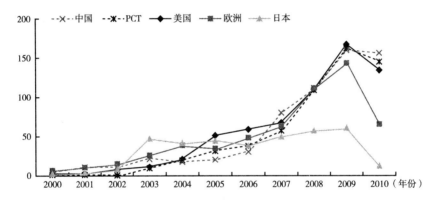

图 6 - 14　叶片或转子专利申请地区、年度分布（2000 ~ 2010）

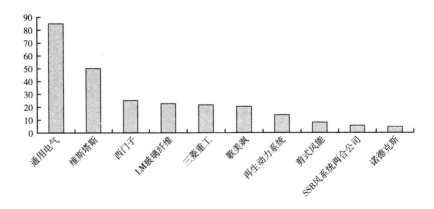

图 6 - 15　叶片或转子中国专利申请人统计（前 10 位）

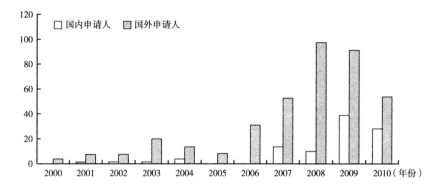

图 6 - 16　叶片或转子中国发明专利国内、国外申请人申请量对照（2000～2010）

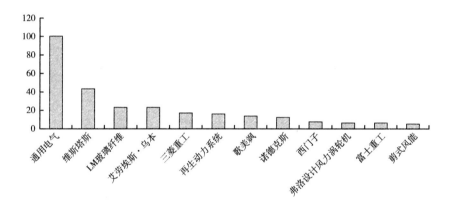

图 6 - 17　叶片或转子美国专利申请人统计（前 12 位）

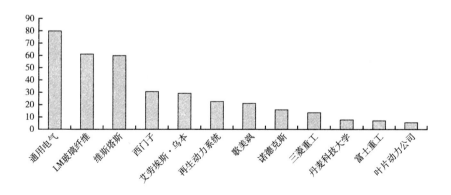

图 6 - 18　叶片或转子欧洲专利申请人统计（前 12 位）

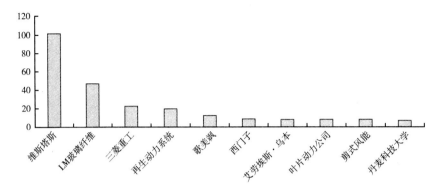

图 6 - 19　叶片或转子 PCT 专利申请人统计（前 10 位）

3. EPC/Y02E10/72D：部件或齿轮箱

如图 6 - 20 所示，在部件和齿轮箱技术领域，虽然近两年中国的专利申请量呈急剧上升趋势，然而，其中的发明专利申请量变化趋势与美国、欧洲、PCT 专利申请相似，显示在此技术领域的发明专利绝大多数仍是由国外的公司进行的在华专利申请，而国内的企业贡献了更多的实用新型专利申请。

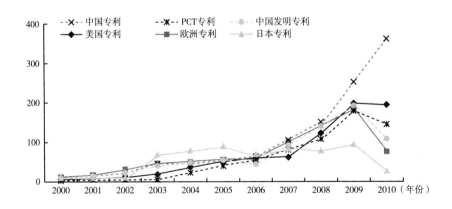

图 6 - 20　部件或齿轮箱专利申请地区、年度分布（2000 ~ 2010）

如图 6 - 21 显示的在此领域的中国专利申请人专利申请统计情况，虽有 6 家中国企业进入中国专利申请量的前 15 位，但若论发明专利数，则无一家中国企业进入前 10 位（图中柱状图灰色填充部分显示的为实用新型专利统计结果）。而从图 6 - 22 所显示的此领域的中国发明专利中，国内、国外申请人的对照表则更能说明问题，国内的企业不仅起步晚，而且在数量上远远落后。

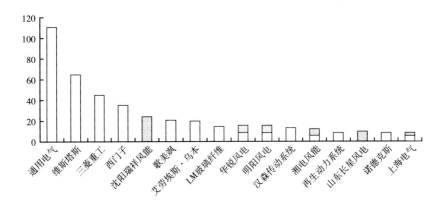

图 6 - 21 部件或齿轮箱中国专利申请人统计（前 16 位）

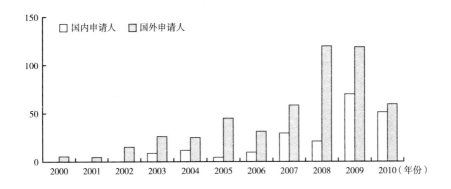

图 6 - 22 部件或齿轮箱中国发明专利国内、国外申请人
申请量对照（2000 ~ 2010）

另外从图 6 - 23 至图 6 - 25 所示的美国、欧洲以及 PCT 专利申请排名前 10 位的专利申请人中，尚无中国企业位列其中。

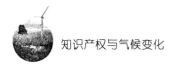

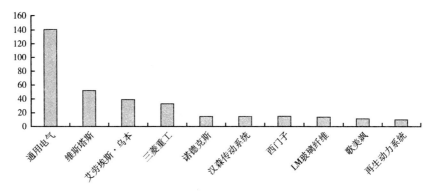

图 6 - 23　部件或齿轮箱美国专利申请人统计（前 10 位）

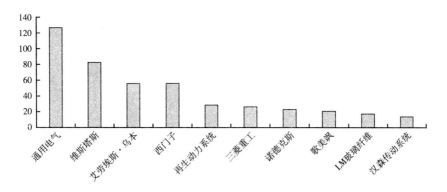

图 6 - 24　部件或齿轮箱欧洲专利申请人统计（前 10 位）

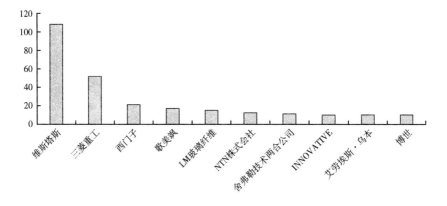

图 6 - 25　部件或齿轮箱 PCT 专利申请人统计（前 10 位）

4．EPC/Y02E10/72F：涡轮机控制技术领域

参见图 6-26，在涡轮机控制技术领域，美国的专利申请明显高出其他地区的申请量，其中尤以美国的通用电气公司最为突出，显示了其在此领域的技术领先地位，另外，丹麦的维斯塔斯风力系统公司也具有相当的优势，从各主要国家/地区的专利申请人统计情况也能得出这些结论。而图 6-27 所显示的中国专利申请前 10 位申请人中，没有一家中国企业入围；对于其他国家/地区的专利申请更是如此，显示了国内企业在此技术领域的绝对劣势地位。

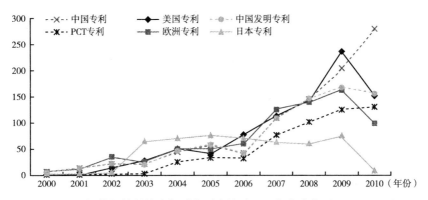

图 6-26　涡轮机控制技术领域专利申请地区、年度分布（2000~2010）

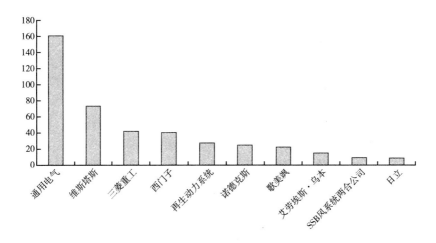

图 6-27　涡轮机控制技术领域中国专利申请人统计（前 10 位）

图6-28显示了此领域的中国发明专利申请中，国内申请人和国外申请人的申请量对照表，国外的申请人在此领域拥有绝对的技术及知识产权优势地位。

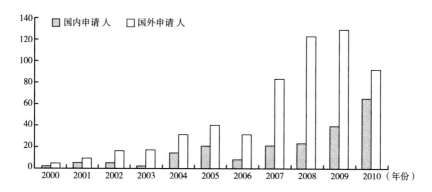

**图6-28　涡轮机控制技术领域中国发明专利国内、
国外申请人申请量对照（2000～2010）**

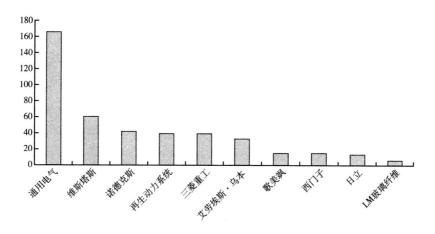

图6-29　涡轮机控制技术领域美国专利申请人统计（前10位）

5. EPC/Y02E10/72H：发电机或配置

如图6-32所示，在风力发电机及其配置技术领域，美国的专利申请量呈一枝独秀状态，不管是专利布局的时间，还是实际产出的知识产权成果，均领先于其他国家/地区；而从图6-33、6-34、6-35

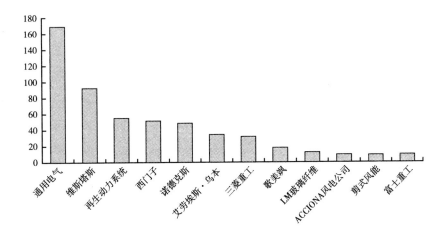

图 6 - 30　涡轮机控制技术领域欧洲专利申请人统计（前 12 位）

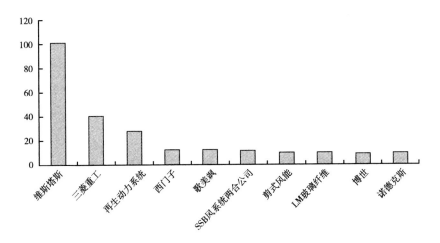

图 6 - 31　涡轮控制技术领域 PCT 专利申请人统计（前 10 位）

所显示的各国/地区的专利申请人统计结果来看，美国通用电气公司在此技术领域拥有巨大的技术领先和知识产权优势；而中国的企业和研究机构在此领域亦无明显建树，稍感欣慰的是，中国深圳航天科技创新研究院在此领域也有了一些专利的产出，申请了一些中国和 PCT 专利。

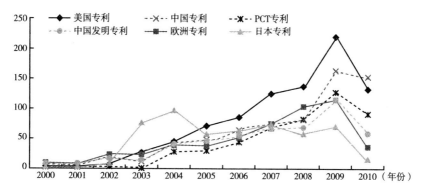

图 6-32 发电机或配置专利申请地区、年度分布（2000~2010）

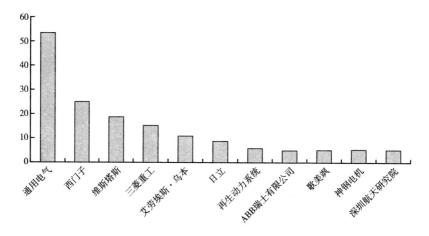

图 6-33 发电机或配置中国专利申请人统计（前 11 位）

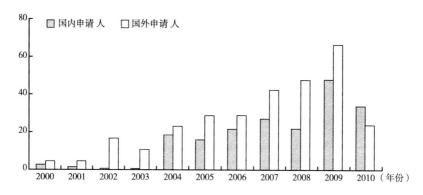

图 6-34 发电机或配置中国发明专利国内、国外申请人
申请量对照（2000~2010）

图 6 - 33 和图 6 - 34 统计的是在此技术领域的中国专利申请情况，图
6 - 33 中的排名前 11 位的中国专利申请人中，仅有一家中国公司入围；
而图 6 - 34 的统计结果表明了国内申请人与国外申请人之间的差距；另
外，统计结果显示中国企业在此领域的专利申请非常分散，没有表现比较
突出的企业；个人申请占了较大比例。

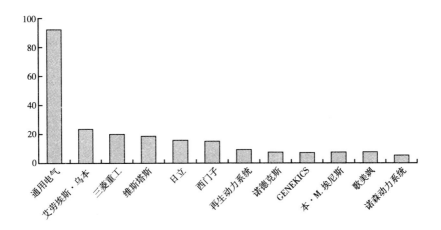

图 6 - 35　发电机或配置美国专利申请人统计（前 12 位）

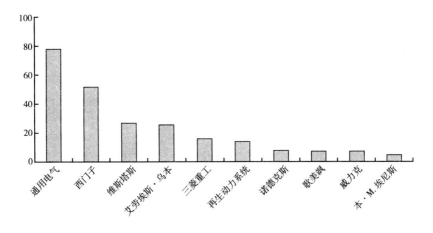

图 6 - 36　发电机或配置欧洲专利申请人统计（前 10 位）

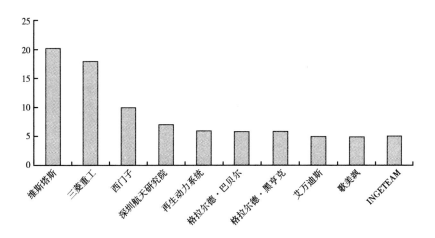

图 6－37　发电机或配置 PCT 专利申请人统计（前 10 位）

6. EPC／Y02E10／72J：发动机机舱

图 6－38 所示的是与风力发动机机舱相关的专利申请分布及增长趋势图，此技术领域的专利申请增长趋势比较一致，和其他技术领域一样，显示了此领域的技术及知识产权仍掌握在少数几个国外公司的手中，从图 6－39 至图 6－42 也可看出这点，基本上有不到十家的国外企业掌握了此领域的大部分核心专利，尤以美国通用电气公司、丹麦的维斯塔斯风力系统公司为代表；而中国的企业缺乏此领域的技术和知识产权积累。

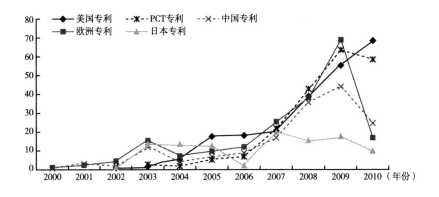

图 6－38　发动机机舱专利申请地区、年度分布（2000～2010）

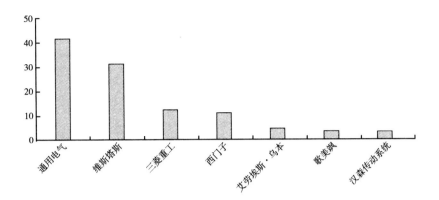

图 6 - 39 发动机机舱中国专利申请人统计（前 7 位）

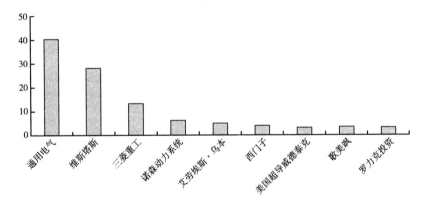

图 6 - 40 发动机机舱美国专利申请人统计（前 9 位）

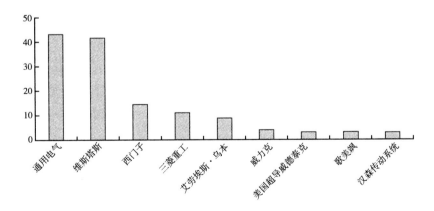

图 6 - 41 发动机机舱欧洲专利申请人统计（前 9 位）

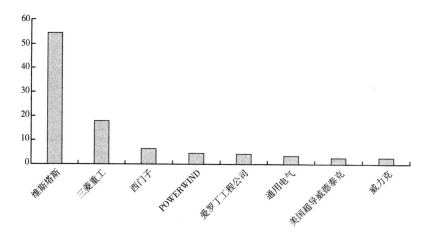

图 6 – 42　发动机机舱 PCT 专利申请人统计（前 8 位）

7. EPC／Y02E10／72L：离岸风力机组塔

如图 6 – 43 所示的是与离岸风机组塔相关的专利申请分布趋势统计图，此领域的专利数量不是特别多，而从图 6 – 44 和 6 – 45 所显示的各国／地区的专利申请人的统计结果来看，也没有专利数量比较突出的企业，整体申请量小且分布比较平均；这或许与此领域的技术特殊性相关；又或许此领域的技术开发尚有大有作为的研发空间，而中国的企业在此领域也没有适量的专利累积。

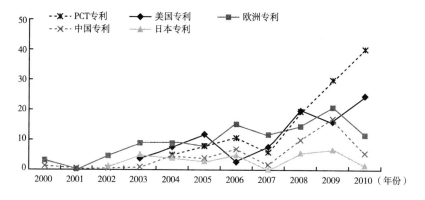

图 6 – 43　离岸风力机组塔专利申请地区、年度分布（2000 ~ 2010）

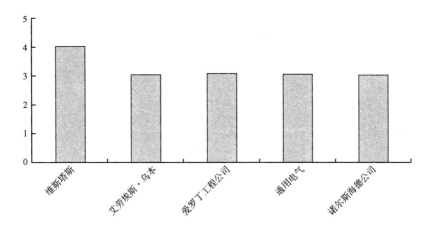

图 6-44 离岸风力机组塔中国专利申请人统计（前 5 位）

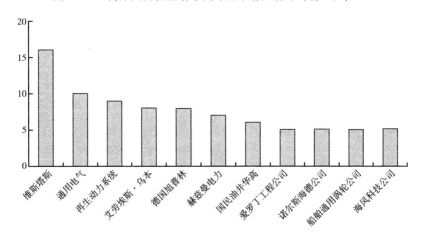

图 6-45 离岸风力机组塔专利申请人统计（前 11 位，
美国 & 欧洲 & 日本 &PCT）

8. EPC/Y02E10/72N：陆地风力机组塔

从图 6-46 的统计图可以看出，在陆地风力机组塔技术领域，日本的专利布局明显早于其他国家/地区，在 2003 年、2004 年出现了较多的研发和知识产权成果；而近两年来，美国、欧洲、PCT，包括中国专利申请量出现了持续的上升趋势，且专利申请数量较多，或许这预示着此领域碰到了新的应用领域需要开发相适应的新技术；一如其他

领域那样，如图 6 - 49 至图 6 - 52 所显示的，美国的通用电气公司、丹麦的维斯塔斯风力系统公司等少数公司拥有了具有领先优势的知识产权数量。而中国的企业并没有跟随这次技术开发的热潮在此领域寻求技术积累和知识产权产出的突破。图 6 - 47 所显示的此领域中国专利申请排名前 10 位的申请人中，并未出现中国企业的身影；而从图 6 - 48 所显示的中国发明专利的国内、国外的申请人申请量统计表中更能显示二者之间整体上的差距。

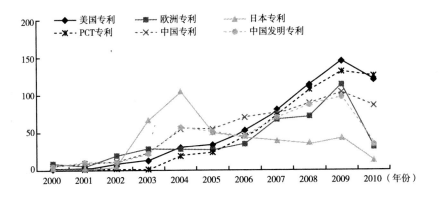

图 6 - 46　陆地风力机组塔专利申请地区、年度分布（2000～2010）

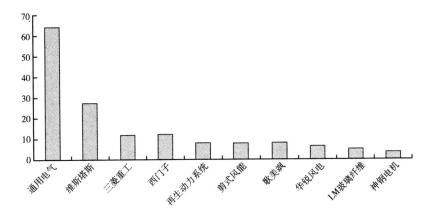

图 6 - 47　陆地风力机组塔中国专利申请人统计（前 10 位）

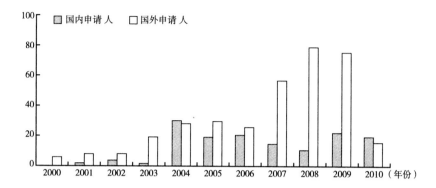

图 6－48　陆地风力机组塔中国发明专利国内、国外申请人
申请量对照（2000～2010）

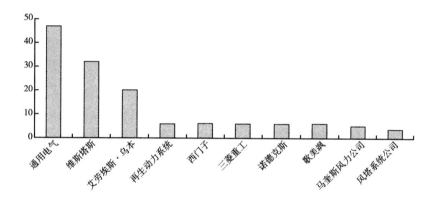

图 6－49　陆地风力机组塔美国专利申请人统计（前 10 位）

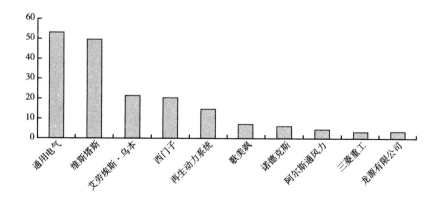

图 6－50　陆地风力机组塔欧洲专利申请人统计（前 10 位）

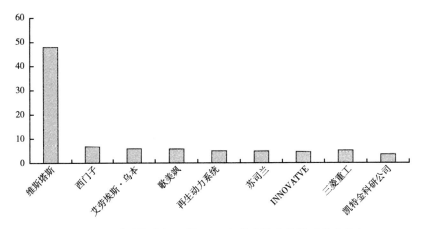

图 6-51　陆地风力机组塔 PCT 专利申请人统计（前 9 位）

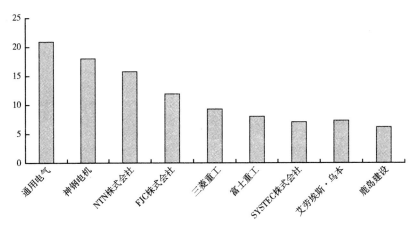

图 6-52　陆地风力机组塔日本专利申请人统计（前 9 位）

9. EPC／Y02E10／74：风力涡轮机（转轴与风向垂直）

如图 6-53 所示，在转轴与风向垂直的风力涡轮机技术领域，日本的专利申请要早于其他国家/地区，而最近几年的技术发展比较平稳，总的专利数量不是特别多，而且，如各国专利申请统计图所显示的，在此技术领域没有具有特别技术优势的公司，专利分布比较平均；而且，可喜的是，从图 6-54 及图 6-55 可以看出，近几年来，中国已有多家公司和大学/研发机构在此领域取得了一些研发成果和知识产权积累，发明专利的数量有了明显快速的增长。

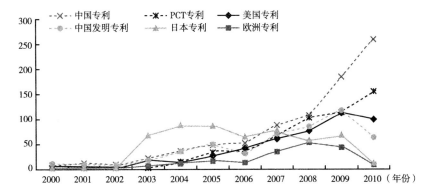

图 6 - 53 风力涡轮机（转轴与风向垂直）专利申请地区、年度分布（2000 ~ 2010）

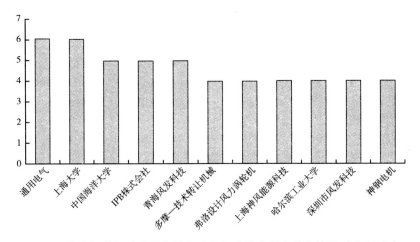

图 6 - 54 风力涡轮机（转轴与风向垂直）中国专利申请人统计（前 11 位）

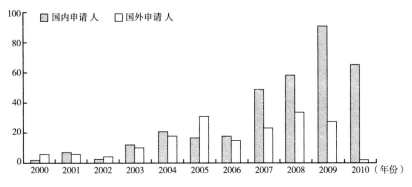

图 6 - 55 风力涡轮机（转轴与风向垂直）中国发明专利国内、
国外申请人申请量对照（2000 ~ 2010）

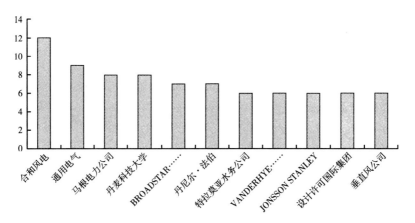

图6-56 风力涡轮机（转轴与风向垂直）专利申请人统计
（前11位，美国 & 欧洲 & 日本 &PCT）

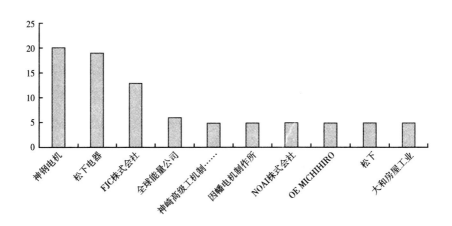

图6-57 风力涡轮机（转轴与风向垂直）日本专利
申请人统计（前10位）

10. EPC/Y02E10/76：能量转换电气电子相关技术领域

如图6-58所示，或许与技术的成熟度或技术领域范围有关，此技术领域的专利数量极少，而且分布较为平均；从图6-59和图6-60可以看出，也并无特别突出的公司申请人；而关于中国专利申请，也有国内的大学和公司在此领域小有建树。

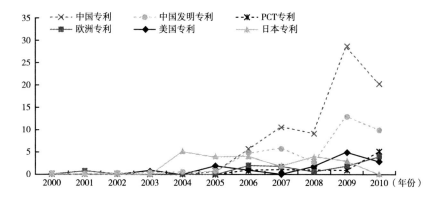

图 6 - 58 能量转换电气电子相关技术领域专利申请地区、年度分布（2000～2010）

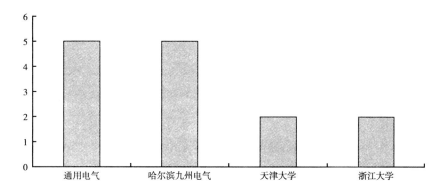

图 6 - 59 能量转换电气电子相关技术领域中国专利申请人统计（前 4 位）

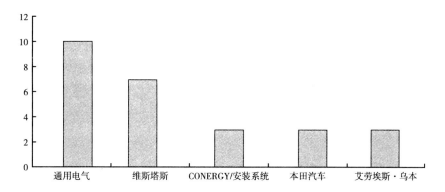

图 6 - 60 能量转换电气电子相关技术领域专利申请人统计
（前 5 位，美国 & 欧洲 & 日本 &PCT）

11. EPC/Y02E10/76B：电网连接应用技术领域

如图 6-61 所示，各国/地区在此技术领域的技术发展和专利积累比较平缓，中国的专利申请量在最近几年有了比较快速的增长，这里面有国外企业在华申请专利的因素，也有更多中国企业在此领域有了一些突破，从图 6-62 中可以看出，国内也有多家企业和大学、研究机构等在此技术领域有了一些技术和专利的积累；而对于国外的专利申请，则没有中国企业的身影（如图 6-63 所示），以后需要增加国外专利申请的意识。

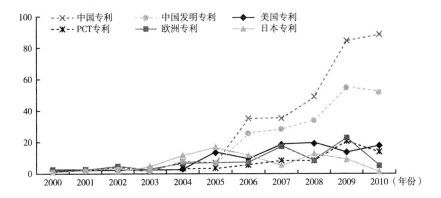

图 6-61　电网连接应用技术领域专利申请地区、年度分布（2000~2010）

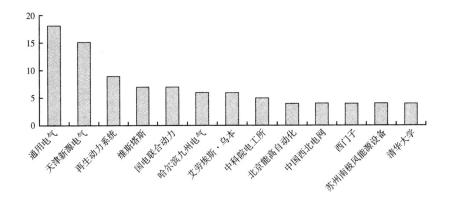

图 6-62　电网连接应用技术领域中国专利申请人统计（前 13 位）

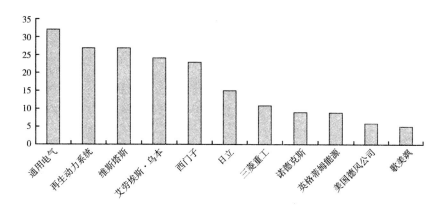

图6-63　电网连接应用技术领域专利申请人统计（前11位，
美国 & 欧洲 & 日本 &PCT）

12. EPC/Y02E10/76D：电源管理如电池充/放电、经济的操作方式、与其他能源的混合等

从图6-64来看，此领域的专利数量比较少，而最近中国国内的专利申请量稍有较快增长；而从图6-65的统计结果来看，此领域也并无拥有专利数量特别多的企业。

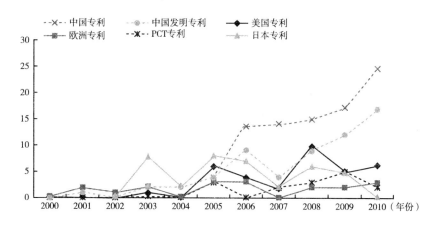

图6-64　电源管理技术领域　专利申请地区、年度分布
（2000～2010）

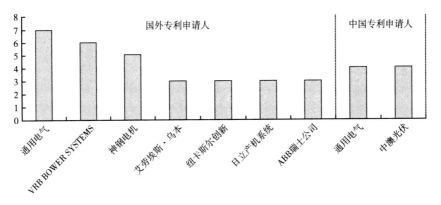

图 6 - 65 电源管理技术领域专利申请人统计（前 9 位，
中国 & 欧洲 & 美国 &PCT& 日本）

13. 风电技术领域专利数据统计及分析总结

从针对风电领域的具体十二个技术领域的专利数据统计来看，与光伏领域不太一样的是，风电技术领域的专利和核心技术几乎都掌握在几家公司手中，如美国通用电气公司（GEN ELECTRIC）、丹麦维斯塔斯风力系统公司（VESTAS WIND SYSTEM AS）、日本三菱重工（MITSUBISHI HEAVY IND LTD）、德国西门子公司（SIEMENS AG）、再生动力系统（REPOWER SYSTEMS AG）、德国诺德克斯能源有限公司（NORDEX ENERGY GMBH）、西班牙歌美飒创新技术公司（GAMESA INNOVATION & TECH SL）、德国 Enercon 公司（艾劳埃斯·乌本，WOBBEN ALOYS）、美国剪式风能技术公司（CLIPPER WINDPOWER INC），以及丹麦 LM 玻璃纤维公司（LM GLASFIBER AS）等。而国内的企业几乎在各核心技术领域均无相应的知识产权积累，不仅是在国外专利申请方面几乎无任何知识产权积累，即使在国内专利申请方面同样处于劣势地位（如图 6 - 66 所显示的几个重点技术领域的中国发明专利国内、国外申请人的申请总量的对比图）；而值得关注的是，由于国内市场的扩大以及风电制造业的规模巨大，上述国外企业也注重在国内的专利布局，专利布局的时间与其他国家/地区几乎同步，这会对国内风电产业的发展造成巨大的影响，可以说，国内的风电产业企业在技术和知识产权领域中缺少话语权，不管是参与国际竞争还是从事国内的生产制造。

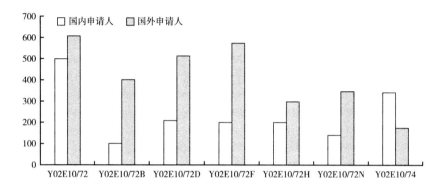

图 6 – 66　中国发明专利国内、国外申请人申请量对照

注：Y02E10/72：风力涡轮机（转轴沿风向方向）；
Y02E10/72B：叶片或转子；
Y02E10/72D：部件或齿轮箱；
Y02E10/72F：涡轮机控制技术领域；
Y02E10/72H：发电机或配置；
Y02E10/72N：陆地风力机组塔；
Y02E10/74：风力涡轮机（转轴与风向垂直）

二　现有知识产权制度与风电技术 转让和扩散的关系

早在气候变化与知识产权的关系引起人们关注之前，专利制度在技术创新与转让中的作用就已经引起知识产权界的重视和争论。专利制度存在的合理性在于它对技术创新的推动作用。同时，专利制度存在的问题对技术创新与转让的影响也早就存在，长期未解。随着新能源产业的诞生，这些问题也蔓延到风电技术中。比如，专利披露不足对风电技术的研发和扩散产生影响；发达国家与发展中国家在专利力量上的悬殊对技术转让的影响。这种状况并没有因为风电是新的产业而有所不同——新兴产业并没有

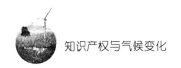

让它们在知识产权上站在同一起跑线上。只是因气候变化的迫切需要将这些问题聚光、让矛盾更显尖锐了，同时，气候变化也为知识产权制度的进步提供了外在的动力。比如，一些国家推出了绿色技术专利申请快速审查通道。有些理论提出要采用软知识产权等方法来解决制度的缺陷或压力问题，但这种理论还没有在知识产权界成为主流，也尚未得到实施。除了知识产权问题政治化带来的难度，对知识产权制度在特定行业、特定国家的特有问题缺乏第一手资料和深入、系统的分析也是重要的原因。下面有关的研究试图填补这个空白。我们研究的视角有三个：

视角一，观察和分析现有知识产权制度在中国风电产业的运用中存在哪些问题；

视角二，从案例来观察分析知识产权与风电产业技术创新之间有什么关系；

视角三，知识产权与风电技术转让的关系。

（一）现有知识产权制度在中国风电产业的运用中存在的问题

1. 专利披露的不充分性

专利披露对风电技术的发展起到重要作用。专利的披露是知识产权制度的基石，它是发明人对自己的发明获得一定限度内的排他权——专利权的前提，二者的交换即为知识产权经济合理性所在。在中国风电行业，专利披露的重要性主要体现在两个方面。

第一，提示后来者预见可能存在的技术问题，启发后来者提出可能的技术解决方案。国外风电产业已经发展了几十年，与年轻的中国风电制造业相比，对技术有比较深的理解。因此，有些国外专利可以给中国风机制造企业带来启发。有时，中国风电制造业还未来得及考虑的技术问题，国外风机制造业已经有了解决思路，并体现在专利中。比如，风机避雷问题、叶片结冰问题。在产业发展的初期，企业未意识到这些技术问题的存在，但在使用和检测过程中，逐渐认识到这些技术问题，于是便可从专利披露的技术中得到解决技术问题的启发。

　　第二，为企业选择技术发展路线和竞争策略提供信息。随着中国企业知识产权意识的提高，中国企业也开始对产业的专利分布进行分析。专利披露的内容有助于企业对产业技术做一些宏观的分析，以了解自己在竞争中的位置，并了解竞争对手的技术发展路线和产业技术发展趋势，从而相应制定出自己的技术发展路线和竞争策略。

　　但是，专利披露不足的情况普遍存在，侵蚀着专利制度的合理性基础。在风电技术领域，专利披露的程度在不同的风电技术领域不尽相同。机械装置类技术的专利信息披露通常比较透彻，而有关工艺、测试、控制方面的技术，专利信息披露得不够明确细致，往往是公开的内容过少、专利表述模糊，因而，研发人员在专利文献公开的内容中很难看到关于技术方法方面比较详细的信息，获取不到多少有助于再创新的技术启发。

　　例如，在控温技术中，专利申请人会只说明控温的幅度，比如为5～10℃①。事实上，专利申请人知道也许8℃才是最合适的，如果采用7℃的效果差别会很大。但专利申请人特意不把这个关键点披露，同时却享有了对5～10℃范围内的控温技术的广泛的排他权。这种情况常见于流程和方法方面的技术，这是因为流程和方法是看不见的，它们从某种程度体现在操作过程当中，所以可以不将关键技术披露出来，而仅仅用一些概念将技术用专利进行保护。

　　申请人通过撰写技巧避开专利方法的充分披露义务是一种普遍存在的情况。这种情况不仅普遍存在于风电领域，并且在其他技术领域也普遍存在。这甚至被视为知识产权申请技巧成熟的表现，也许正因为这个原因，使得这种现象在外国专利中更为普遍。相比之下，有些中国申请人因为没有掌握撰写专利文件的"技巧"，这种现象还不典型。有的甚至走到另一个极端，即由于保护技术方法的意识不强，或急于获得专利申请带来的奖励，有的会在撰写中将关键技术表述得十分清楚，有时甚至将应当通过技术秘密保护的技术作为专利申请。

---

　　①　该温度仅用于说明道理，不是专利技术中的实际温度。

专利披露不足的现象所带来的危害是对专利制度合理性的侵蚀。当问及"有无通过将阅读专利文献作为学习国外技术的途径？"时，有的风电技术研发人员回答"专利披露的内容不充分，不足以用作技术信息来为进一步的创新提供基础，因而专利文献对研发的参考价值不大"。这意味着专利文献失去了应有的价值。另外，当专利的不充分披露和专利的密集同时存在时，则会造成技术雷区，给企业的商务运作带来不确定性和风险。专利制度要求披露专利信息以换取专利所有人的排他权。欧洲专利局的报告中也注意到专利数量的膨胀和专利质量下降的堪忧情况，报告还认为，这会使专利文献越来越难以发挥作用。当专利制度的良性运作由此受到侵蚀时，企业的商业利益也会受到侵害，社会公共利益也会受到影响[①]。如果获得专利权而不对专利技术内容充分披露，将会违背专利制度的基本精神和存在的合理性。由于中国的知识产权管理制度起步晚，所以常常会借鉴国外的知识产权管理做法。一旦专利披露不足被作为申请技巧来推崇，会影响年轻的中国知识产权管理制度的健康成长。有的中国企业研发人员已经意识到专利披露不足的不合理性，但对于如何改变尚未提出明确的建议，这是一个需要国际知识产权界进一步研究的问题。

2. 风电领域专利密集程度、专利保护范围、保护期限和及时性

风电产业属于新兴产业，变革性的技术还没有诞生，所以，人们自然会以为这个领域的专利还不至于很多。事实上，风电技术领域的专利已经日趋密集。如表 6 - 2 所示，截至 2011 年上半年，风电专利数量已高达45718 件。这仅仅是对专利家族的统计。每个专利家族可能会在其他国家就同一专利申请保护，如果将这些指定专利也计入，数量还会翻倍。在这

---

① 欧洲专利局，"Scenarios for the Future"："Business interests are no longer being met as the virtuous circle us eroded；patents ar used to ring-fence technology or to prevent other parties from either rearching or commercialising their inventions. Social interest ar eno long being met as the virtuous circle us eroded；decreased patent quality makes disclosure less suitable as technical information. The sheer volume and poor quality of applications makes it increasingly difficult to use patent documents. （The patenting of basic research tools is hampering primary research. There are calls for 'open science' models and for basic information to remain a public good. ）" 2007，p. 20。

些专利家族中，有些关键技术的专利，比如风机控制系统的专利就高达
7315 件，叶片技术专利达 5476 件。整个风机控制系统被专利紧密控制；
如果在风机叶片上贴一面小旗作为一个专利覆盖的标志，一台风机的叶片
上可能会飘满了旗帜。毫不夸张地说，风机技术几乎处处有专利。

表 6 - 2　全球范围内风电各技术领域专利家族数量统计
（截至 2011 年上半年）

风机技术领域	专利数量
风机的控制系统	7315
转轴垂直于风向的风力发电机组	7192
陆上风机塔	6783
齿轮箱或部件	6682
叶片或转子	5476
发电机或配置	4639
转轴沿风向的风力发电机组	4408
发动机机舱	1128
离岸风机塔	1070
电网连接的应用程序	781
厂房内的电源管理	181
电源转换电动或电子方面	63
总　　　计	45718

资料来源：维多利亚咨询集团统计。

对于起步较晚的中国风电企业，这意味着在各个技术领域的创新过程
中都可能会遇到国外的专利阻碍，从而在技术创新上不得不多走一些弯
路。目前风电行业还处于迅速发展和更新换代时期，中国企业从理论上讲
仍然有可能通过其他技术路线避开已有的技术壁垒。但在实践中，有限的
技术创新能力限制了这种可能性的实现。

专利保护范围是否适当是很难进行统计和系统分析的。因此，我们采

用问卷的形式，询问企业的经验。企业对于"根据您的经验，现有专利对核心技术保护的范围是否适度"的回答，显然有不同的体会。只有个别企业回答"正合适"；多数企业认为保护范围过宽。一个简单的例子是轴承的孔洞加强技术专利。在这个将转轴承做成钢球的技术中，凡是预弯面积超过70%以上的技术，就对该专利侵权了。企业认为该专利保护范围太宽，使得专利似乎不是保护自己的技术而是限制别人的发展。企业对于保护过宽的影响也有不同的反应，有的认为一些专利保护范围虽然过宽，但大多数专利不会有太大影响，不至于把技术研发完全限制死；有的则认为保护范围过宽缩小了后来者继续创新的空间。

同样，对于专利保护的期限，我们问企业"根据您的经验，风电核心技术专利保护期是否适度？"被调研企业无一例外地认为现有核心技术专利保护期过长，不利于技术的扩散。

对于"专利制度对核心技术保护与您的企业技术发展阶段是否相适应"的问题，企业多数回答"保护滞后，不利于保护我公司自主创新成果"。企业解释说主要问题是目前专利审查的周期很长，在国外申请更是如此，一般要3~5年的时间才能获得专利授权。

有关解决以上问题的意见和建议，风电技术水平高的国家和水平低的国家会有不同的利益诉求。

如果一个国家及其企业的技术水平已经走在世界前列，它们会期望保护期越长越好、保护范围越宽越好。但处于成长期的国家及其企业则希望缩短专利的保护期，严格限制保护范围。就中国目前风电技术水平情况而言，中国还处于发展阶段，企业希望缩短现有专利的保护期，加快技术扩散。特别是希望不应当将通用的技术继续进行保护，以免阻碍后续的研发。此外，鉴于目前专利审查期限较长，而风电产业发展较快，企业建议适当缩短风电技术相关专利的审查期限以增强知识产权保护，比如对新型风电机组的叶片形式、控制方法以及机舱内部结构形式专利等可缩短审查期限。

3. 通用技术的专利保护问题——LM 案例分析

这里的"通用技术"指的是在风电产业普遍采用的、基本的技术。

在调研访谈中，我们注意到，中国风电企业对通用技术的专利问题特别关注。这是因为，这些技术往往是企业生产制造中所难以回避的，其相关专利的纠纷往往牵动整个风电产业的技术研发和扩散。最著名的案例是 LM 玻璃纤维有限公司与上海玻璃钢研究所的专利纠纷。

2005 年 5 月 9 日，上海玻璃钢研究所向中国国家知识产权局专利复审委员会就丹麦公司——LM 玻璃纤维有限公司的一项专利提出了无效宣告请求。无效宣告请求的理由是此专利不符合专利法第 26 条第 4 款和第 22 条第 3 款的规定。专利法第 22 条第 3 款规定专利要有创造性，即同申请日以前已有的技术相比，该发明有突出的实质性特点和显著的进步。

涉案专利保护的是叶片预弯技术，全名为"风车转子和用于该风车转子的机翼型叶片"（专利号为 98808849.5）。专利的申请日为 1998 年 9 月 4 日，在很多国家得到授权，它在中国的授权公告日为 2004 年 4 月 7 日。这个技术将风机叶片设计成带有一种朝前弯曲的形状，使得叶片在以常规方式安装在叶片轮毂上时，叶片离开塔侧的距离增大，避免在迎风转动时打到塔身。叶片预弯技术是风机生产普遍采用的、不可避开的通用技术，这意味着所有的风电企业都要获得专利权人的许可才可使用该技术。正因为如此，该案件在风电产业引起广泛的关注，风电行业的其他企业纷纷支持上海玻璃钢研究所的无效请求。

国家知识产权局专利复审委员会经审理认为专利要求涉及的技术是显而易见、容易作出的，不具备突出的实质性特点和显著的进步，因而不具备专利法要求的创造性，最终宣告该专利权全部无效。LM 玻璃纤维有限公司对本决定不服，向北京市第一中级人民法院起诉，第一中级人民法院一审判决推翻了专利复审委员会的决定。上海玻璃钢研究所向北京市高级法院上诉，上诉判决推翻了一审判决。该专利最终被宣告无效。

该案件之所以引起整个中国风电行业的关注是因为相关专利涉及的是风机的通用技术。需要注意的是，这并不是提起无效宣告的理由。在现有的专利制度中，通用技术不是一个法律的概念，专利法对它没有任何特殊的对待。在本案中，提出无效的理由是专利制度中最常见的理由——在专

利申请前已经有在先技术存在，专利申请内容并无创新性。申请人没有提出宣告无效的理由是通用技术对这个行业技术扩散带来的影响。案件最终也是在现有专利制度（包括司法制度部分）和专利法理论范畴内得以解决的。这说明，对于通用技术同时又是在先技术的情形，专利制度不需变革就可以消化这样的问题。但是，另一方面，如果该技术在被申请专利前没有在先技术，而是在被申请后才逐渐变成通用的技术，那应当如何解决？如果LM一案的专利被认定具有先进性、有效性而相应得到维持，那会对中国风电产业的发展产生什么影响？这样的技术无疑是应当受到专利保护的，但是，如何同时解决该专利保护与技术扩散需要之间的矛盾？这是个现实的问题。LM一案的判决仅仅是在中国司法管辖范围内涉案专利被宣告无效，但其在其他多个国家依然是有效的专利，如果中国风机走出中国，其行动的自由将受到影响。除LM专利外，风电通用技术相关专利大量存在，其中，当然有明显具有创新性的专利。鉴于通用技术相关专利对技术研发和扩散的广泛影响，企业建议对一些结构上的通用技术，应当缩短其保护期或者考虑不将其纳入专利保护范围。

和通用技术专利相关的一个问题是风电标准问题。风电标准所采用的某些标准技术可能是专利保护下的技术。这样的专利可以说是核心专利。如果专利制定组织不能保障所有相关专利都已经从专利权人那里获得专利许可，那么，专利权人会单独要求支付专利许可费。中国风电行业的专利和国外相比，无论在数量上还是质量上，差距都很大，海外专利布局更是凤毛麟角。所以，标准相关的专利，尤其是涵盖在国际标准中的专利，会对中国风电产业产生巨大、深远的影响。

中国也在制定国内的风电标准。2011年7月，国家能源局组织制定的《风电并网技术标准》已通过最终审核并报送国家标准化管理委员会。该标准着眼于提高电网对风电的接纳能力，旨在为风电大规模开发创造条件。它的核心内容是针对大规模风电场接入电网提出技术要求，包括风电场技术规定、风电机组技术规定。其中，对风电场的技术要求包括风电场接入系统、有功功率、无功功率、电能质量等8个方面；对风电机组的技术要求则包括有功功率控制、无功功率控制、频率调节能力、低电压穿越能力4个方面①。该标准涉及哪些专利？它们对中国风电企业会产生什么影响？目前这方面研究还很欠缺，是急需深入研究的课题。

（二）知识产权与研发之间的关系——TT 案例分析

在中国风电行业发展的过程中，技术研发和技术转让其实是不可分割的，完全闭门造车的自主创新并不典型。在以下案例中，我们着重观察知识产权与研发之间的关系。从下面的案例中能看出，know-how 转让是该案例阶段性成功的重要原因。

TT 是一家中国民营风电企业，在 2006 年进入风电领域时，TT 最初也曾试图购买一家欧洲企业的设计图纸②。当时欧洲的企业纷纷倒闭，这家企业的图纸价格应当说比较合理。但因为该欧洲企业被日本的一家企业收购，TT 没能买成图纸。与此同时，中国国内企业纷纷开始购买现成的风机制造设计图纸，图纸价格因此水涨船高，而且同样的图纸被卖给多家中国企业。于是 TT 决定走自主创新的道路。确切地说，是通过与国外设计公司联合设计，在共同设计的过程中培养创新能力和进行部分的自主创新。根据其母公司50年的发展经验，TT 认定企业自主创新能力的培养不可能通过3~5年就完成，需要给自己时间来获得正反两方面的经验。所以曾计划与国外设计公司联合设计三个项目，通过三步走来培养自己的设计队伍——第一个项目以外国设计公司为主设计，第二个项目各做一半设计工作，第三个项目以 TT 为主进行设计。

作为第一个项目，TT 与一家欧洲设计公司 SS 于 2006 年下半年开始联合设计 1.5MW 风机。这家设计公司没有风机制造业务，所以不存在竞争关系，缺点是它只有理论分析经验，没有工程设计和规模生产的经验。

---

① 国际电力网：《〈风电并网技术标准〉初稿引争议》（2010 - 4 - 19），http：//www. in - en. com/power/html/power - 0937093752626291. html ［2011 - 10 - 10］。
② 在风机制造业，设计图纸是企业生产风机的主要 know-how，有了它就能生产风机。买许可主要就是买图纸。

因此，在实施过程中，前期载荷设计、系统分析等都由对方设计，TT 则负责后期的工程设计图。在初期设计过程中，TT 自己能做的工作不多，主要是学习。TT 曾提出要派人到合作方的办公室工作，但对方婉言谢绝，认为会降低效率。尽管如此，在设计过程中 TT 还是有了消化吸收的机会。

关于知识产权问题，根据协议，TT 向 SS 支付其提供设计服务和咨询服务的费用，SS 则保障设计成果的知识产权归委托设计方 TT 所有。TT 因此要求 SS 保障知识产权的权属不存在第三方争议，如果事后出现知识产权纠纷，则应当由设计公司去应对纠纷，或者共同应对，但 SS 绝不接受。SS 的理由是：在设计过程中凡是它知道的相关专利都已经在设计时尽量回避了，但因为风机专利数量众多、地雷遍布，没有谁能搞得十分清楚，因此它们也不敢保证一定不会踩到地雷，特别是在发达国家。

另一方面，TT 在知识产权方面也取得了成效。第一，TT 就其研发成果申请了专利，申请以实用新型为主，发明专利少。第二，TT 获得了改进技术、使其适应当地环境的能力，以及就此适应性技术获得知识产权的能力。比如，原来设计的 1.5MW 的两个风机机型叶片分别为 70 米和 77 米，但 TT 后来发现，中国风况特点决定风机需要更大的风轮和叶片。因为载荷、控制、运行都是自主设计的，所以 TT 可以用软件马上自行改动，升级成 82 米的叶片。TT 甚至可以自己调试计算机程序的软件。这是不可小视的成就。在购买现成图纸的技术转让模式中，技术许可方往往不允许对设计图纸变动，而且设计软件往往是不公开的。第三，设计队伍的雏形开始形成。这个队伍使得 TT 在应用技术方面有了令其自信的设计能力。TT 甚至认为自己创新的主要成果并不在于专利，而是其设计队伍自主创新的能力。第四，TT 在市场上可以有更大的自由。因为图纸是自己设计的，并且拥有自主知识产权，至少不必像在购买图纸的情况下那样，要受技术许可方的限制。

一年半后设计完成，TT 成功作出产品样机（国外要开发这样的机型一般用 3 年）。这只是三步中的第一步。按计划，TT 下一步应当在联合设计中更多地参与，并培养更深层的设计能力，比如载荷设计能力。但是后面的路就不太好走了。从 2008 年下半年起，TT 为两台样机寻找装机地时遇到些阻力。这时候，市场上销售的仍然是 1.5MW 风机，所以 TT 的目标产品并不落后，但却拿不到订单。订单基本被先进入市场的企业拿走。究其原因，除了装机条件没谈好，更重要的是市场的竞争环境。就在 TT 专注于研发的时候，风电市场急剧发展。特别是当投资冲动强烈、资金实力雄厚的大型企业进入风电行业时，行业更是爆炸式地增长。虽然中国政府通过上网政策和风电电价政策在抑制盲目扩张，但却很难抑制住。在这种环境下，大量企业进入风电行业，很多企业采用高强度占领市场的策略。有的企业买来图纸直接用于生产，赢得了时间，率先占据了市场。和它们相比，TT 如同刚出生的婴儿在跟 7~8 岁的小学生竞争，其自主创新成果甚至没有进入市场的机会。

与此同时，与 TT 合作的 SS 设计公司已今非昔比。当初和 TT 合作时，TT 是 SS 设计公司的第一个中国客户。之后，很多中国企业都和它合作。随着国内项目的应接不暇，它不再有时间跟 TT 合作。TT 三步走的自主创新计划搁浅了。

最后，TT 将自己设计的一套施工图纸卖给了另一家企业，部分收回了研发投资。虽然这并不是 TT 的理想目标，但让 TT 欣慰的是这毕竟是对其自主创新的认可。既然国内市场不行，TT 想试着进入国外市场。虽然有的国外买家听说了 TT 的联合设计背景，对它的产品表现出兴趣，认为产品在知识产权上的风险可能会比较小。但它们同时也担心 TT 产品缺少市场检验，所以 TT 产品还是未能走出去。TT 并不认输。但此时，中国风电产业已面临洗牌，TT 前途未卜。

TT 案例给我们最大的教训和启示是——不能把中国风电产业的自主创新完全交给市场。从 TT 的经历中可以看出，市场没有给企业时间去研发。自主研发需要假以时日，尽管 TT 的研发速度已经比国外的研发速度快了一倍，而且其产品出来时也不落后于市场需要，但在进入市场时它还是晚了一步。这是因为中国风电产业爆炸式的增长导致企业高强度的竞争，

快速占据市场份额成为生存的必需。通过购买技术，企业可省去研发的时间，抢占市场。针对这种环境，有的专家甚至说，自主研发是条死路。中国产业政策的本意自始至终都是鼓励自主创新的，但实际上没能鼓励自主创新，因为它把自主创新交给了市场，而市场没有给企业时间去研发。

多数中国企业选择的是先购买图纸、占据市场，然后再自主创新的道路。选择这种道路的企业往往面临高额技术许可费的巨大压力和技术依赖地位的风险，因此也有自主创新的迫切需求。比如，技术图纸的许可方往往要求企业在入门费之外再交提成。起初是每生产一台结一次提成，后来要求一次结清提成。这迫使企业迅速地、尽可能大量地将产品推向市场，以收回高额的许可费成本。为改变这种高成本、高风险的技术依赖地位，这些企业回过头来再搞自主研发。有的中国风电企业也已经在其购买的第一代机型设计上改了很多了，可见它们也在消化吸收、创新。但是，受低价竞争的影响，它们的利润很低，研发投入的力量受到影响。

在 TT 案例中，知识产权和研发体现出以下几个方面的关系。

第一，出于避开专利的考虑，技术的设计方往往不得不花费很多工夫去舍近求远。

第二，在专利密集的情况下，即便是自主创新也不能排除潜在的知识产权风险。风险的不确定性进而影响了企业的市场发展战略。为保险起见，TT 也因此回避发达国家的市场。换句话说，不是知识产权的诉讼，而是知识产权风险的不确定性阻碍了自主创新成果在市场上的扩散。

第三，知识产权的转让，特别是 know-how 的转让，对 TT 的自主创新起到关键的作用。TT 获得的 know-how 不仅仅是能够生产的 know-how，而且是改进生产技术的更高级 know-how。比如，在多数企业还没有获得设计软件时，TT 就获得了软件，而且能用它调整联合设计的图纸。这个层次的 know-how 转让正是中国企业在技术转让中所期望的而往往得不到的。这种 know-how 的积累会逐渐减少技术依赖的程度，让技术转让的费用趋向合理。

第四，自主研发可以降低获得知识产权的成本。TT 向外支付的成本是2000多万元人民币，包括设计费和咨询费。而其他企业购买许可图纸的入门费即达3000多万元，再加上每台风机上的提成，代价要大得多。

第五，联合研发让国外合作方在给予的过程中也获得更多的know-how。TT案例中，外方SS设计公司在和TT共同设计的过程中获得自己原不具有的那部分施工设计经验，并因此获得了向更多中国企业提供服务的商业机会。国外有一种悲观的说法，认为技术转让中的所谓双赢是中国赢两次，但这种说法至少不符合TT案例中的事实。

（三）知识产权和技术转让的关系

到目前为止，风电产业引进技术、实行本土化生产主要有外商独资、中外合资、购买许可、并购及联合设计四种形式。

1. 外商独资

外商独资的技术转让是指国外的风电机组制造公司在国内建立独资企业，将其成熟的设计制造技术带来，在国内进行生产。像歌美飒风电的850kW、苏司兰的1250kW、通用电气的1500kW、维斯塔斯的2000kW机组都是采取这种方式进行生产的。①

外国风电企业为什么要选择在华独资？

第一，外商来中国投资通常不太愿意选择合资。风机的技术瓶颈并不像核电技术那样难以突破，很多都是体现在细节上，也就是制造经验的差距。② 风电行业的这个技术特点使得外国投资选择独资的方式，以避免技术的外溢。所以，很长时间以来，世界排行前10位的国外风电企业中没有一家在中国与中国整机制造厂合资或进行技术许可。它们都是采取独资的方式，或者完全是独立制造风机，或只是就一些非关键部件如塔架等向

---

① 百度文库：《风电机组》（2010 – 11 – 3），http：//hi. baidu. com/951051/blog/item/
　　b3331047e72ee943510ffe8e. html ［2011 – 10 – 10］。
② *New Energy*, "USMYM210 billion wind power equipment, large USA GE Group planted seed in China,"
　　July 5, 2006, http：//www. in – en. com/newenergy/html/newenergy – 20062006070520482. html
　　［2011 – 10 – 10］.

国内部件厂商采购。这种情况直到近两年来才发生改变。

第二，跨国风机巨头纷纷在中国投资设厂是其内在的需要，缩减生产成本是内在因素之一。比如，同类型的风电设备，在中国的生产成本要比在丹麦低15%～20%。

第三，突破70%国产化率的政策限制，也是它们在华设厂的主要目的之一。① 为了支持本国风电设备企业的发展，国家发改委曾于2005年7月专门下文要求所有风电项目采用的机组国产化率要达到70%，否则不予核准。其初衷是鼓励中国企业的自主研发，并同时期望吸引跨国公司来华合资设厂、转让技术，并帮助中国缩短在设计、施工、选点、管理等方面与国际的差距。② 结果，外国风电企业纷纷在中国建立独资公司。

外商独资对于风电技术转让的积极意义体现在两个方面。

首先，整机独资企业的投资有利于技术向中国的部件制造企业转让。从前面章节的专利分析可以看出，国外风电企业，尤其是跨国公司，是当代风电技术的主要拥有者。因此，从理论上讲外国风电企业的直接投资应当是国际技术扩散的重要来源。而风电这个产业的发展需要整个供应链共同发展。跨国公司整机和部件制造商均采用独资方式，尽管不转让整机技术，但它们往往在中国选择合格的部件制造企业，所生产的部件不但用于满足当地市场需求，而且供应邻近的海外市场。有观点认为，这对技术转让的影响有利有弊：缺点是有的外国企业与配套厂签订排他性条款，独占中国国内优秀部件制造资源，影响国内整机制造企业的配套能力；优点是培育了国内部件制造企业的生产能力，可以较快地增加本地化率。③ 比如，通用电气与中国最大的专业高速重载齿轮制造商南京高精齿轮集团有

---

① *New Energy*, "USMYM210 billion wind power equipment, large USA GE Group planted seed in China," July 5, 2006, http://www.in-en.com/newenergy/html/newenergy-20062006070520482.html〔2011-10-10〕.

② *New Energy*, "USMYM210 billion wind power equipment, large USA GE Group planted seed in China," July 5, 2006, http://www.in-en.com/newenergy/html/newenergy-20062006070520482.html〔2011-10-10〕.

③ 《国家风电发展计划》。

限公司签订了协议，共同投资开发通用的风电机组配套齿轮箱。根据协议，通用电气提供高端技术和技术人员，而南京高精齿轮集团有限公司负责提供厂房和人员。这份协议还要求通用电气在纽约以其前任 CEO 杰克·韦尔奇命名的领导力发展中心为南京高精齿轮集团有限公司的资深经理人员提供管理培训。① 西门子风力发电计划将风机叶片实现 100% 本地化生产，机舱也将在中国组装，另外还考虑在中国采购更多部件，比如塔筒、把风机联到电网上的设备等等，即首先满足中国政府 70% 的本地化率要求，然后再一步一步扩展本地化进程，或者是从本地采购，或者在本地制造，一步一步扩大在本地技术供应的范围，然后再决定是否把控制系统也引入中国。②

其次，外国整机制造商开始在中国设立研发中心。根据其他产业的发展经验，通常随着市场的开拓与发展，跨国公司的母公司和子公司产品的消费者，都会对产品和相应技术有较高要求。在子公司所在地，越来越需要具备灵活的技术创新能力来适应这种新趋势，所以在母公司帮助下，子公司开始发展自己的研发机构。③ 在风电产业，有个别独资企业也已经开始这样的尝试或计划这样的尝试。2010 年维斯塔斯在中国成立技术研发中心——维斯塔斯技术研发（北京）有限公司，并与清华大学联合结成合作伙伴关系，与国家电网能源研究院签署联合开展风电与电网协调发展研究的合作协议。④ 苏司兰则计划在工厂内建立一个研发中心，以促进苏司兰在全球所累积的经验和技术的转化，同时也便于为中国员工提供培训机会。⑤

---

① 《南京高精齿轮集团牵手美国 GE》，2009 年 7 月 26 日，http：//nanjinggaojingchilun. cn. gongchang. com/news/198612. html。

② 中国智能电工网：《剑指世界前三西门子风电挺进中国市场》（2009 - 12 - 17），http：// www. chinaelc. cn/tabid/769/ArticleID/15810/Default. aspx ［2011 - 10 - 10］。

③ 齐俊妍：《国际技术转让与知识产权》，清华大学出版社，2008。

④ 《中国国家电网与 Vestas 签署风电传输协议》（2011 - 10 - 5），http：//www. si - gang. net/ html - news/news - 126813128742826 - 1. html。

⑤ 21 世纪网：《Suzlon 将在中国建技术研发中心》（2011 - 10 - 5），http：//www. 21cbh. com/ HTML/2010 - 7 - 27/xOMDAwMDE4ODgxOQ. html。

外商独资企业技术转让的局限性也是显而易见的。在诸多的行业中，出于竞争的考虑，国外跨国公司往往采用一些策略避免技术外溢。通常采用的策略包括：第一，技术锁定，对自身专利、专有技术进行保护，掌握技术的控制权或所有权；第二，技术许可只发生在公司内部；第三，在华跨国公司都是将其研发的最先进的产品和技术先在本国使用，直到该技术成为成熟技术其至是落后技术后才向中国转让。由此，保证其核心技术始终在掌控之中，保持企业的竞争力并保证技术在短期内不被模仿。[①] 在风电行业，通过外商独资企业进行技术转让并没有突破这种老路。

通常，这种策略对国家间技术转让而言不是最理想的，从鼓励外国投资角度而言，却是有可持续性的。但在风电产业，这种策略不但不利于国家间技术转让，而且也没有给外国独资企业带来预期的市场竞争优势和市场份额。在中国晋级全球最大风电市场的短短 5 年内，跨国公司市场份额由 75% 下降到 10%。维斯塔斯、歌美飒、GE 的市场份额持续下滑，其中 2010 年维斯塔斯在中国的累计装机容量从上一年的 7.8% 下降到 6.5%，歌美飒则从 7.1% 下降到 5.4%，GE 从 3.7% 下降到 2.6%。苏司兰则从前 10 位中消失了，Repower 更是在前 20 位中不见踪影。外国独资企业巨大的期望值和业绩的实际表现形成落差，有的欲退出中国市场。独资企业的知识产权战略难道失灵了吗？

为什么独资企业屡试不爽的战略会在风电产业失利？从商业竞争战略和技术转让策略的角度看，有以下原因：

第一，将其研发的最先进的产品和技术先在本国使用、将相对落后的技术向中国转让的策略不完全适用于风电产业。中国风电企业的技术仍然薄弱，所以独资企业的领先技术仍是优势。但是，在激烈的市场竞争的驱动下，中国风电开发商竞相使用更大功率的风机来占领市场。中国的风电制造企业快速回应，匆匆上马大功率风机。外国的独资风机制造商普遍以度电成本（每发一度电的成本）这一成熟市场的标准制定产品策略，不

---

① 邵勋：《跨国公司对我国技术转让策略浅析》，中国商界，2008（9）。

愿快速上马大规模风机。以一家外国独资企业 S 为例。S 于 2006 年进入中国，到 2008 年，S 高峰期曾占有中国 10% 的份额。但到 2010 年，S 在中国市场的排名却下降至第 15 位，在中国的市场份额仅占 1.8%。有报道说，它可能退出中国市场。S 进入中国的第一年，中国风机企业还比较弱小，还不是竞争对手。在技术路线上，S 的定速风机技术因为具有结构简单、运行稳定、售价比其他外资风机低、故障又比国产风机少等优点，很容易在中国市场拿到订单。相比之下，当时的变频和直驱两种风机技术路线还不够成熟，它们的故障率较高，风机运行难度也更大。但是，很快大量的中国国内风机企业迅速进入这一市场，而变频技术也逐渐成熟，随着故障率的下降，其利用风速时段高的优势凸显。但 S 没有料到该市场趋势。直到 2010 年，S 才准备开始推出变频技术。此外，S 也低估了风机单机功率升级的速度。在它仍停留在 1MW 以下规模时，1.5MW 风电机组就已成为中国主流机型。当业内一线企业积极研发的都是 3MW、5MW 等更大容量机型和海上风电机组时，S 风机最大容量也仅为 2.1MW，而且不涉足海上风电。S 的经历不是例外，整个外资风机制造企业在中国的发展历程或多或少有些相似。究其原因，中国风电产业的竞争和技术发展的特点不完全符合以往外国对中国投资的经验。

第二，独资企业的产品质量优势不足以成为制胜的战略优势。在其他行业，虽然中国企业的产品价格低，但独资企业可以通过产品质量优势得到高端市场。独资企业如果有这样的预期是正常的。风机质量问题带来的直接经济损失往往数额巨大，而且会影响制造商的声誉。所以风电产业风机质量的优势尤其重要。在风电产业爆炸式发展的过程中，中国企业没有来得及对风机进行多年的测试和运营，它们如果遇到大批的质量问题，外国企业完全可以有信心借此脱颖而出。但在实践中，虽然不时有质量事故出现，但至少到目前为止中国风机尚未出现大规模的、普遍的质量问题。据接受调研的叶片企业反映，在过去 20 年里，中国企业生产的叶片损失概率低于国外的同比概率，而且叶片损失不是因为设计问题（注：如果是设计问题就严重了），所以，在技术和质量上到目前为止还属于健康状

态。中国的整机顶尖企业的质量与独资公司距离也在不断缩小。而且对于不那么严重的问题则可通过售后维护服务来解决。而这方面的服务又是中国企业的优势。总之，国外企业的质量优势仍然存在，但没有从战略上取得预期的优势。

第三，中国政府、企业、企业家和研发人员对风电产业的理想和抱负增加了中国风电产业软性的竞争力。因为国家将风电产业作为发展低碳经济的战略性产业，当企业出现个别质量问题或遇到困难时，国家不会轻易动摇对该产业的信心，企业客户也不会出现恐慌。这些对暂时失利的容忍程度和承受力，给刚起步的民族工业提供了成长的环境。但是，仅仅是国家的意志不足以成就优秀的民族工业，在风电发展初期由国家做媒的合资企业的失败就足以说明这一点。所以，外资企业的另一个盲点是往往看到中国政府对国内企业的政策支持，但忽视了来自中国民间的优秀力量。作为风电龙头企业的金风科技、华锐风电都是民营企业。它们不像国有大型企业那样有先天的市场垄断地位，而是要靠实力在竞争中脱颖而出。这种优秀民间力量的存在意味着，其在风电产业的生命力比外国独资企业估计得要强。对这种力量的低估、未能相应变革企业竞争与合作的思路，成为导致风电独资企业竞争失利的原因之一。假设独资企业及其跨国公司对这种力量有先见之明，在中国风电行业早期就将这种力量作为合作的对象（而不是在市场绝大部分份额为中国企业占有后才被动合资），独资企业的市场份额是不是会比今天要大？风电市场的竞争环境是不是比今天更好？如果是，知识产权权益分配如何构建？这远不是一个理想主义的假设，而是独资企业现实的商业问题。

第四，独资企业传统的知识产权战略和管理方式受制于传统思维下的商业竞争战略。知识产权战略是用来服务于企业的整体商业发展战略的。上述传统的商业发展战略强调竞争、强调防止技术的外溢，而忽视合作、忽视技术外溢（扩散）可能带来的商业发展机会，将知识产权仅作为竞争工具来使用，用来防止技术外溢、抑制竞争对手。当它不能有效地带来竞争优势，而商业竞争战略没有相应改变时，它的另一面，即作为合作桥梁实现商业利益的潜力受到制约，让外国企业错失良机。具体来说，当中国企业通过购买设计图纸、联合研发和自主创新获得了生产所需要的技术和在国内市场的行动自由时，单纯强调竞争的知识产权战略就不能在中国市场为外国独资企业带来预期的竞争优势。加之，外国企业的某些基本专利是早期专利，当时没有在中国申请保护。另外，跨国公司错失了获得巨大的知识产权许可收益的机会。中国企业对风电技术的巨大需求意味着巨大的知识产权许可收益，跨国公司及其独资企业的商业战略强调防止技术外溢，而不愿对专利技术及 know-how 进行许可。中国本土风电企业转而向国外的中小技术公司购买价格高昂的设计图纸，后者，因此获得了丰厚的许可收益。这个收益的规模不可小视，仅在 2009 年，它与维斯塔斯这样大型国际风电企业在中国市场的利润相差不远。跨国公司应当比中小企业在许可上优势更大，许可收益更多。这不仅因为它们有更多的技术和知识产权积累，而且技术多在大规模生产中得到检验、相对成熟，更能保障产品质量。

此外，受制于跨国公司集团管理结构的制约，知识产权部门管理机构未能及时、充分利用中国优惠政策来增加自己的竞争力。比如，为鼓励中国企业自主创新，中国出台了一些优惠政策，包括对高新技术企业施行的优惠的企业所得税。这些政策通常以拥有中国自主的知识产权作为衡量资格。自主知识产权的定义是以注册地在中国的企业为申请人申请专利。跨国公司在中国申请了大量专利，这原本应当是其享受政策、进一步增加竞争力的机会。但是，不少跨国公司施行的是知识产权的集中管理方式，比如专利只能由总部通过控股公司统一申请、拥有、支配，而且，通常这样的控股公司已经在某些税收优惠国家扎根。在中国设立的独资企业往往并不拥有知识产权，所以不符合享受基于自主知识产权的优惠政策。当那些能够符合条件的中国企业和国外中小企业享受到优惠政策时，自然相比那些不能利用这种政策的公司具有优势。在全球化管理中对当地政策作出回应，是所有大型跨国公司管理制度都面临的挑战。知识产权管理往往是跨国公司整体管理结构的一部分，而且在董事会中未必有专门负责的高层决

策者，所以，对庞大的、历久年深的结构进行自下而上的改革往往超出了知识产权管理人员力所能及的范围。

独资企业有没有因此改变其商业发展战略呢？有的独资企业没有应变措施，另一些企业在考虑退出中国市场，还有一些跨国公司开始转而选择与中国企业合资，也有企业在试图出让部分股权。但是，无论是哪种情形，目前还没有迹象表明独资企业及其所属跨国公司的知识产权战略有明显改变。

2. 中外合资

在中国风电发展的历史上，曾经存在过的主要中外合资企业有一拖美德、航天安迅能（与 Acciona 的合资）、湘电风能（与原弘产的合资）、哈飞威达（与 Winwind 的合资）、瑞能北方（与 Repower 的合资）、富春江水（与 Nordex 的合资），以及 GE 与哈电集团的合资企业。中外合资企业为数不多的原因是外商来中国不太愿意和国内企业合资。这首先来自外国企业对技术外溢的担心。合资对外国风电企业有过惨痛的教训——西班牙歌美飒（Gamesa）公司和丹麦维斯塔斯（Vestas）曾经合资生产，Gamesa 获得技术发展起来以后就把合资企业中 Vestas 的股份全买过来，现在成了 Vestas 全球的竞争对手。因为中国是制造业大国，相比西班牙，更让国外企业担心，一旦技术转到中国来会培养强劲的竞争对手。其次，在早期，中国风电市场需求巨大，而中国企业当时还没有形成供应能力，外资企业也没有必要建立合作企业进而通过中国合作方获得市场份额。在以往为数不多的中外合资企业中，有的合资企业外方已经退出，如一拖美德、湘电风能。所以，通过合资企业来进行技术转让的形式到目前为止还不是很成功。我们选取风电发展初期和近期的中外合资企业案例各一个，来剖析合资企业转让技术遇到的问题。

案例 1　一拖美德、西安诺得合资失败的案例

早在 1996 年的"乘风计划"中，中国就提出通过建立合资公司来解决风电设备落后问题的规划。同年，国家通过对国内总装企业询标，确定

了中国航空工业总公司下属的西安航空发动机公司和中国洛阳第一拖拉机集团公司为中标单位，由此建立了最早的两个合资公司。一个是西安诺得，另一个是一拖美德。

西安诺得由西安航空发动机公司与德国诺德克斯（NORDEX）合资，双方各占60%和40%的股份。根据合资协议，合资拟生产600kW大型风力发电机组。一拖美德是中国一拖集团有限公司与西班牙国家电力公司美德（MADE）再生能源公司合资成立的，双方拟生产660kW大型风力发电机组。两个合资企业建立后都不成功，一拖美德于2000年成功制造出了容量为660kW的风力发电机，但没有批量进入市场。2003年，外方投资者美德（MADE）宣告破产，被西班牙公司歌美飒收购。

对于合资企业失败的原因，人们有不同的解释：有的认为中国的投资方是由政府选择的，没有经验、没有兴趣生产风机；[①] 而有的认为，由于国外风电设备技术发展很快，单机容量750kW、900kW甚至兆瓦级风力发电机都已进入市场，致使一拖美德所产风力发电机几乎没有批量生产进入市场的机会。MADE被收购后不履行合同，也被认为是倒闭的原因之一。[②]

就知识产权角度而言，有的人认为合同中约定了技术转让，但实际履行中，外方以保障质量为名，对使用本地化部件很消极，只希望中方承担维修和售后服务，双方很难达成共识。[③] 因为外方不转让技术know-how给合资企业，而是坚持进口主要部件，造成价格比完全进口的风机还高，导致产品卖不出去。

在中国风电企业壮大起来的近几年，新一轮的合作又出现了。有的中国企业与国外公司合资，引进国外的成熟技术在国内进行生产。像航天安迅能、

[①] Composites World：《高风在中国》（2007 - 7 - 1），http：//www. compositesworld. com/articles/high - wind - in - china［2011 - 10 - 10］。

[②] 中国可再生能源规模化发展项目（CESEP）：《中国风电产业化发展国家行动方案》，2005，http：//www.cresp. org. cn/uploadfiles/89/252/NationalAction_ CN. pdf。

[③] 中国可再生能源规模化发展项目（CESEP）：《中国风电产业化发展国家行动方案》，2005，http：//www.cresp. org. cn/uploadfiles/89/252/NationalAction_ CN. pdf。

恩德风电的 1500kW 风电机组，在国内已成功生产并实现产业化；还有湘电风能、瑞能北方等公司的 2000kW 风电机组都是采取这种方式引进的。①

案例 2　湘电风能案例

以湘电风能为例。湘电风能设立于 2006 年，是湘电股份与日本原弘产株式会社组建的合资公司，注册资本 3.1 亿元，双方各占 50% 的股份，当时拟形成年产 300 台（套）风力发电整机的能力。从当时的报道来看，原弘产之所以愿意与湘电风能合作，是看好中国的风电市场，而湘电风能则看中原弘产在风机制造技术方面的领先优势。②

从技术转让角度看，这对作为合作方的中国民营企业的技术转让产生直接的影响。作为日本主要的风机制造商的原弘产，拥有 1.5MW、2MW、2.5MW 直驱风机的先进制造技术，它的研发中心汇集了大批欧洲顶尖级风机研发团队。在湘电风能与原弘产合资的过程中，原弘产给予湘电风能相当大的技术力量支持，原弘产风电研究领域的高级工程师频繁前往湘电风能进行技术指导和交流。③ 比如，2008 年 9 月 28 日，日本原弘产风电部部长和欧洲总工程师还曾到湘电风能与相关技术人员进行技术指导和交流，并就如下相关问题达成了共识：一是探讨有关 XE82 机型的二次开发及新机型的开发；二是协助配合 XE72 机型的认证；三是就海上大功率机型的开发进行研讨。湘电风能认为合资方为产品研发、技术支持等作出了相当多的贡献。④ 这种技术交流活动正是 know-how 转让的表现，它对创新能力的培养起到积极的作用，也正是合资相比其他形式技术转让的优势所在。

---

① 百度文库：《风电机组》（2010 - 11 - 3），http://hi.baidu.com/951051/blog/item/b3331047e72ee943510ffe8e.html［2011 - 10 - 10］。

② 中国新能源网：《风电市场投资领域发生变化遭遇外资撤退》（2008 - 11 - 24），http://www.newenergy.org.cn/html/00811/11240823433.html［2011 - 10 - 10］。

③ 中国新能源网：《风电市场投资领域发生变化遭遇外资撤退》（2008 - 11 - 24），http://www.newenergy.org.cn/html/00811/11240823433.html［2011 - 10 - 10］。

④ 湘电风能有限公司：《日本原弘产风电部部长来访》（2009 - 3 - 8），http://sxht.cnwpem.com/index.php?uid=xemcwin&lid=216&cid=820［2011 - 10 - 10］。

业内人士认为，湘电风能与欧洲多家风能研究中心有过合作，但原弘产对湘电风能的重要性并非其他合作单位可比。①

外方之所以愿意与中国企业合资，依然是看好中国的风电市场，而中方依然看中外方在风机制造技术方面的领先优势。这与风电发展早期的合作相比并没有变化。不同的是，风电市场竞争结构发生了改变——中国风电企业在占有市场份额方面有优势，而外国企业希望通过合作伙伴的帮助开拓风电市场。针对这种情况，业内人士也认为，整体利益关系是合资成功与否的决定性因素——除非二者合作后各自的竞争力更强了、能在合作中各取所需，否则，外方往往出于对利益保障的顾虑，不会转让技术。2010 年后出现的合资特点，即外资与国企央企的合资体现了这一点。② 那些没有合资而正在寻找合资对象的外国企业坦言，其最为看重的并不是合作伙伴的资金、工厂和土地，而是对方开拓市场的能力，在此方面中国的国有企业较有力量。③ 作为合作方的中国国企是不是可能通过合作提升自己的竞争力？技术转让是否会基于共同利益而得到实现？知识产权是否能成为双方的共同财产？相关的信息很少，还需拭目以待。

但是湘电风能与原弘产合作未能持久。合作不到两年，原弘产就开始撤出。2007 年 12 月 13 日，湘电股份发布董事会决议公告，日本原弘产同意出让其在湘电风能 23% 的股权。2008 年 11 月 8 日，湘电股份发布公告称，受到金融风暴的影响，日本原弘产主营业务遇到了较大问题，资金面临巨大压力，鉴于此种情况，原弘产同意出让其在湘电风能的另外 27% 的股权。④ 历经两年半左右的时间，原弘产让出全部股份，合资终止。

---

① 湘电风能有限公司：《日本原弘产风电部部长来访》，（2009 - 3 - 8），http：//sxht. cnwpem. com/index. php？uid = xemcwin&lid = 216&cid = 820 ［2011 - 10 - 10］。

② 中国风力发电网：《哈动力与通用电气合作发展风电业务，更名为通用哈电风能》（2010 - 9 - 28）［2011 - 10 - 10］http：//www. fenglifadian. com/china/5828KC77E. html。

③ 电力知识产权网：《阿尔斯通拟与中国企业成立风电合资公司》，http：//www. powerst. org/2011/0607/2368. html ［2011 - 10 - 15］。

④ 中国风力发电网：《湘电集团未能在 2010 年退出湘电风能小股东组团维权》（2011 - 1 - 13），http：//www. fenglifadian. com/zhengquan/446F989B. html ［2011 - 10 - 10］。

业内人士认为，除了金融危机造成外方的资金紧张外，外资终止合作还存在潜在的原因是投资环境，即国内风电市场投资环境恶化正促使外资重新评估他们的投资。[①] 有一种观点认为这种环境的恶化是由于国有企业垄断。根据这一观点，"近年来中国风电投资市场的市场化程度不是提高了，相反是降低了。特别是风电场建设方面，以前还有民营资本介入，现在完全是国有资本在做。风电制造商与国企的开发商结成所谓战略互助关系，这种关系具有排斥性。结果是风机制造领域失去了竞争，外资兴趣降低。"[②] 我们就这种观点访谈了风电企业，他们认为不存在垄断，因为中国本土风电企业的风机价格低于国外企业，所以往往在竞标中获胜，给人造成市场垄断的印象。一些投资者也认为，投资环境的恶化是由风电市场的发展周期、企业经营成本及风险造成的。根据这一观点，"未来中国风电产业将逐步走入成熟发展期，利润会不断下降；在经历了近5年的暴涨之后，增长的幅度和空间相对有限；不断发生的风场事故也意味着，未来风机事故或将进入高发期，风电企业的经营成本和经营风险都会有不同程度的上升。"无论哪种观点是正确的，有一点是肯定的，外部竞争环境会对中外合资双方的技术转让活动产生很大的影响。

在竞争恶化的环境下，大型国有企业成为受青睐的合资对象。这是不是意味着它们更有可能获得技术转让呢？这要取决于获得技术转让是否国有企业合资的主要动力和目的、是否能有效地通过为双方都能接受的知识产权框架来实现这一目的，同时，也取决于外方对合作中技术转让的意愿和知识产权战略。所以，大型国有企业获得技术转让取决于多种因素，并非必然就能获得民营企业所不能获得的技术转让。

3. 购买许可

购买许可是指中国企业购买国外成熟的风电技术，在国内进行许可生产的技术转让模式。像金风科技的600kW、750kW风电机组，浙江运达

---

① 金融界：《BP与原弘产撤离风电　傅嘉礼婉转抗议》（2008 - 11 - 18），http：//finance. jrj. com. cn/biz/2008/11/1811102794854. shtml［2011 - 10 - 10］。
② 中国新能源网：《风电市场投资领域发生变化遭遇外资撤退》，*op. cit*。

的 750kW，华锐风电、东汽的 1500kW 风电机组，都在国内成功生产并实现产业化，还有重庆海装的 850kW，保定惠德、武汉国测、吴忠仪表的 1000kW，上海电气的 1250kW，北重的 2000kW 风电机组等都是采取这种方式引进的。①

购买技术许可的一般方式是中方向外方支付技术转让费后获得整机制造技术及关键部件的技术，得到生产能力的协助，外方另在中方生产一定批量后从每台产品得到提成。② 附带条件通常包括不许对设计进行改动以及对出口市场有地域限制。外方在合作当时通常是中小技术公司，有设计能力，但没有大规模生产的能力。转让方中没有国外大型风电企业。

这曾是中国风电产业技术引进的主流模式，约有 70 多家中国风电企业通过购买技术许可的方式获得技术。③ 仅 2009 年中国企业向欧洲（主要是丹麦、荷兰和德国）和美国支付的专利许可、生产许可、技术咨询等费用就达 4.5 亿美元。这个数字约相当于维斯塔斯 2009 年全球研发投入的 3.5 倍，又相当于维斯塔斯中国市场年营业收入的 60% 多，④ 而技术许可方在中国的运营成本比维斯塔斯小得多。

业内人士认为，这种技术转让模式的优点是避免了合资企业的合作方之间难以协调的矛盾，使得外方可以从技术转让中得到技术许可费，并且中国企业市场份额越大，收益越高；中方则获得技术，在较短时间将产品推向市场，并且，有的还对技术进行消化吸收，在积累经验的过程中形成自主开发能力。国外存在这样一种误解，认为国际领先的风电企业向中国的企业转让技术，结果导致中国企业市场份额增加、外国企业市场份额缩小。高铁常常被用作例子来类比这一过程。事实上，且不说高铁是否真正

① 百度文库：《风电机组》，http://hi.baidu.com/951051/blog/item/b3331047e72ee943510ffe8e.html。

② 《国家行动计划》。

③ 李俊峰、施鹏飞、高虎：《中国风电发展报告》，海南出版社，2010，http://download.chinagate.cn/ch/pdf/101014.pdf。

④ KPMG：《Vestas 年收入（USD9.1bn）中，8% 来自中国市场》，http://www.kpmg.com/Global/en/IssuesAndInsights/ArticlesPublications/Agenda/PublishingImages/AgendaMagazine/first - person/chinese - takeaway.html［2011 - 10 - 10］。

获得了核心技术，中国的风电产业的技术来源完全不同于高铁行业。在中国风电历史上，出于竞争的考虑，国际领先风电企业并没有成为主要的技术转让方。而国外的中小技术公司才是主要的技术转让方，它们因此获得丰厚的许可费回报，并将其作为下一代技术的研发投入，增强了所在国的研发力量和竞争力。[①]

这种模式的缺点也不少，主要体现在：

第一，技术转让费用较高。

买一套图纸要花多少钱呢？价格不等。但一般来说，如果仅在中国区域销售，通常价格在 4000 万~5000 万元人民币，外加每生产出一台风机给对方的提成。例如，1997 年一家中国风电企业 F 向一家小型的德国风机制造公司购买了 600kW 风力发电机组生产许可证。根据技术转让协议，F 每生产一台风机，就要向该公司支付 10000 马克（5000 欧元）的特许权费。而技术转让的内容仅包括部件技术要求和风机组装，还不包括风机设计。另一家中国风电企业 T 引进叶片技术，仅入门费用就需 2000 万元人民币，另外销售额的 3% 也需交给设计公司。这只是针对中国境内市场的价格，出口的话还得另谈。

这个价位是什么概念呢？对中国企业而言，这意味着购买许可证的费用要高于研发费用，后者通常在销售额的 5% 左右。对外国的技术转让方这是什么概念呢？一家中国风电制造商透露，十年前，当风电产业刚起步时，一家外国公司曾将某风电技术许可给它。十年后，该企业将同样的技术又以十倍的价格分别向其他十多家中国企业销售。如果许可成交，那么技术许可方得到的是相当于当年 100 多倍的收入。

高额许可费带来两个方面的严重问题。首先，增加了生产成本、增大了企业回收成本的难度、影响了企业的研发投入能力。比如，有十多个中国企业同时购买了 75MW 的国外设计图纸，当时技术并不落后，但是风

---

① 李俊峰、施鹏飞、高虎：《中国风电发展报告》，海南出版社，2010，http：//download. chinagate. cn/ch/pdf/101014. pdf。

机生产出来准备投入批量生产时，这些企业发现市场已经变了，更先进的机型已经投入市场，它们的风机因此卖不出去。有的企业不仅收不回购买费用，而且没有了资金投入下一代技术。那些不能及时消化高额技术成本的企业因此陷入生存危机。业界人士评价说，如果整个行业经过两三次这样的折腾，其实力就会耗尽，其技术将无从持续发展。其次，高额许可费进一步助长了行业的爆炸式增长和竞争环境的恶化。对于技术的受让方来说，高额的技术许可费意味着高成本，而企业为了回收高额的技术许可成本，不得不增加产量、降低单机成本以获取更多市场份额。特别是，有的许可协议要求受让方在风机生产出来前就一次交清提成。这就迫使企业尽快地将风机投入市场、尽可能多地增加数量。

这些技术及知识产权的价值到底有多少？怎样的价格才是合理的呢？目前，对于知识产权的价值没有公认的评估方式，常见的一种说法是知识产权的价格是市场上对方愿出的价格。按照这个逻辑，如果中国不再需要外国的技术，国外的技术和知识产权是不是就没有价值了呢？如果被许可方大量破产，以技术许可为生的企业收入来源在哪里呢？而且，从以上的例子看出，市场没有维护交易各方共生的智能。因此，需要技术许可双方自觉和理性地来维护这种共生关系。

第二，转让方通常不允许对所许可的技术/设计进行改动。

中国复杂的地理和气候特点要求风机耐高温、耐高寒、防沙尘，这意味着不能按部就班地使用欧洲设计图纸生产风机，制造商需要不断地改进设计以适应当地的情况优化风机，但这在技术许可模式中往往是不可行的。转让方为了保护其知识产权，要求受让方未经授权不得改动图纸，这对技术的研发和转让都起到了制约作用。特别是当机型在国外只做了测试还未批量生产时，这个问题就不仅仅是知识产权问题，它会带来风机质量的隐患。

第三，重复购买同一技术的情况非常普遍。

中国企业为了追赶发展速度，没有时间研发，主要还是依靠买别人的技术然后在国内组装。国外主要大型风电企业不愿转让技术给竞争对手，

而国外能提供技术的厂家并不多。供方少、需方多，再加上企业之间没有形成统一的市场购买力量，这样就出现多家引进同一技术的情况。国内企业感到很多时候中国风电产业把有限的资金浪费了。有些业内人士认为设计公司的设计本身不值那么多钱，但是由于重复购买，造成图纸价格被炒热。重复引进同一技术会造成技术同质化，一旦该技术存在缺陷，会影响一大批企业和产品。

为解决这一问题，业界提出以下建议：

有的业内人士认为，企业联合向国外购买图纸能防止多家重复购买；有的建议借鉴韩国政府的做法，即政府出钱把图纸买过来，初步概念设计做完之后，政府再通过招标形式将该技术转让给有资质的国内企业。在实践中，两次联合购买的尝试没有进行下去。原因是，牵头企业的利益没有得到合理的保障。技术是牵头企业拿钱买的，买来了还要给其他企业，在国内本来就产能过剩的情况下，等于给他们自己增加了竞争。

还有一种建议是把各个企业专业的设计部门独立出来，组成一个联合设计公司，既可为各家公司自己做设计，也可以为其他公司做设计，参与的企业则可共享设计理念、设计图纸。持这种观点的人认为，从社会分工角度来讲，这也许是一种合理的方法，它比每个公司都保留一个设计机构更能有效利用资源。但也有业内人士认为，这在市场竞争的环境中很不现实，而且，在本来同质化就很严重的情况下，这会进一步加剧技术的同质化，还不如几家公司各买不同的技术形成共同研究院，通过企业间自然的整合实现技术的扩散。当然，这个方案实现的困难也不小，它需要企业跟另外的企业存在合作的契机并且能互相整合。

第四，中国企业对购买的技术，知其然，不知其所以然。

以风机塔架为例。风机塔架这样很基础的部件都是在国外计算完、设计完后才转让给中国企业。这是因为，塔架在叶片、机身整体算完后才能准确计算。但转让方往往算不准，结果，受让方对其塔架的强度和耐疲劳度都不清楚。另一个例子是计算软件。中国企业用的计算软件都是从国外买来的。通常情况下，转让方只给指导性的 know-how，不给原理性的

know-how。受让方因为没有经验分析，不可能进行优化。卖方软件发展水平决定了买方技术的发展水平。比如，如果卖方的软件编写错误，受让方就只能计算出错误的结果。受让方可谓知其然，而不知其所以然。如果能了解原理性的 know-how，受让方企业的研发就会快些；反之，会造成研发速度缓慢。对基础原理再去研究无异于从零开始，形成在世界范围内创新资源的浪费。

针对这些问题，业界提出以下解决建议：

在国家层面，针对国内的基础实验薄弱的现状，国家应当鼓励对基础研究进行投入，包括风机测试和调整的基础研究；重视风电领域基础研究又会为高校基础学科学生提供就业机会，吸引更多优秀人才投入这方面的研究。在行业层面，企业需要抱团共同追求长期利益。这应该是可以实现的，因为风电行业中只顾及短期利益的企业是少数，绝大多数希望实现持续的发展。在企业层面，企业应当注重基础研究领域的研发，并坚持战略性的长期的研发。这包括人才战略，比如优秀技术人才的提拔晋升不一定是做行政领导，应当在技术道路上认可其价值。

在国际层面，要开放对该领域的技术转让，开放的程度取决于一个合理的利益平衡点。深层 know-how 得不到转让根本原因在于，在现有国际经济竞争的格局下，单一国家的眼前利益与人类共同利益不完全一致。如何协调是个需要研究的问题。比如，丹麦会因其海平面低可能会首当其冲地遭受气候变化的影响。另一方面，丹麦也提出一个当前的现实问题——丹麦是个小国，如果不在技术上要钱，靠什么吃饭？这也是一个合理的诉求。所以如何顾及其国家的眼前与长远利益并兼顾个体和整体领域，对技术转让会有根本的影响。要从根本上解决这一问题，企业的作用是有限的，单个国家政府的作用也是有限的，所以，在气候变化框架下去解决这个问题很重要。

第五，向海外市场销售也要受到限制。

对出口的市场进行地域限制与专利风险有关。技术转让方虽然尽其所能对已知的专利都避开了，但风电产业专利已经十分密集，很难保障不会

踩上地雷，所以转让方不愿承担未知的专利风险，他们往往要求所转让的技术只能在中国市场使用。中国企业尽管要求其作出知识产权风险排除的保障，但是由于谈判力量不对等，急着需要技术设备，只好妥协。这种风险的不确定性虽然没有专利诉讼那么引人注目，但它相当于令所有具有不确定性的专利都起到了不战而胜的效果。这是知识产权对风电技术在全球扩散最直接、最深远的影响之一。

4. 并购及联合设计

只有为数不多的中国风电企业采取了并购及联合设计模式。最著名的是 F 企业并购一家德国风电技术公司 W 的案例。

2008 年，F 以 70% 的股权参股德国 W 能源股份公司。W 公司是一家拥有风电高端技术研发能力的公司，其技术包括先进的电机、先进的轴布局结构，且风机总量轻、效率高等。在收购过程中，W 的经营层和主要股东认为，让 F 成为 W 的大股东，可以使得 W 借 F 之力在高速增长的中国市场上实现其技术价值的最大化，因而，将 W 股份部分出售给 F 符合 W 的长期利益，是 W 的最佳选择。同时，F 期望在早期引进技术的基础上，通过与 W 联合设计实现产品的开发和生产，提高技术实力、加快公司正在研发的其他机组的开发速度。另外，它期望在 W 设计人员的培养和带动下，国内现有技术人员能够快速成长、全面提升自主创新能力。

参股和联合研发在一定程度上取得了成效。在 W 的帮助下，F 成功地开发了 1.6MW 和 3.5MW 的风机。最为重要的是，双方都从对方学到了知识。F 的工程师都比较年轻，经验不如 W 的工程师经验丰富，他们在联合研发的过程中汲取经验，提高了创新能力。F 的 6MW 风机就是由 F 主导、W 参与研发和设计的。F 的工程师提出的诸多中国风电特有的技术问题也使得 W 的工程师进一步丰富了经验。W 的研发力量也从几十个人增加到 200 多人。当然，这个过程经历了磨合的阶段，包括文化的冲突和融合过程。

有的企业坦言，所谓联合研发实际上是依赖人家，但 F 则不然。在联合研发的过程中 F 一直没有放弃自主研发。第一，它针对中国的风况等本地特点，做了很多技术优化和改进。中国不仅风况复杂（世界主要的风况类型中国都有），而且自然环境也具有多样性，这对风机技术提出了特别的需要。原来从德国带来的技术不能完全适应这些技术需要。F通过自主研发，开发了风机的高海拔技术、低温技术、高温技术、沿海技术，并拥有相关的知识产权。第二，F快速增加了研发人员，并不断加大研发投入。第三，F的创新向深层次延伸。以前创新多集中在设计层面，现在则开始增加对基础研究的投入。F认为基础研究是持续创新的源泉，只有加强基础研究才能支持设计。尽管如此，F清醒地认识到，目前的联合研发仍然和预期的、产业化要求的速度还是有差距——速度是指保证质量前提下的速度。如何解决研究开发的速度？这依然是个挑战。

　　并购中的知识产权安排根据双方在研发中的作用不同而有所区别。对于合作早期的机型，比如1.6MW和3.5MW的风机，在研发中使用了W既有的技术，双方同意由W对F授予技术许可。就其生产的前500台风机，F要向W交付技术许可费，500台以上的风机可不收取许可费。对于这两个机型，W依然掌握对专利的控制权。这体现在：第一，合作期间，F可以无偿使用W的专利，但不能给竞争对手使用；第二，在这些专利技术基础上研发的成果，如果W不同意，F则不能申请专利；第三，一旦双方不再合作，专利还是属于W。另外，因为F参股W，作为股东，它对于W许可给其他公司的许可费也自然能按参股的比例加以分享。

　　为什么F对W享有70%的股份，却不能控制专利权？这和德国法律关于并购方控股权的规定有关。因为70%的股份不足以达到法律要求的控股比例，F不具有控股权。相应地，不能实现对知识产权资产所有权的控制权。那么，F为什么不选择全资控股，以增加并购所追求的协同效应呢？这又和中外文化的融合有关系。技术公司的最大财富是人才，如果对于并购方的文化予以认同，人才会在并购后留下来愉快地工作；如果和并购方的文化不能相互认同，则可能会出现文化的冲突，导致人才流失，技术的转让和创新就会失败。文化差异对并购的影响不是中国特有的经历，在欧美企业之间也不乏因文化冲突而导致并购失败的案例。印度的风电企

业在并购外国风电企业时也遇到整合的问题。2007 年，苏司兰以 13 亿美元竞购德国第三大风机制造商 Repower 的绝对控股权，跻身全球第四大风机制造商行列，但随后未能完全获取对方的核心技术。苏司兰采取的对策是增加股份，通过司法程序收购少数股东的股权，争取 100% 的控股权。但是，中国的情况有其特殊的地方。中国经济的快速增长和经济地位的变化，是一个数百年来都不曾出现过的全新的现象，这个变化的速度远远超过了中国文化和世界其他国家文化的相互适应、调整、融合的速度。所以，在经济和商务关系上合理、互惠的并购交易不一定在心理上为目标公司所接受。F 选择参股而不是强求控股，使得 W 仍然保持很大的自主权和企业文化，这就避免了控股情况下可能的文化不融合带来的后果。中国的其他产业在跨国的并购中也采取了类似的做法。比如，吉利在并购沃尔沃后，虽然持有 100% 的股权，但仍然坚持了由沃尔沃人独立管理沃尔沃的原则，表示其对沃尔沃文化的尊重。著名的管理大师 Jack Welsh 对此表示不解，他坦言，并购的目的就是要让两个企业充分整合，以实现协同效应；如果各自仍然独立，并购的意义何在？他的质疑是有道理的。但从另一方面看，这个折中的做法又是文化融合的必要过程和代价。它给双方一个了解和建立信任的过程。代价是双方的，因为最佳的协同效应是双方都受益；不能实现这种协同，则意味着付出额外的代价。所以，并购目标企业及其国家也需要增进文化开放程度、尝试文化的融合，从并购的协同中获得更多的好处。当文化融合之后，双方企业才能自由地选择最具经济合理性的交易和管理方案、实现资源的最佳配置。

F 的做法从整体上看是有效的。通过合作它的创新能力得到了提高。它的 6MW 风机的研发和设计是由 F 自己主导、W 参与的，F 因此享有对技术和知识产权的所有权。这意味着它无须就相关技术获得 W 的技术许可，而且有完全的自由向其他企业进行技术许可。F 的规模和就业人数大幅度增加。而其他中国企业的经历并不都是成功的，有的并购就没有实现预期的技术转让效果。比如，中国风电企业 H 并购了一家有 20 多个设计人员的荷兰设计公司，但是也没有完全获得预期的技术；另一家企业 M

并购了德国一家设计公司，但短期看并没有多大效果，只能寄希望于在长期内能够提高研发和补充研发能力。

针对改进并购成效的建议。并购及联合设计在技术转让中的作用取决于内部和外部环境的改善程度。内部环境包括企业自身的创新环境，如果企业持续投入研发，并结合获得的技术和本国市场特点改进，则有可能取得更好的效果。外部环境包括法律政策及文化环境，当地政府的投资政策和文化环境会直接影响知识产权的权属、管理和使用的方式及效率，进而影响协同效应，包括在技术创新与扩散方面的效果。

从根本上讲，个体企业之间的并购及联合研发虽然可以起到一定程度的技术转让效果，但和产业化速度的需要还存在差距。从中国风电企业并购的经历来看，并购及联合研发的对象往往是国外的小公司，缺乏产业化的经验。因而，如果将联合研发上升到国家间合作，则能产生更大的影响。比如，中国可与风电技术主要国家达成共识，对研发进行投资，对技术成果和知识产权共享。企业则可以使用由此产生的技术和专利，这就消除了下一代的专利壁垒。这种做法才能从根本上解决技术转让问题。

（四）现有知识产权分布及其保护体系在中国风能技术发展与应用中的作用分析

通过对以上案例的观察和分析，我们可以对知识产权的阻碍及促进作用分别作以下归纳。

1. 知识产权在阻碍中国风能技术发展和扩散方面的具体表现

知识产权在阻碍中国风能技术发展和扩散方面的具体表现主要包括以下几点：

（1）专利披露不足、专利质量不高的情况普遍存在，侵蚀专利制度的合理性，直接影响后续创新。

（2）专利权利要求保护范围过宽的情况存在，阻碍了后来者继续创新的空间。

（3）对于快速发展的风电产业，专利保护期太长不利于处于技术成

长期的中国企业进行技术创新。

（4）风电通用技术相关知识产权的纠纷会给中国风电行业的发展带来不确定性和风险，可能阻碍行业的相关技术的研发与扩散。

（5）标准相关的专利，尤其是国际标准，会对产业产生巨大、深远的影响。中国风电行业的专利和国外无论是在数量还是质量上，差距都很大，海外专利布局更是凤毛麟角。所以，专利权人如果对标准中的专利主张高额许可费，中国风电企业会受到不利的影响。

（6）实现规模性生产所需的一些 know-how 和最先进技术的 know-how 大部分都掌握在国外主要风电企业手中，国外中小风电技术公司无法提供这些技术的 know-how；前者的商业战略及相关知识产权战略未能及时根据中国风电产业的特点加以调整，技术转让未能发生，也导致外国企业本身未能实现预期的市场竞争优势，而且错失了技术转让收益——两败俱伤。

（7）在早期的合资中，因为外方不转让技术 know-how 给合资企业，而是坚持进口主要部件，造成价格比完全进口的风机还高，导致产品卖不出去，合资失败，技术转让终止。

（8）在购买图纸的技术许可模式中，知识产权的障碍表现在：第一，技术转让费用较高，加剧了受让方收回成本的压力、助长了其扩大生产规模的动机、助长了恶性价格竞争、削弱了研发投入的实力；第二，know-how 供应与需求不平衡，导致转让方将一项技术向多家重复转让，这不仅抬高了许可费价格而且埋下技术同质化带来的风险；第三，转让方不转让诸如设计软件等方面的深层 know-how，结果，受让方知其然，不知其所以然，不利于受让方的技术创新；第四，转让方通常不允许可方对设计进行改动，也直接影响了技术适应（technology adaptation）和技术创新能力的提高。

（9）风电专利的密集使得国外技术转让方不敢向技术受让方提供行动自由的保障，这种权利不确定的技术转让使受让方被迫放弃或推迟向海外市场扩散风电产品和技术。

（10）在联合设计模式中，外国合作方所在国家的知识产权转让和并购法律制约了知识产权的自由交易和投资，影响了联合研发的实际效果。

2. 知识产权在促进中国风能技术发展和扩散中的具体表现

知识产权在促进中国风能技术发展和扩散中的具体表现包括以下几点：

（1）在专利被充分披露、专利质量高的情况下，专利可提示后来者预见可能存在的技术问题、启发后来者提出可能的技术解决方案，鼓励风机制造业的技术创新和产业竞争；它也有助于企业对产业技术做一些宏观的分析，以了解自己在竞争中的位置，并了解竞争对手的技术发展路线和趋势，从而相应选择适合自己的技术发展路线和竞争策略。

（2）知识产权可保护企业自主创新的成果，甚至在企业无法将创新成果投入规模生产的情况下，也能使企业通过提供技术转让回收研发成本，并获得客户的青睐。

（3）外国整机制造商在投资中国部件生产商的过程中，know-how在纵向产业链中得到了一定程度的转让。

（4）在合资中，know-how通过技术指导和人员交流产生的流动对于创新能力的培养起到重要的作用，这正是合资相比其他形式技术转让的优势所在。

（5）在购买图纸的技术许可模式中，知识产权许可费给国外中小企业转让方带来利益驱动，技术转让得以发生，中国风电企业则因此获得技术，在较短时间内将产品推向市场。

（6）在并购和联合研发模式中，对外国技术转让方的知识产权资产给予认可，可能是满足外方合作意愿的。

（五）客观评述知识产权在中国风能技术发展和扩散中的作用

知识产权在中国风能技术发展和扩散中既有阻碍的表现，也有促进的表现。这种现象是由知识产权在更深层次的活动规律决定的。

1. 知识产权制度对技术创新和扩散的作用取决于它是否能遵循知识产权制度的经济合理性的前提、是否维持动态的平衡

当知识产权制度在发明人与公共利益之间取得一个平衡，它才具有经

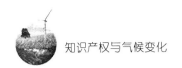

济合理性，才更有可能促进创新和技术扩散。反之，如果发明人不充分披露被专利保护的技术，专利内容对创新的启发作用就会被削弱。如果专利授权的保护范围过宽，或专利分布过于密集，技术改进的空间就会缩小、技术扩散所遇到的不确定性和风险就会增加。所以说，知识产权制度的经济合理性被腐蚀，权利人与公共利益之间的平衡被打破时，技术的创新和转让就会受到负面影响。相比一个不具合理性、不平衡的知识产权制度，一个合理和平衡的知识产权制度更有利于技术的创新和扩散。这个平衡点因行业不同而有区别，这是因为各行业技术发展的速度、竞争状态各不相同。在风电行业中，甚至要考虑技术的地位来确定平衡点和合理性，比如，缩短风电行业通用技术的专利保护期，可能会有利于技术创新和扩散，特别是对于处于成长期的企业。

2. 知识产权制度对风电技术转让以及技术创新的影响还取决于中外企业在专利储备方面的力量对比

撇开竞争主体在专利储备方面的差距来谈知识产权制度对技术转让的影响，就如同在拳击比赛中设计一个貌似完美的规则，但忘了划分重量级——在这种制度下进行的较量，双方都无法展示各自的优势和实力，而且让这个制度显得不公平。就知识产权储备而言，中国企业是轻量级，国外主要风电企业是重量级。中国风电企业在知识产权储备方面和国外的差距估计不少于5年，这对技术创新和转让有很大影响。当知识产权所有人出于竞争的考虑不愿进行技术许可时，中国风电企业没有可以与之交叉许可的知识产权筹码，无从获得对方许可。这时，知识产权的作用体现为竞争的武器而不是桥梁。另外，由此产生的技术需求与技术供给之间的空白给外国中小技术公司提供了商机，因为二者不具有竞争关系，知识产权不是作为竞争工具来使用的，它的主要作用是用来保障技术转让方的技术许可权益，在这种情况下，知识产权在一定程度上起到了桥梁作用。

同样，知识产权制度对创新的作用也受知识产权储备差距的影响。出于知识产权差距带来的紧迫感，政府出台了鼓励创新的政策，虽然这些政策的效果还有待考证，但它至少向企业传递了鼓励创新的信号；另外，密集的风电专利缩小了包括中国企业在内的所有风电企业创新的空间。

3. 知识产权下覆盖的深层问题在根本上决定知识产权的角色和技术转让的命运

知识产权对技术转移和扩散的影响只是表象上的，在知识产权下覆盖了一些深层问题，它们在根本上决定知识产权的角色和技术转让的命运。

（1）市场与创新

中国风电企业的知识产权中发明专利为什么少？因为在技术的"研究—设计—开发—商业化"的过程中，中国整个风电行业的研究环节做得少。研究少的原因不一而足——企业重视程度不够、企业能力不够、企业短期目标和长期目标缺乏均衡、国家战略高度不够、相关政策可能有偏失，等等。然而，更深的原因是宏观市场环境没有给企业时间去研发。政府虽然出台了一些支持技术创新和转让的政策，但它们仅仅被视为对市场作用的补充，换句话说，政府将技术创新交给了市场。就中国风电技术创新和技术转让而言，市场是失灵的。

第一，市场是缺乏耐心的，它不给中国企业留有自主研发的时间。中国风电市场一度爆炸式发展，那些一开始就走自主创新道路的企业发现当它们在扎扎实实地从事研发时，竞争对手已经在跑马圈地；当它们将产品研发出来时，市场已经被瓜分。所以有些风电专家说自主创新是死路一条。即便那些靠购买技术起家的企业，也存在产品还没来得及量产就已经落后于市场的情况。当产品卖不出去时，这些企业连技术许可成本都收不回来，有的甚至濒临破产。

第二，市场又是趋利避害的，它倾向于选择回避风险。在风电行业，出现一次事故，企业往往会受到上千万元甚至上亿元的市场损失。自主创新风机风险非常大，所以，风电开发商理所当然会倾向于回避使用自主创新风机。同样，中国的整机制造商为了避免风险，又会倾向避免使用自主创新技术的风机部件。这种市场环境不利于鼓励创新。

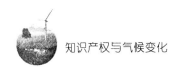

第三，市场是波动的，它的不景气影响了研发投入的信心和力度。在市场高涨时，中国风电企业的研发投入一度超过公司总收入的5%，但近几年因为市场不景气，企业研发投入又开始下降了。

第四，市场以成败论英雄，它不惜淘汰创新力量。直接掌握市场资源的企业，如电力公司的所属企业和风电资源所在地的地方企业，往往会比没有市场资源的企业更有竞争力。中国风电产业面临洗牌，那些有创新积累但没有领导地位的企业会被淘汰，企业积累的创新能力会在此过程中流失。市场环境并不会自发地保存自主创新的力量。

第五，市场换技术的道路行不通。风电行业发展的历史表明，市场的开放不见得能换来技术。因为在当前的国际竞争中，发达国家政府及其主要风电企业的主流思维方式倾向于将技术作为核心竞争力、将知识产权视为竞争工具。换句话说，对这些企业来说技术就是市场。

我们被新自由主义的经济学家告知，我们不能干涉市场。而在现实世界中，世界主要国家都在对新能源产业进行补贴，包括对研发的补贴。比如，美国海上风电战略中对风电行业的补贴、中国对自主创新的补贴。这是因为，新能源产业还无法与传统能源竞争，产业的发展强烈依靠政府研发的补贴。但是，现行的WTO等国际贸易规则对这些做法的合理性和合法性没有作出及时回应，这种状况可能会束缚政府在研发补贴方面的手脚。

（2）国际社会缺乏建立良性生态系统的自觉

在风电市场中，国家与国家之间、企业与企业之间，存在着彼此依存的利益关系。遗憾的是，各方更多地追求个体的、局部的和短期的利益，缺乏建立良性的生态系统的自觉和共识。比如，国外的中小企业技术供应方最初是靠着它们对中国风电企业技术需要的敏锐回应，并抓住国际大型风电企业出于竞争考虑不愿转让技术的时机，以互惠互利的原则被中国企业接纳。但是，当买方需求激增时，中国企业成为它们从交易中攫取最大限度利益的对象，并且改变了原先的共生关系。试想，当中国的风电企业只剩下几家，而且都是大企业，所谓的技术卖方市场将会变成买方市场，定价权会发生转移，有的技术公司会失去客户，继而出现生存问题。就像一只青蛙游在被慢慢加热的水里，对正在发生的威胁无所察觉，技术供应方也会被市场麻痹。

目前，这种思维方式造成了与自身利益相悖的结果，所以我们看到很多奇怪的自相矛盾的现象，比如：

（1）中国风电企业希望可持续发展，但却发现自己因低价竞争影响了新一轮投资的来源。

（2）外国独资希望掌控竞争的自主权和维护自身竞争优势，结果却事与愿违地发现自己最佳的选择是与有市场垄断优势的国企央企联姻。

（3）国外中小技术公司期望获得最大限度的技术许可费，结果却发现目标客户群（潜在的中国技术受让方）在锐减。

（4）国际社会期望中国在气候变化方面多承担义务，但却发现国际市场竞争规则不允许它帮助新能源产业提高创新能力。

（5）外国政府希望增加本国绿色产业的就业，却发现自己打击中国风电投资方的政策也影响了本国绿色产业的发展，等等。

在这种关系中，大家都开始感到不幸福——中国风电企业的持续发展处于考验阶段，外国风电企业没有实现预期的业绩。这样的关系不具有持续性，在未来的几年里可能发生变化。无论是国家还是企业——技术创新和转让的主体，都需要回归基本的事实和道理。各方共存于一种相互依存、不可替代的共生关系中，这种关系的发展和维护将依靠各方的共同努力。

也许我们研究的最大发现就是通过知识产权的线索发现了这种非理性导致的悖论的存在，及其发生过程和导致悖论的原因，并由此来激发自觉的理性行为，驾驭知识产权来解决知识产权本身及其表象下深层的问题。知识产权问题反映的是矛盾的表象，它下面有很多领域和更深层次的问题。相应地，知识产权问题的解决需要从更深的层面解决；但这并不意味着知识产权问题只有等这些问题解决了才能得到解决，相反，基于理性认识的知识产权合理安排，或许能推动相关问题的解决。世界知识产权组织

总干事高锐说，从知识产权这个具体的角度看，金融危机所发生的时刻也是知识产权本身在发生巨大变化的时刻。① 我们经常会问到，如何能够实现好的平衡，一方面是权利人，另一方面是新知识的效益，还有社会公平性的问题。而这些对于知识产权体系的要求，我们需要非常认真地管理，特别是在全球经济危机的背景下。知识产权本身有可能通过对自身的调整，来服务于解决更深层的问题的方案。对于系统当中所存在的功能性和政治上的矛盾和压力，我们需要找到解决的办法。而这些解决办法必须要能够形成战略，使得我们可以用知识产权作为一个平衡的机制，来帮助、改善相应的条件。

三　政策环境与风电产业技术发展

技术转让是一个包括知识、经验和设备转让的全面过程，也是一个政策制定者不断决策以促进技术进步的过程。许多社会、经济、政治、法律和技术因素影响技术转让的过程和质量。成功转让的必要因素包括消费者的商业意识，信息的获取，当地现有的各种与技术、商务以及管理相关的规范及有益于经济的政策和管理框架。满足当地需求和重点项目的技术转让更可能取得成功。IPCC 关于技术转让的特别报告中就发展中国家适宜环境需求进行了详细阐述，其中包括政府能够做哪些工作，以促进并加强对环境无害技术的转让，② 旨在影响私营部门、贷款机构、多边机构、非政府组织的决策者的关注。

本部分在调研和专利分析的基础上，从风能技术的角度，考察 IPCC技术转让特别报告中关于中国风电行业发展情况相应部分的主要结论和观

---

① 腾讯网：《知识产权组织：用知识产权作平衡机制促增长》（2009 - 7 - 3），http：//finance. qq. com/a/20090703/004129. htm［2011 - 10 - 10］。

② IPCC，"Methodological and Technological Issues in Technology Transfer"，2000，http：//www. ipcc. ch/ipccreports/sres/tectran/index. php？idp = 0［2011 - 10 - 10］。

点，讨论其所列的措施在中国是否能够应用、效果如何、是否有助于营造风电技术向中国成功转让的大环境。

（一）制定税收、补贴、标准等国家政策以获得投入促进风电技术开发

1. 税收

在诸如风电的新兴技术产业中，研究与开发新产品耗资巨大，开发期长，投入和成长期也长，而市场现状对技术扩散和创新的速度要求又相对较快，成熟期较短。因此，创新企业通过市场收回研制费用的困难加大，赢利难度加大，不易吸引社会投资，私人部门的研究与开发投资不足，使市场配置资源促进高新技术产业有效发展的作用失灵，导致社会整体效益的降低。为了弥补市场失灵，政府采取鼓励性的税收政策降低投资的融资成本以鼓励企业进行风险投资，追求社会福利和社会收益最大化在风电产业发展中意义重大。目前，国家给予风电装备制造业现行可以利用的税收优惠政策大致包括进口货物免税和减税、出口退税、即征即退类的流转税类（增值税）政策和包括固定资产折旧、减免税、税额抵扣、再投资退税、投资抵免、亏损结转、税项扣除、技术开发费扣除等所得税类政策。

增值税。在风电领域，增值税的优惠从发电起就可享受，且增值税即征即退50%的政策，基本保持了2001年版财税文件中风电增值税减半征收的优惠幅度。但由于计算基数不同，增值税附加（城市维护建设税和教育费附加）有所提高。增值税抵扣政策使得风电场建设所购置的设备等所缴纳的增值税可以在售电环节进行抵扣，使风电场运行初期的增值税负担降低到零，大大改善了项目的现金流。但由于在风电项目建成后的前5年没有增值税上缴，地方政府失去了这部分财政收入，严重挫伤了这些地方开发风电的积极性。另外，现行的增值税优惠政策允许企业购入设备的金额从销售额中扣除。从国家层面看，这对风电开发企业减轻了税负，但从地方财政看，意味着大笔减收。由此，目前已经出现了

地方保护主义现象，例如部分地方政府要求开发商购买当地设备才能获得项目开发权；要求风电设备制造企业在当地建厂才能将设备卖到当地；可能出现地方政府借各类名义提高或征收新的税费，例如部分地方政府提高征地价格和土地使用税，还有部分地方政府向开发商收取风电建设发展专项基金等，这些都将导致风电开发成本有不小的增加。从长远看，这些做法对于风电产业快速发展、产业布局优化及产业多元化发展等都非常不利。①

企业所得税。所得税优惠的效益主要在项目运行5~6年以后才反映出来，优惠环节不合理。因为风电场的特点是一次性投资高，由于还贷、折旧等原因，运行初期一般处于亏损状态。高新技术产业的特点是中间环节较多，以风电行业为例，从自主研制风电机组、叶片及其他关键零部件到最终产业化生产，一般要经过实验室、中试和产业化三个阶段。前两个阶段风险大、收益小或几乎没有收益。而中国现行的高新技术产业税收优惠政策却很少渗透到这两个阶段，大多数停留于产业化阶段，从而使得税收优惠政策的作用力度大打折扣。以西部大开发按减15%征收的企业所得税优惠来说，这项政策对于以组装为主的制造企业来说，由于利润很低，其作用也极为有限。比如，西部某地区新能源装备制造产业园中以风机组装为主的企业2010年实现销售收入62亿元，实现利润2.3亿元，平均销售利润率保持在3.7%左右，减免的企业所得税只有2300万元，仅为销售收入的0.37%。②

总之，目前实行的税收优惠政策对风电企业有一定的激励作用，但中国目前的环境保护和技术创新税收优惠政策较为零散，难成系统。涉及绿色技术创新的税收优惠政策散见于多种政策之中，政策措施之间缺乏必要的协调性和系统性。今后还需要结合地方的利益，对现行财税政策进一步完善。

---

① 李俊峰、施鹏飞、高虎：《中国风电发展报告2010》，海南出版社，2010。
② 中国储能网：《风电装备制造期待税收优惠》，http://www.escn.com.cn/2011/0308/8319.html [2011-03-08]。

2. 政府补贴

2010 年 10 月 15 日，美国贸易办公室正式启动了针对中国清洁能源政策的 301 调查，涉及风电、太阳能、新能源汽车等清洁能源行业，150 余家企业被牵扯其中，而风电行业首当其冲。被美国贸易办公室当做补贴依据的，是 2008 年中国财政部出台的名为《风力发电设备产业化专项资金管理暂行办法》（以下简称《办法》）。该《办法》针对的是中资或中资控股的风机设备和零配件生产企业开发并实现产业化的 1.5MW 以上的新产品，且只对生产的前 50 台进行补贴，每千瓦补贴 600 元人民币，整机制造商和零配件制造商各拿 50%。据美国贸易代表办公室估计，2008 年至今，中国政府通过该方式对中国风电产业投资总数约数亿美元。在此次磋商请求中，美国贸易代表公开表示如果美国政府胜诉，中国仍坚持补贴的话，美国将会通过强制提高关税的方式来弥补因此带给美国能源企业的销售损失。

中国商务部发言人表示："风电补贴政策更多是对风能技术的研发增加了投入，而不是要以使用国产货物来代替进口产品。因为中国的风能技术还比较滞后，随着大量跨国公司和中国本土企业在中国建立风能设备的生产和应用基地，迫切需要中国风能技术与国际接轨，所以中国政府需要进行扶持。"[①] 中国国家能源局官员也指出，2009 年，中国的风力发电市场约 850 亿元，其中 21% 采购于国外。这个数字足以说明，中国风力发电给国外制造了大量出口中国的机会。2009 年 1 月至 9 月，美国已经通过现金支付方式给美国的新能源企业提供了 46 亿美元补助，风电企业获得了其中 30 亿美元的补贴。实际上美国对新能源补助也很大。[②] 美国工商业协会资深研究员艾伦·托纳尔森也表示，"美国的跨国公司也在中国从事制造业，从中国政府的政策中获得

---

① 中国网：《商务部：自 2010 年起中国已不再实施风能补贴》，http://news.china.com.cn/rollnews/2011-06/15/content_8337635.htm［2011-06-15］。

② 中国广播网：《美投诉中国补贴风能 韩小平：中国风电企业应据理力争》（2010-12-23），http://www.cnr.cn/china/gdgg/201012/t20101223_507494378.html［2011-10-10］。

了不少好处"。①

基于上述事实的争辩，我们需要客观地对风电行业政府补贴政策进行分析。

首先，政府补贴是否实现了其补贴的初衷？

事实上，2008年财政部的这个补贴政策目的在于支持大型风电设备普及和关键技术研发，如1.5MW级整机厂商、各关键零部件制造企业，补助金额原则上按照成本比例确定，重点向变流器和轴承企业倾斜，同时推动风电设备制造技术的国产化。当时中国具备独立制造兆瓦级容量风电机组的量产厂商屈指可数，此项政策在当时的意图是使中国风机容量级别进一步和国际市场的主流接轨，帮助风电产业升级。但《办法》施行两年以来，真正能拿到补贴的中国企业并不多。此项政策要求："申请补助的风电机组必须通过产品认证"并且已经量产的首50台风机"销售、安装、调试和并网发电"，即产业化成果必须经过市场的检验。因为研发需具时效性，必须在一定时间内支持一定技术的产业化研发，一旦成果出来并实现市场化就转向支持更高标准的技术研发。该政策确定支持的技术标准是风电机组单机容量在1.5MW以上。符合这一补贴门槛的企业很少，因此，这种政府补贴的意义仅限于推动了风电产业的整体进步，并不针对特定的风电企业，其效果更多体现在一种国家政策的导向而非对企业研发能力的实质进步上，更没有实现"关键设备和技术"自主研发的补贴初衷。② 即便是符合财政部这一补贴门槛的企业也称该补贴未对其利润带来显著的提升。

其次，政府补贴政策是否促进了企业研发能力的提升？

财政补贴政策虽然是目前各国普遍采用的激励研发活动的政策工

---

① 人民网：《美向WTO投诉中国风电补贴 专家：美补贴更多》，http://mnc.people.com.cn/GB/13580860.html［2010－12－26］。

② 经过近几年国内风电产业的迅猛发展，中国风电产业链各环节基本均有企业布局，但叶片、轴承等关键领域仍处于发展阶段，产业链配套尚不完善，随着中国风电产业爆炸式发展，国内风电机组的上游关键零部件配套能力明显不足，尤其是轴承、齿轮箱。国内风电机组用轴承（特别是主轴承）大部分依赖进口。

具，且具有直接、迅速的政策效果，并能有效引导产业发展。但实际上，财政补贴对企业研发活动激励效果取决于企业自身的发展水平和战略选择。政府补贴促进了企业研发和技术进步，但不是决定性因素，例如风电行业，技术导向型与商业导向型的企业在自主研发技术投入上有明显的差别。对于注重技术进步和自主研发的企业来说，政府补贴资金仅占企业技术产品研发投入中很小的比例。支持该类企业研发的主要经济来源还是靠企业自身的经营规划和投入。而对于商业导向性的企业，即便是政府补贴给予了他们一定的研发支持，如果该类企业的战略规划以短期市场利益为重，也并不能产生多大程度的研发能力的提升。因此，政府补贴政策能否在企业研发能力提升上奏效，不仅要靠补贴投入的力度，在力度合适的前提下，更取决于企业自身的发展水平和战略选择。

最后，是否有必要对风电行业研发进行补贴以及补贴的合理性标准如何把握？

对中国来说，与火电、水电等相比，风电仍处于初步发展阶段，但却是未来的发展方向，因此，在发展初期需要政府一定的措施进行扶持。目前，中国风电装机容量虽然已经成为世界第一，但中国的风电设备仍仅以"价廉"著称，风电产品的故障率较高，后期维护能力也相对较弱，与同类的外国产品仍存在实质性的差距。为了与国际社会共同应对全球气候变暖并实现中国产业结构向清洁低碳方向转型，中国风电产业不能仅停留在低成本优势上，这也无益于全球风电产业整体的创新和进步。要实现中国风电产业技术水平的显著提升，仍需要政府在这转型的关键阶段，发挥其政策引导作用，以适当的补贴优惠政策扶持有能力的中国企业和科研机构致力于风电产业自主研发。

但作为调节经济运行的政策手段，政府补贴在使用范围及规模上也需要把握一定的限度。

（1）补贴对象。由于政府并不是通过市场手段来决定谁将接受资助，政府在对创新进行直接资助时，对象选择的任意性是不可避免的。因此，

财政补贴对象选择的评价标准对补贴资金的高效运行至关重要。例如，若选择补贴对象不慎重，有可能产生负面影响，可能出现的局面是使原本成本偏高、能效相对较低的风电设备，由于价格优势，快速占据市场份额。而一些实际上成本较低且能效较高的风电设备，由于失去市场份额，赢利下降，最终倒闭。①

（2）补贴环节。政府补贴本身并不存在争议，争议在于补贴环节是否符合国际国内的规则以及是否能最终达到补贴目的。即便是同属于补贴风电等新能源产业的生产环节，也应当做到合理安排。目前中国政府补贴风电产业的最终目的是实现本土风电企业自主创新能力的提升而并不是以补贴促出口。实现本土风电企业技术能力的革新，不仅需要整机制造企业的技术提升，更需要关键设备和零部件企业、原材料企业同时壮大。在这一过程中，国产化率的要求似乎是一个硬性的衡量指标，但是仅重视国产化率或者以此作为企业申请相关补贴的条件反而不利于补贴目的的实现。

中国风电产业仍需要政府的扶持，只不过无论是选择政府直接补贴还是财税优惠措施，均应当更准确地估计市场预期和社会影响，在此基础上选择合适的补贴对象并出台更具针对性的补贴政策将有助于促进该产业向着完全市场化的方向发展。

3. 标准

《风电设备制造行业准入标准征求意见稿》已于 2010 年 3 月由工信部对外发布。该意见稿指出："风电机组生产企业生产的产品应满足《风电并网技术标准》对风电机组的性能要求。"如果该标准通过并实施，中国的风机进出口测试和认证将走向规范。有专家指出，这意味着，无论是国内还是国外的厂商，要在中国市场上出售风机产品，就必须经由国家认证认可监督管理委员会批准的第三方机构认证。②

---

① 中国风力发电网：《刘文曼：中国风电补贴的恰当之道》（2011 - 06 - 20），http：// www. fenglifadian. com/china/3579EEBA. html ［2011 - 10 - 10］。

② 中国工控网：《风电认证或将强制本土机构乘势扩疆》，http：//www. gongkong. com/Common/ Details. aspx？ Type = mkNews&Id = 20100928092135000001 ［2010 - 9 - 28］。

风电产业界人士认为制定和完善风电的国家标准意义重大。第一，严格的标准可以确保风电技术的研发和应用以质量过硬为目的。中国风能协会副会长马学禄表示："工信部的风电设备准入标准是比较高的"、"其实这就要求新进入者一旦入局，就要有配套的科技研发，摆脱国内的技术空心化现状。"①第二，标准的建立健全有助于提高国内风电机组的质量。由于目前没有对风电机组和风电场的入网标准和检测标准严格监管，绝大部分风电机组的功率曲线、电能质量、有功和无功调节性能、低电压穿越能力等没有经过检测和认证，而且多不具备上述性能和能力，并网运行的风电机组对电网的安全稳定运行造成了很大的影响。②但是目前制定标准仅是为了适应行业发展，因为行业已经走到这一步了，所以要配上标准。只有真正原发式地制定标准，才能对风电产业今后的发展起到保护和促进作用。第三，完善技术标准和健全检测认证制度，可以减轻出口检测成本造成的竞争劣势，帮助企业平等参与国际竞争。目前，中国风机出口国外必须认证，外国产品进口却不需要检测认证。③这就相应增加了中国风电制造企业进入市场的成本，不利于平等参与国际竞争，也不利于技术向其他国家的扩散。第四，技术标准的建立健全将促进全球范围内国际技术扩散。

在标准问题上，国外的商业界有些担心，担心中国制定风电检测标准会有保护主义倾向。而中国业界认为，制定旨在保证质量的标准是符合 WTO 规则的。最后，欧洲的知识产权人士提出目前的标准没有国际政府管理，完全是由私人企业出于商业驱动，将会出现混乱，应当建立国际秩序。这个建议是否合理、是否未来的趋势？目前答案是完全未知的。

---

① 风能信息中心：《风电产业内外交困 业内预计 80% 企业将被迫退场》，http：//www. cwei. org. cn/News_ Content. aspx？ ID = 6951 ［2011 – 5 – 11］。

② 道客巴巴在线文档平台：《如何突破风电并网难题？》，http：//www. doc88. com/p – 29335794598. html ［2011 – 06 – 15］。

③ 目前，在《商检机构实施检验的进出口商品种类表》中不包括风机，因此风机进口时不需要通过检测。另外，对于风电机的认证也尚无统一标准，因此不需要在风电机进口时对其进行认证。

（二）开展技术需求和社会影响评估，以满足风电技术转让和投资的当地需要

在国际气候谈判技术开发与转让议题中，技术需求评估是重要的一部分。发展中国家的技术需求评估是气候变化国际进程的要求，是国际技术合作、实现"巴厘路线图"的重要组成部分。作为一个发展中国家，中国是全球气候变化所引致的气候相关灾害最大的受害者之一。同时，高速的经济增长，巨大的人口基数和以煤为主的能源结构导致它的温室气体排放量将在未来保持较高的上升趋势并成为世界第一排放大国。中国在初始国家信息通报和应对气候变化国家方案中已经列出了一些技术需求信息。中国政府于2007年6月公布的《中国应对气候变化国家方案》中提出的三类技术需求中包含可再生能源技术。

中国陆地风力发电技术经过近十年的快速发展已经取得了显著的进步，实现了较高程度的国产化率。但是中国企业生产的基本上都是技术含量较低的部件，而在基础技术和核心技术方面，仍然与发达国家存在显著的差距，尤其是核心零部件如控制系统、轴承等，涉及材料、系统集成、控制技术等多方面的领域，仍主要依赖进口。

为遏制温室气体排放上升趋势，减少气候损失，必须推动风力技术向中国的转让，推动技术在中国内部的研发创新、示范和推广。同时，中国风力发电产业与其技术进步几乎是不同步的，中国虽然已经成为风力大国，但是距离风力强国还很远。为此，有效的国际技术合作以及本国技术研发能力的提高均迫切需要开展深入细致的技术需求评估。

在调研中，受访的中国企业普遍有这样的观点："我们的技术研发创新连续性差，创新点分散，无集约能力，互惠时没有资本。通过专利地图可以发现专利密集程度，技术发展趋势，以及哪些技术是核心的。用专利分析来发现技术需求，通过有针对的技术转让来填补缺少部分，引导研发方向。"

的确，从专利分析看，国内风力发电技术发展情况与国际先进企业差距较大，核心技术国产化程度较低，与中国风电产业的发展态势不相适应。即便在中国市场，国外风电设备企业在中国申请的专利数量也远远超过中国企业。国内业界也开始意识到专利差距给产业发展带来问题。另外，通过分析中国风电行业专利申请的情况，我们看到，中国风电企业与国外企业相比，研发力度和技术研究深入程度都远远不足。再次，中国风电控制系统专利申请方面的技术侧重点，尤其是技术细节的实现环节与国外相关专利技术水平的发展并未实现完全的同步，部分关键技术点还处于消化、吸收阶段。

将专利分析的方法引入风电技术需求评估工作中，通过专利检索对风电专利技术的发明人、申请人、申请国、申请类型、申请内容进行具体搜索统计，再利用专业的分析软件进行针对技术需求指标的专利分析，不仅能够了解到风力发电技术的国际国内的发展现状和存在的差距，也能够透过技术研发创新的趋势有效整合出哪些技术是中国可以自主研发实现的，哪些技术目前还需要借助国际先进技术经验。通过专利分析，我们可以进一步提出中国风力发电技术具体详细的需求清单，并通过对中国企业的实地调研，验证我们提出清单的科学性以及技术需求评估工作的效果。

（三）发展风电技术的基础性研究

技术的引进只能缩小与国际先进水平的差距，只有重视自主创新，才能做到世界领先，实现跨越发展。自主创新可分为三种类型或三个层次：一是技术革新，二是技术发明，三是科学发现。在技术革新中经验占有主要成分，技术发明往往需要理论依据，而科学发现则与基础研究有着十分密切的联系。基础研究是技术创新与经济发展的源泉，具体到风电行业，包括风能资源特性普查和研究、风机制造材料基础研究等，基础研究如果取得重大突破，将带动整个风电产业的振兴，引起社会经济结构的重大调整和变革。要实现风力发电由辅助产业向战略性替代能源方向成功转型，必须充分重视基础研究的作用。

中国政府在新能源领域投入了持续不断的资金支持基础研发，主要的

支持来自科技部及其他中央和地方政府部门。（1）863 计划。"863 国家高技术研究发展计划"是政府资助研发项目，旨在提高中国自主创新能力，坚持战略性、前沿性和前瞻性，以前沿技术研究开发为重点，统筹部署高技术的集成应用和产业化示范，充分发挥高技术引领未来发展的先导作用。新能源领域的技术已经在"十五规划"阶段列入 863 计划重点支持的研发项目中。其中，1.0MW 和 1.2MW 的大型变速恒频风力发电机组、并网技术等受益于此。（2）973 计划。"973 国家重点基础研究发展计划"旨在解决国家战略需求中的重大科学问题，以及对人类认识世界将会起到重要作用的科学前沿问题。自 1998 年实施以来，973 计划围绕农业、能源、信息、资源环境、人口与健康、材料、综合交叉与重要科学前沿等领域进行战略部署。（3）国际合作。2007 年，国家发展与改革委员会和科技部联合启动了《可再生能源与新能源国际科技合作计划》，该计划旨在推动可再生能源与新能源国际科技合作的深入开展，解决中国能源利用中存在的关键和迫切问题，加速引进国外的先进技术，增强中国可再生能源与新能源产业的技术创新能力，形成拥有自主知识产权的能源技术开发能力，带动国际社会共同参与到可再生能源与新能源的发展中来，共享可再生能源创新成果。其中包括大型风力发电机组和海上风力发电机组。①

已有的国家支持研发举措在一定程度上促进了高科技产业相关技术的发展水平，但具体到风电产业，科研的实力依旧薄弱，尚不能使中国形成具有国际竞争力的风电产业，主要原因包括：（1）研发项目周期普遍较短。在风电领域，无论是基础研发还是应用研发，均需要一定的积累。例如按照风机的研发流程，即"形成概念—设计—小风机—大风机—测验"，一般需要 5 ~ 10 年的周期。目前中国"863"、"973"等项目基本以 3 年为一个周期，拿不出结果就很难再申请到下一个项目。（2）缺少专门的风电技术研究机构。风电设备制造是一项集空气动力、机械制造、发电机、

---

① Deway & Leboeuf LLP， "China's Promotion of the Renewable Electric Power Equipment Industry" (March 2010), http://www.nftc.org/default/Press% 20Release/2010/China% 20Renewable% 20Energy.pdf［2011 - 10 - 10］．

电力电子、自动控制和高可靠性设计为一体的综合性高新技术产业。目前中国主要依托中科院、电科院等已有的研究机构的相关团队进行风电方面的研发，没有建立较为完善的专业风电技术研发机构，缺乏从设计、制造、安装、调试及运营管理的人才培养体系，难以适应当前风电快速发展的需要。① （3）支持研发的配套设施不健全。首先，技术信息共享不足。基础研发的不断深入需要研究者的研究成果能在该系统中共享以期相互借鉴和寻找不足，技术信息的共享在风电技术自主研发能力的培育中举足轻重，基础数据库的建立、技术方法和技术经验的统计等均需要在国内研究机构间寻求共享。其次，检测认证体系建设不足。按照一般规律，检测认证体系应当具有前瞻性，应当成为一个产业的技术风向标，但是目前国内风电相关检测和认证体系非常被动，不仅无助于风电技术的提高，反而由于其检测和认证水平及政策的滞后，阻碍了风电技术的发展。

（四）通过联合研发、信息交流和公共技术平台等途径促进风电技术转让

国际合作研发需要更有效的机制予以促进。国际合作是加快培育发展战略性新兴产业的重要途径。尽管很多企业通过技术许可和合资没有获得技术经验的提高，但调研中我们发现风电企业中也有个别中外企业有通过联合研发提高技术创新能力的成功案例。② 联合研发是否能够达到技术转让的效果还有待更多的实践来检验。它的成功与否除了取决于合作双方的因素外，还和双方国家，特别是技术转让方国家的贸易投资政策有密切关系。此外，如果要从根本上解决提高创新能力、加强技术转让的问题，个别企业间的合作还是不够的。联合研发要在更大规模上开展，即在国家间建立联合研发的平台，为中外风电产业的合作创

---

① 中国产业竞争情报网：《"十一五"时期我国风电设备产业发展规划及实践评价》，http://chinacir. com. cn/qbzx/article. asp？ id＝3200 ［2009－8－11］。

② 早在2006年广东明阳集团就与德国 Aerodyn 公司合作，但是知识产权属于明阳风电。

造条件。

信息交流渠道在促进技术转让和融资等方面还有待发挥出应有的作用。在调研中发现一个普遍存在的现象是，很多中小型的风电制造企业想改进技术却无法通过公共设施便捷地寻找到所需的信息。这一方面说明国内产学研发展的整合还需要加强，包括建立顺畅的衔接渠道；另一方面说明国家推广的公共技术服务平台还需要加强对特定产业的特定需要的更深入了解。在调研中也发现还存在制造企业与融资部门信息不畅的情况，例如，目前国内风机制造企业资金融通不畅，不少企业除了将质量压低外别无他法，而这样下去最终的恶果可想而知。针对风电企业的财政补贴和国产化率的要求已经取消，风电企业获得开发商的订单之后，生产之初只能获得10%的预付款，而要采购零部件等材料，部件材料商又坚决要求全款付清才会出售，若能发挥政策性银行和其他金融系统的融资作用，将有助于新一轮风电制造企业的市场良性角逐。

公共技术平台有待进一步健全。中国风电领域现有公共技术平台由于定位不清，投入不足，公共服务的职能未能充分发挥。有人建议，未来要将工程应用性研究与基础性研究区分开来，让基础性研究和行业支持平台回归公共范畴，做到资源整合，集国家和行业之力夯实基础，为风电产业创新提供有力的支撑。①

（五）发展基础设施建设以支持私营企业对风电技术的投资和支持中介组织提供各种信息服务

装备制造业的产业化必须在开展大量基础性研究的基础上，通过模拟实际复杂的工作条件，经历大量重复性的测试和试验过程，即应用型研发过程，最终才能开展产品的商业化推广。风能等新能源产业是跨学科领域的代表。比如叶片的生产，就需要考虑在野外恶劣的工作环境下，要求叶

---

① 中国可再生能源学会风能专业委员会：《公共平台：给创新一个支点》，《风能》2011年第5期。

片在一定的重量、刚度和工艺限制条件下，同时保证一定的极限强度及较高的疲劳强度。因而，风电设备的先进和稳定，更需要取决于是否有先进、完善的设备检测和测试手段。是否能提供公共服务的研发平台是衡量一个国家应用性研发能力的一个标准。因为这种可提供大量公共性试验检测服务的设施或机构，在新兴产业起步初期，是不可能靠商业化的方式运行起来的。

欧洲的风电产业除了有先进可靠的技术、完备的供应链、专业细致的分工之外，更为重要的是依靠政府的力量建立了大量可以提供公共服务的技术平台，比如模拟实际风况的试验风电场、风能资源评价、风电设备零部件测试中心等。丹麦和德国拥有欧洲最多、最先进的试验风电场，以及叶片等零部件测试机构，这些机构的服务对象甚至面向所有的欧洲和其他地区的客户。这些公共试验设施和机构，为各个风电企业的原型试验、性能改进、材料试验等研发活动提供了场所，避免了政府支持某个具体企业而形成技术垄断，还减少了产业发展初期基础设施的重复性投入，降低了企业创新初期的研发成本，同时也为风电机组的检测和认证等提供了技术手段，为风电设备的市场准入提供了技术保障。在产业发展成熟后，通过转让或私人入股，这些提供公共服务的机构也逐步进行商业化运作，减少了对政府投入的依赖。

目前，中国的风电产业在运营管理上正面临着前所未有的压力和挑战，风场事故频发、风电并网难、弃风现象严重等一系列问题也开始集中爆发。风电设备制造企业在急速扩张中暴露出许多产品质量问题。原因是整机制造企业和零部件制造企业产品质量控制的手段较低，产品批量投产后，性能不够稳定。几乎所有整机制造企业的产品在试运行阶段和交付业主后均出现过质量问题。另外，已安装运行的风电场，大部分采用的是非常简单的监测手段。自动监测的范围小，监测的指标简单，缺乏对信号的自动分析，大多依赖于人工巡检和故障后处理。风电行业已经暴露出技术服务和维护机构短缺的情况。调研中我们也了解到，目前国家投资建设的张北风电试验基地旨在解决大规模风电并网中存在的实际问题，为保证电

网安全稳定运行提供强有力的技术支撑。但是接下来可能存在的问题是，民营企业，尤其是中小型规模的企业仍然需要一笔可观的投入用于进场吊装测试和认证。据了解，目前这笔费用需要企业自己负担，没有国家补贴，而且进场试验还需要排队。显然国家支持风电配套基础设施的建设仍需要加强，一方面要寻求多方资金支持国内风机制造企业，尤其是民营中小型企业的研发能力建设，另一方面也需要规划更多的国家级实验场/室以满足风电技术研发中的测试和应用。另外，中国风电产业发展的基础工作有待加强，包括气象资料的统一管理和测风工具以及测风工作管理；风资源特性研究；风力发电机组设计标准的制定；风机设备检测与认证工作的开展和机构的建立；风电并网技术标准的制定和并网检测工作的开展；风电机组质量控制体系的建立等，这些方面还需要做很多的工作。

风电设备出口中的中介服务性机构还需健全。调研中，有些企业反映中国的风电产品出口非常难，除了国外买家还没有充分信赖中国的风机外，很重要的原因是国际市场规则与国内千差万别。中国企业到海外很容易无所适从。中国企业需要一个机构，列出国外合作方的清单和具体合作流程，帮企业了解对方的基本情况和理想合作伙伴的条件。目前中国风电企业出口缺少独立的第三方服务机构，如果有专业的咨询公司，专门提供各个国家和地区的风资源情况、风电优惠政策、潜在合作伙伴名称、项目名单、法律咨询、金融服务、风电场开发流程、涉及风电开发的所有管理单位等内容，并根据市场情况实时更新，给国内风电企业量身定做海外业务方案，则企业在海外的拓展会少交很多学费。[1] 另外，在技术引进时，技术需求评估和知识产权评估的作用不可忽视。目前国内风电产业面临重复引进技术的现象，给产业发展和技术发展均带来诸多不利。国内企业自身对其技术研发能力和消化吸收能力没有充分的认

---

① 中国风能网：《风电市场水深火热》（2011 – 5 – 17），http：//www. windpower. cn/news/caijing/2011/0517/6571. html。

识，没有作出适合引进何种技术以及何程度的技术的需求评估，也没有建立在对转让方技术的深入认识上的知识产权评估，政府部门也还缺乏对企业在这方面的引导和支持，社会技术中介服务机构仍待健全。有企业提出，希望有专业权威的知识产权评估机构，能够帮助企业在技术引进时把好关。①

（六）加强政府与企业沟通，达成对技术转让的特殊障碍、需求和风电技术的引进步骤的共识和具体措施

政府与企业沟通渠道的畅通与否直接关系到风电产业发展大计。企业的发展现状和政府的规划指导之间如果存在信息不对称，会导致产业发展的诸多问题。企业要避免为了赢得某些国家补贴和优惠政策刻意报送过于乐观的数据和现状；另外，政府在制定政策时要充分调研和征求企业的意见。中国风电产业正面临新一轮的变革，只有尽早建立政府与企业互动的良性机制，才能有助于政府合理制定产业政策、指导产业实践，并适时调整和改进。

政府掌握企业发展动向的途径有多种，其中深入企业进行调研、了解关键指标数据和征求企业意见是政府制定政策的基础。这是因为在瞬息万变的竞争中，只有在产业中经历过，才能及时了解产业的需要。所以，政策决策者有必要和企业沟通，将企业反馈的行业需要纳入政策决策程序，使制定的战略符合行业的市场定位和发展策略。

目前，政府部门已经有了实地调研的做法，这也得到了企业的肯定，但还需要常规化。可以考虑建立定期的、惯例性的与政策制定者的沟通机制。政府在出台一项政策前还可邀请智库帮助其对产业政策进行客观的分析和论证。这种邀请第三方论证的方式有助于信息的沟通和分析。目前的困难是比较难找到能将理论学术和产业实际，以及将国际经验与

---

① 百度文库：《知识产权保护调研报告》，http：//wenku. baidu. com/view/67cdec0bbb68a98271fefa36. html［2011 - 02 - 15］。

中国的现实结合的咨询公司。这样的咨询团队一旦能与企业很好地对接，并受到政策决策者的重视，会对产业政策和发展战略的制定产生积极的影响。

四　结论与政策建议

（一）关于改进现有国际知识产权制度和体系的建议

1. 国际知识产权制度层面的改进建议

第一，通过实证研究客观系统地剖析国家之间相互依存的经济关系，包括贸易、投资、竞争、合作、技术转让等关系，在理性分析的基础上寻求符合整体、长远利益的人类经济社会活动的良性生态系统。

在前面的风电产业分析中，可以看出，知识产权问题下的深层问题在于国际经济活动的参与者缺乏对互相之间利益关系的理性认识，特别是对彼此间的共生关系缺乏充分估计。这表现为，过于关注自我的局部和短期利益，有时甚至危及自身长远利益以及整体利益。总之，彼此之间还没有形成一个良性的生态系统。要建立一个全球范围内的富有效率的知识产权制度，人类必须要形成一种努力超越自身、局部、短期利益，为人类社会整体、长远利益着想的自觉和意愿。

客观认识彼此之间的利益关系、摆脱误解和偏见，会有助于这种觉悟和意愿的形成。比如，通过对贸易和投资的统计，计算出各国在产业链中所创造的附加值，以及在产品价值链上的地位，可能会有助于准确认识这种利益关系。WTO正在倡导的"贸易附加值"方法和旨在倡导这种方法的"世界制造"创意就是个有益的尝试。① 传统的贸易进出口统计方法，将一国的进出口产品的价值总量作为其进出口额，并以此来衡量贸易逆顺

---

① WTO, "Lamy suggests 'trade in value – added' as a better measurement of world trade", (2011 – 6 – 6), http：//www.wto.org/english/news_ e/news11_ e/miwi_ 06jun11_ e.htm［2011 – 10 – 10］.

差，由此得出的是扭曲的画面，比如，中国的巨大贸易顺差。根据"贸易附加值"方法，一个国家在国际贸易流（trade flow）中添加的产品附加值才是它真正的进出口贸易额。WTO期望这种方法能反映贸易进出口的真实情况，帮助其重新认识贸易逆顺差现象，以说明国家之间的彼此依存的利益关系。

因为知识产权价值是产品价值中的重要组成部分，缺少对它的统计将不会得出准确的计算结果。建议WTO将知识产权的价值纳入对附加值的计算。为此，WTO可以倡导各国海关和商务部在建立贸易附加值统计制度时，将知识产权价值分析模式作为其中的有机组成部分。对知识产权价值的统计还会有助于量化分析知识产权在技术扩散中的作用，为建设一个公平和富有效率的知识产权制度提供参数。

第二，适应气候变化技术发展的需要，在国际贸易规则中认可和规范对绿色技术研发的补贴。

从风电产业的案例可以看出，市场并不总是鼓励创新的，在一定的竞争环境下，它甚至是不利于创新的。所以，技术转让和创新不能简单地交给市场。目前，无论在发达国家还是发展中国家，绿色产业的研发都依赖国家的补贴。发展中国家更是如此，它与发达国家在风电知识产权储备上的差距使得它很难通过交叉许可来获得技术转让。现有国际贸易制度中原本就缺少对发展中国家知识产权差距的有效救济措施，如果进一步限制发展中国家政府对绿色技术研发的补贴，那只会加大这种差距，使国际的技术转让更加困难。

这也意味着WTO等国际贸易组织及其成员国在对待绿色技术研发时，要勇于摆脱新自由主义经济学市场理论的束缚，客观认识市场的作用。各国要依靠理性、互惠的精神，通过谈判创建一个有利于创造和分享绿色技术的贸易制度。这可能需要将绿色技术的研发补贴合法化，同时，对适用的条件作出明确规定，以防止补贴的滥用。

第三，技术转让方所在国应当消除制约知识产权转让的法律和政策。

消除并购中通过对股权份额的限制来限制知识产权所有权转移，不仅

是 WTO 中和知识产权相关贸易规则所要求的，而且是符合所在国自身长远利益的。各国政府应当鼓励有利于合作研发、共享知识产权的投资和贸易制度。

第四，知识产权制度的平衡保护。

早在几年前，欧洲的一些知识产权人士就在反思现行国际知识产权制度。欧洲专利局的一份报告就预测说，世界在从单极向多极化发展，如果欧美坚持太过强硬的知识产权规则，结果可能会是搬起石头砸自己的脚，因为别的国家会以其人之道，还治其人之身。报告认为，对知识产权的平衡保护，才是符合自身利益的。[①] 不过，这种远见尚未成为主流思想，也没有提上知识产权改革的日程。从风电行业的经验来看，知识产权制度的平衡需要提上日程，否则会影响技术的创新和扩散。要形成发明人和公众利益之间的平衡，需要通过一些具体的改革措施来实现，比如：

各国和区域的专利局应当严格对专利披露的要求，控制专利授予的质量，使专利权人的排他权和公开的发明内容相匹配。

尝试知识产权保护双轨制，比如对制药业这样的领域可使用传统的知识产权保护制度；对气候变化所需技术，尤其是复杂的技术领域实行软专利，来鼓励合作创新；支撑开放的创新网络[②]。

---

① 欧洲专利局：《情境报告》，"Now if America and Europe and the West have incredibly strong IP rules, we are going to be bidning out hands and feet because we are going to suffer under the same regines that we are being accused of using to inflict suffering on others. That is why balance is important: it's in our own self interests. We are moving from a uni-polar to a multi-polar world." 2007, p. 61, http://www.marcasepatentes.pt/files/collections/pt _ PT/1/178/EPO percent20Scenarios percent20For percent20The percent20Future.pdf。

② 欧洲专利局：《情境报告》，"The kind of IP available has also evolved. There are now two distinct kinds of patents: a soft patent for complex technical fields, such as the ICT, and classic patent rights for areas such as the pharmtheutical sector. 'Soft patents' foster collaborative innovation, eg, . Open innovation networks and patent pooling. Unfortunately, deciding which technology falls under which legal system has created a new arena for legal battles." http://www.marcasepatentes.pt/files/collections/pt_ PT/1/178/EPO percent20Scenarios percent20For percent20The percent20Future.pdf，第 99 页。

对通用的、纳入标准的技术建立知识产权高速公路——只要付费，都可使用。

可以对可再生能源技术专利申请设立绿色通道，缩短申请时间，简化申请流程，提高专利审查速度。提倡对通用技术实行软保护，帮助成长中的创新主体克服因专利储备差距带来的技术研发和扩散困难。

第五，在气候变化谈判框架公约下讨论知识产权问题，在相关技术转让机制中导入有利于技术创新和扩散的知识产权方案。

知识产权问题至今没有被正式列入气候谈判的议程。这是因为，发达国家的企业担心气候变化的谈判会颠覆知识产权制度，会通过强制许可等方式而失去其权益。这种恐惧不利于知识产权制度的发展。如果知识产权能够帮助技术创新与扩散，那它理所当然会得到尊重和保护，如果它不能有效地服务于这样的需要，那就应当寻找建设性的解决办法来改进它。

气候变化谈判框架公约组织应当在技术转让机制中导入有利于技术创新和扩散的知识产权方案，可以在技术创新网络中心工作中开始这样的尝试，可以考虑的做法包括：建立知识产权价值评估机制来保障技术转让的公平交易；通过知识产权分析来确定技术需求；为投资性的知识产权合作提供协助；等等。

2. 改进知识产权制度运用模式的建议——南北合作、南南合作

除了对国际知识产权制度和体系本身进行改进外，国际组织和各国政府还应当考虑如何创造性地运用知识产权制度，来实现技术的创新和扩散。欧洲专利局的一份研究报告早在 2007 年就提出中国如何借力自己的贸易优势和地缘政治地位，将现有知识产权制度为自己所用，甚至引领区域乃至全球的知识产权制度的问题。① 这是个很好的问题，更准确地说，中国需要问自己的问题是，中国如何引领全球知识产权制度建设性地为气候变化服务。

---

① 欧洲专利局：《情景报告》，"How might China Leverage its Stronger Trading and Geopolitical Position to Exploit Existing IP Normas—or even Direct regional and Global IPR Region to its Own End?" http：//www.epo.org/news－issues/issues/scenarios/download.html，第 58 页。

（1）南北合作

在以往的技术合作中，发展中国家往往是技术的消费国，发达国家往往是技术的供应方。以中国风电行业为例，中国的风电企业往往从国外获得技术和技术含量高的部件，然后通过附加廉价劳动力、消耗自然资源生产出风机。因为部件和技术的成本都很高，所以它的最终产品并没有多少成本优势，能赚取的利润有限，而价格竞争更使利润变得微薄。为了换回下一代国外技术用于生产，企业有限的收入又用于购买高额的技术许可和部件，企业能够积累的利润有限。有限的利润会进一步限制企业的研发投入，而研发的投入不足意味着不得不继续从国外购买下一代的技术，如此形成恶性循环。我们可将这种模式归纳为消费性知识产权模型。这种模型的本质是技术和知识产权总是中国企业的消费品，而非资产；用于购买技术的现金流总是用作支出和负债，而非资本。结果，总是缺乏对知识产权资产的投入和积累。如此下去，便不能脱离怪圈，不能从知识产权的贫穷国变成富有国。在中国的家用电器等行业，这种模式的例子已经比比皆是。

这种情况并不是中国特有的问题。EPO 的报告指出，知识产权收支不平衡是发展中国家普遍面临的问题。报告说，发展中国家全球知识产权许可费的支出从 1985 年的 100 亿美元增加到 2004 年的 1100 亿美元，其中 90% 流入三个经合组织（OECD）区域。报告并准确地概括了发展中国家的困惑："发展中国家会问，从生产到研发再到保护知识产权，为什么所有的活都是我们干，到头来，我们没能从知识产权中得到收入和发展优势？"[①]

发展中国家必须打破这种模式，将合作关系从消费模式变成投资关系模式。再以中国风电行业为例。仅靠中国风电企业自身的技术创新力量，无法打破以上模式。中国应当与风电技术主要国家（比如丹麦）达成共

---

① 欧洲专利局：《情景报告》，"How might China Leverage its Stronger Trading and Geopolitical Position to Exploit Existing IP Normas—or even Direct regional and Global IPR Region to its Own End？" http：//www. epo. org/news – issues/issues/scenarios/download. html，第 58 页。

识，将资金投入丹麦的风电研发，由双方共享研发结果。双方企业则可以使用由此产生的技术和专利。这就消除了下一代的专利壁垒。从国际的关系来看，CIS（Consensu，Invest & Share，共识、投资与共享）模式也是有益的：中国不是和全世界竞争，而是通过合作参与国际竞争，并通过技术投资将收益回馈给当地，让他们从中国的发展中受益。这种模式的特点是，投入研发的费用不再是购买技术和专利的消费性支出，它成为资本。我们根据现金流的走向特点，将其归纳为投资性知识产权合作模型（CIS模式），它的要素是共识（consensu）、投资（invest）、共享（share）。在国际风电市场面临洗牌的形势下，这种模式对中国和外国的合作对象来说是个双赢。

这两种模式的区别是，CIS模式中现金流用于对下一代技术的投资，成为资本，会增加投资人的知识财产；而在恶性循环的债务模式中，现金流用于偿还负债，会让产业知识财产的差距越来越大。

在讨论气候变化和知识产权问题时，我们往往会更多地关注那些历史造成的积重难返的知识产权问题。这些问题还没有得到解决，下一代技术的知识产权问题就已经产生。如何拥有下一代的风电技术、避免未来可能的新的知识产权负债，如何从根本上解决中国风电产业面临的知识产权问题？答案是在发展中解决问题，以投资性知识产权模型取代消费性知识产权模型。

（2）南南合作

发达国家与发展中国家在技术上的合作固然重要，但发展中国家之间也可以并应当加强合作，在绿色技术的创新和扩散方面互相帮助。中国的风电产业虽然与一些国家的一流风电企业在技术上还有差距，但它毕竟走在了其他发展中国家的前面，所以应当有条件向其他发展中国家转让技术，并帮助它们继续技术创新。而且作为发展中国家的创新和技术转让经验也可对其他发展中国家有所借鉴。发展中国家应当创造性地运用知识产权体系，服务于绿色技术在南方国家间的创新和扩散。这种知识产权体系的特点应当是一方面尊重保护创新成果，承认知识产权的存在和价值、鼓

励灵活的知识产权许可模式；另一方面，强调它服务于开放式创新（open innovation）中的桥梁作用，避免知识产权不平衡可能产生的垄断及对创新的抑制作用。比如，中国可考虑制定和实施以下风电南南合作方案：

推广成熟的、风险较小的陆上风电技术，合作建立全球的跨大陆的电网传输系统。

向发展中国家转让风电技术，而且转让的技术应当是自己的先进水平，而不是将已淘汰的落后技术转让给这些国家。

可以帮助这些国家建立本国的生产制造和维修服务能力，形成与中国产业链的合作与互补，由此增加当地的就业机会，带来经济的增长。

中国自己也要继续从事生产制造，而不是将能耗较大的制造环节都留在国外，将其他能耗低、利润高的环节留给自己。

资助当地科研经费，帮助其进行技术创新能力的建设；以及鼓励软性知识产权制度，其宗旨是鼓励创新和技术扩散，其特点是将知识产权的排他权变成开发方的许可权力。

很自然地，这种方案会让人担心：中国自己没能从发达国家转让到多少技术，反倒把自己手里的那点技术转给别人了，是不是太吃亏了？亚非拉的发展中国家也是有自己的鉴别力的，不是愚昧的。它们甚至会在中国和西方的博弈中，保护和寻求自己的最大利益。中国要真诚地付出，切实地帮助其他发展中国家实现可持续发展，才能让南南合作富有成效。另外，这种方案不但有利于其他发展中国家，而且也有利于中国。

第一，通过输出资本和知识，中国可获得技术转让的收益，并将其投入进一步的研发和提高自己的创新力，有助于改变中国的经济发展模式。

第二，减少对他国自然资源的依赖，并由此避免与资源所在国的矛盾。

第三，当更多的发展中国家有能力采用风电时，全球的风电市场会增加，这对包括中国在内的全球风电行业都是好消息。

无论是南北合作还是南南合作，只有自身具有竞争实力时才能吸引合作、也才能对合作作出贡献。所以，中国的风电产业还需提高实力，特别是创新能力，以创造合作的条件和把握合作的机遇。在目前中国风电产业积累薄弱的情况下，国家需要制定产业政策创造条件和环境，鼓励风电行业以企业为基地，整合有限智力和财力，以合适的几家企业为龙头和平台去实现国际的合作。合适的企业应当是具有创新团队、创新阅历和创新战略的企业。

（二）关于培育国内有利环境和相关能力建设的建议

中国风电行业正处于关键时刻。在过去的十多年里，国家新能源政策创造了有利的国内环境，卓有成效地引导了风电行业的迅速发展。到目前为止，中国已形成了风电制造业的产业链。但同时，这一阶段的发展也存在问题：在产业爆炸式增长中，风电企业没有机会投入研发，所以，行业的整体研发能力依然薄弱。而产业的低价竞争（包括整机和上网电价）使得企业的收益下降，加之信贷紧缩，风电产业的研发投入处于断奶状态。结果，风电行业已经出现了早衰的迹象，表现为小企业已经没有实力、而大企业从技术角度来看是个空壳。国外的竞争对手仅在风电技术方面就已有几十年的积累，而整体的技术积累更有百年之久。如果不能采取有效措施大力提高创新能力，中国年轻的风电行业将无法与之竞争。国家也曾试图引导和帮助企业提高创新能力，但政策不是很有效，而且执行中也存在一些问题。对于下一步应当怎么走，国家的政策还不明确。如果不及时采取措施，中国风电产业的辉煌有可能会变成短暂的灿烂。因此，中国风电产业迫切需要明确的发展战略和有利的政策环境，来引导其下一阶段的发展。这个战略和政策环境至少应当包括以下内容。

1. 将超前需要与眼前需求结合、将市场判断与技术判断结合

在技术能力的建设上，国家与企业有不同的关注角度——国家往往关注特别前沿的技术，这些技术不能迅速转化为生产力、竞争力，它们对于产业的发展可能会过于超前了；而企业关注眼前的需要，可能过于短视

了，表现为创新点分散、创新连续性差、无集约能力，以致在技术转让时没有交换的资本。因而，要注重对中间阶段的技术能力进行培养。

另外，要关注市场与技术的结合。在市场经济中，技术是服务于市场需要的。所以，在技术转让中，企业之所以看重对方的技术、和它们进行技术合作，往往因为其营销好；企业并不见得会和最尖端、最独特技术的持有方合作。除快速消费品外，亚洲重工业普遍重技术而轻营销，所以对市场的判断能力弱、在营销方面比不过欧洲，中国也不例外。所以，技术判断和市场判断要结合落地市场需要。

2. 抓住重点，解决根本和重要的问题

产业战略的重点应当是形成核心的造血机能，这意味着要加大向基础研发能力建设的投入，比如：

- 叶片材料研发
- 大型叶片研发
- 传动系统设计和仿真研发
- 分析和设计软件的研发

同时需要与之相关的政策能力建设，包括在可再生能源政策、国家贸易政策、科技政策、知识产权政策等方面打通部门之间的条块分割，协同对以上研发项目提供支撑，以及对检测、认证和标准问题予以支持。

美国能源部和内政部共同发布的国家海上风电发展战略耐人深思。这个题为《国家海上风电战略：创建美国海上风电产业》的文件旨在解决三个问题：海上风电的相对高成本，安装、运营和并网方面的技术挑战，以及现场数据和项目审批程序经验的匮乏。为支持上述战略工作规划，美国将投入 5050 万美元资助海上风电项目和确定几个位于中大西洋的高优先级风能区域。投资重点包括以下三个方面：

一、技术开发（5 年内投入 2500 万美元）：支持创新型风机设计工具和硬件的开发。具体将包括开放源计算工具的开发、系统优化海上风电场概念研究以及为优化下一代海上风电系统的耦合涡轮转子和控制系统的开发。

二、消除市场障碍（3 年内投入 1800 万美元）：支持关键环节部门和因素的基础研究和定向环境研究。具体将包括海上风电市场和经济分析、环境风险降低、制造业和供应链开发、输电规划和并网策略、最佳的基础结构和运营以及风力资源表征。

三、下一代传动系统（3 年内投入 750 万美元）：资助下一代风机传动系统的开发和改良，这是具有成本效益的海上风电所需的一项核心技术。

该战略不但具体、有针对性，而且目标明确，即拿出成本最低的可靠的风电解决方案。各个国家的能力不同，因而关注的需要重点解决的问题及其方式也应有不同，但美国的规划中所涉及的问题有些也恰恰是中国风电的薄弱环节，所以有可以借鉴的地方。

3. 国家支撑、企业参与，集中资源加强合作研发

目前国家对风电产业发展也有扶持，但扶持少且比较分散，没有形成合力。国外跨国公司研发模式也并非都适用，比如中国的风电企业就没有财力投资大学实验室。所以，中国可以考虑整合资源，包括整合行业的研发能力、整合国际智力资源。而风电制造本身又是系统集成过程，依靠的是产业链能力，所以，可以考虑设立国家级的风电工程技术中心，挑选优秀的企业和人才做国家队，辐射和拉动产业链上的各个企业。目前，中国的产业链大而全，但每个环节还比较弱。通过国家实验室支持部件产业的技术持续发展，才可让整机企业有信心使用这些部件。同时，风电工程技术中心研发的样机，需要通过实验项目获得试错、纠错、提高的机会，风电场的业主也可成为风电工程技术中心的参与者，帮助相关方分担风险。

风电工程技术中心应当由企业作为承担单位来主导，国家则为其提供有力的政策支持。这是因为企业在市场中打拼，能更好地判断需要什么。国家投入什么呢？不是仅需要投入资金，而是支撑其整合战略资源的能力，以及提供合理化的市场支持。比如，支持其全球国际高端人才的引进，调集跨学科的优秀人员去参与研发，并在沟通渠道、信息方面予以支持。在这里，国家的支持最终应取得回报，即产业竞争力的提高，因而不同于国家主导的高校基础研究。研发及产业发展所需要的资金又从哪里来呢？国家可以鼓励私人金融资本的投入，比如，可以通过主权基金来影响

其他资本对此产业的投入。

科技支持计划要选优支持。这需要合理界定哪些是优秀企业，要看技术投入、创新能力、投资回报率、是否具有国际化发展战略等。要特别支持民营企业成为国际性企业。

中国优秀的企业已经在整合国际智力资源和产业链上的优秀国内产业，但力度还很弱。现在有工程研究院，但平台作用还比较弱，资源整合不起来。原因是：第一，目前的支持不够明确，没有形成社会资源的聚焦；第二，目前的战略没有那么细，还需要基于更加丰富的信息制定具体而有重点的战略指导，并使得战略落实；第三，各个部门的目标不够匹配。如果明确集中支持，集中意志和资源，部门统一协同，完全是可以做好的。

（三）全球知识产权的未来：以不变应万变

什么样的知识产权制度能服务于以上的国际合作、国内合作的技术创新模式？

在知识产权制度的设计方面，毋庸置疑，投资研发和拥有共同研发成果是基于对知识产权的认可，因而是对知识产权尊重的表现。这种模式强调知识产权制度要支撑开放性、合作性的研发，所以强调对专利技术的共享而不是垄断。这是软保护的特点，是它不同于传统知识产权的地方。

在知识产权制度的应用方面，中国风电行业要制定行业的知识产权发展战略。战略的要点是要大力度地支持原创。即通过专利分析帮助判断全球范围内产业的技术走向、判断自身技术需要，增强中国风电行业创新的连续性和集约能力，避免无序创新。同时，对中国可再生能源产业的国际发展作出有指导意义的预警。最后，要理清知识产权和风电产业标准之间的关系。

欧洲知识产权局的研究报告曾预测，世界知识产权的未来可能会出现四种情景①。在蓝色情景下，气候变化带来的灾难，让发达国家政府看到

---

① 欧洲专利局：《情景报告》，" How might China Leverage its Stronger Trading and Geopolitical Position to Exploit Existing IP Normas—or even Direct regional and Global IPR Region to its Own End?" http: //www. epo. org/news – issues/issues/scenarios/download. html，第58页。

加快技术创新和扩散的迫切需要，因而出于现实利益的需要而采用知识产权软保护制度；在绿色情景下，瘟疫等公共卫生问题将社会公共利益摆在头等重要的位置，公民社会在知识产权上获得主导发言权，知识产权私权性被削弱、并向公共利益倾斜。[①] 在这两种情景下，知识产权的游戏规则变了，换句话说，那时中国再主张绝对的知识产权权利和绝对的硬保护，可能会落伍于时代的进步。在红色情境下，知识产权的力量对比发生变化，中国变成了知识产权大国和强国，在国际上主张自己的专利权以获得许可费，并将其标准到处推行。

中国绝不能因红色情景的可能性而盲目乐观。每种情景只是描述了可能性而非必然性。知识产权的未来是动态的，它可能朝任何方向发展。所以，完全有可能在中国技术和原始创新能力的发展情况变好时，软保护变成了国际知识产权制度的主流；而在其落后时，硬保护仍然占主流，知识产权成为壁垒。所以，在当前创新能力薄弱的情况下，中国风电行业的当务之急是加速提高行业整体的创新能力。一种有利于开放式创新、知识扩散的国际知识产权制度更能服务于这种需要。

无论未来的知识产权制度是软保护还是硬保护，中国都应当在世界范围内提倡发展可再生能源技术以应对气候变化。中国应当通过国际合作提高技术创新能力、加强技术创新。相应地，需要采用能够支撑这一模式的软性知识产权制度。当中国的技术水平和原始创新能力提升到能在全球市场抗衡的时候，无论是硬保护还是软保护，中国都可应对：在软保护的情况下，中国可以将所掌握的技术转让给需要的国家，同时不断更新技术、走在前面；如硬保护为主导，中国也有自主的技术和知识产权，不会太被动。所以，提高技术水平和原始创新能力是以不变应万变的做法。

---

① 欧洲专利局：《情景报告》，"How might China Leverage its Stronger Trading and Geopolitical Position to Exploit Existing IP Normas—or even Direct regional and Global IPR Region to its Own End?" http：//www. epo. org/news－issues/issues/scenarios/download. html，第58页。

第 七 章
LED 照明产业

一 世界 LED 产业发展及知识产权现状以及中国企业的当前形势

自 1962 年美国通用电气公司（GE）的尼克·何伦亚克（Nick Holonyak）开发出首个可实用的可见光 LED 至今已有整整半个世纪，[1] 而一场由此小小的半导体器件带来的被称为人类"第三次照明革命"的大潮在五十年后的今天正拉开序幕而且愈演愈烈。技术的不断革新与进步、从业者的不断涌入与投入以及各国政府的高度关注与推动，再加上当今世界对于气候变化和节能减排越来越多的高度关注，围绕 LED（发光二极管），这种具有节能、环保、寿命长、体积小等特点的被称为"绿色光源"的半导体器件的竞争，从企业到企业、国内到国外无处不在而且愈见激烈。从 20 世纪 90 年代日本日亚化学公司（Nichia Chemical Industries Ltd.）的中村修二于 1994 年和 1995 年在蓝光 LED 技术领域取得重要突破后，21 世纪初面市的白光 LED 则正式启动了广泛的 LED 应用时代。[2]

LED（Light Emitting Diode，发光二极管），是一种能够将电能转化

---

① http://www.521led.com.

② http://baike.baidu.com/view/1006999.htm.

为可见光的固态半导体器件，它可以直接把电转化为光，其核心是一个半导体的晶片，晶片的一端附着在一个支架上为负极，另一端连接电源的正极，整个晶片被环氧树脂封装起来，如此形成一个 LED 器件。从 LED 照明的产业链来看，其涵盖上游的芯片产业，包括材料制备即外延片生长和芯片制备；LED 封装产业以及应用领域。从 LED 照明产业的产业链结构来看，虽然产业环节不多，但是上下游之间涉及的技术领域的广度、技术工艺的差异非常巨大，具有典型的金字塔形产业结构，上游环节进入的技术壁垒大大高于下游环节，呈现明显的上游主宰下游的格局。其中，上游的芯片产业是典型的技术或资本密集的"三高"产业：高难度、高投入、高风险，在某些环节技术难度极大、工艺精度要求极高、对技术和设备的依赖极强，而处于产业链中下游的封装和应用环节技术壁垒比较低。

从目前的市场格局来看，居于产业链上游的高端市场几乎全被国外技术领先的公司所掌握，而中国目前已成为全球最大的 LED 封装基地，在国内聚集了众多外资、合资以及内资的 LED 封装企业；规模较大的 LED 封装企业一般都拥有世界最先进的封装设备，封装工艺也达到了比较高的水平。

在上游的芯片产业中，核心技术包括衬底技术、外延片生长工艺和设备。衬底材料是 LED 照明的基础，也是外延生长的基础，不同的衬底材料需要不同的外延生长技术，又在一定程度上影响到芯片加工和器件封装。因此，衬底技术是 LED 各个技术环节的关键基础。

目前，主流的外延片生长工艺是采用金属有机物化学气相沉积（Metal-Organic Chemical Vapor Deposition，MOCVD）工艺，工艺所使用 MOCVD 设备制造技术难度非常大，目前世界上只有德国、美国、英国、日本等国的少数企业可以进行商业化生产，而且设备非常昂贵；而行业内技术最领先的日本企业对技术则采取严格的封锁措施，其中对 GaN（氮化镓）衬底材料研究最成功的日本日亚化学和丰田合成的 MOCVD 设备不对外销售，而另一家技术比较领先的日本酸素公司（NIPPON Sanso）的

MOCVD 设备也仅在日本国内销售，[①] 而从最近的市场信息来看，由于近期 MOCVD 市场竞争激烈，日本酸素公司开始计划将其 MOCVD 设备推向海外市场。[②]

芯片制造的难度仅次于材料制备，同属于技术和资本密集型产业，进入壁垒仍然很高。其技术上的难题主要包括提高外量子效率、降低结温和有效散热。目前核心技术也同样掌握在国外大企业手中，如美国 HP、科锐（Cree）、德国西门子旗下的欧司朗（Osram）等。

核心技术的高度集中性同样反映在 LED 领域核心专利的分布状况上，目前 LED 产业的核心专利基本都被国外几大公司控制，包括传统的 LED 五大厂，美国科锐（Cree）、德国欧司朗（Osram）、荷兰飞利浦（Philips）、日本日亚化学（Nichia）以及丰田合成（Toyoda Gosei）；另外如韩国的三星（Samsung）、首尔半导体等这几年在 LED 技术研发和专利布局上也取得了令人瞩目的成绩。这些公司掌握了目前几乎所有的 LED 上游核心技术领域的专利，并且在全球主要国家和地区都进行了专利布局；而且这些大企业之间，通过相互的交叉专利许可为后来的业者设置了严密的专利网。除了高端核心技术领域，即使算上中下游的封装技术领域和应用领域，在全球的专利申请中，日本和欧美的企业所占的专利申请数量的比例也远超过国内的企业，且中国企业申请的专利大多集中在封装和应用领域。

这样的技术和专利拥有情况直接反映在目前全球 LED 的市场占有率上。根据 LED 市场分析机构 Strategies Unlimited 最近发布的报告指出，全球高亮度 LED 市场在 2011 年增长至 125 亿美元，其中照明市场对 LED 器件的需求增长至 18 亿美元。而在供给方面，10 家企业（Nichia/日亚，Samsung /三星，Osram/欧司朗，LG Innotek /LG 伊诺特，Seoul

---

① MBA 智库文档：《中国 LED 产业分析报告》，http：//doc. mbalib. com/view/9bf850f999d41102719c0ca7adc668b6. html。

② 《專訪日本 MOCVD 設備廠大陽日酸 EMC 社長松本功：GaN-on-Si 必定是 LED 未來發展的技術之一》，http：//www.ledinside. com. tw/mocvd_ taiyo_ nippon_ sanso_ 201111。

Semiconductor/首尔半导体，Cree/科锐，Philips Lumileds /飞利浦拉米尔德斯，Sharp/夏普，Toyoda Gosei/丰田合成以及 Everlight /亿光）占据了约70% 的 LED 市场份额。[①]

我国的 LED 产业起步于 20 世纪 70 年代，而真正拉开高速发展大幕却是从 2003 年 6 月科技部首次提出发展半导体照明计划开始。而 2008 年的北京奥运会和 2010 年的世博会则让国人深深领略了 LED 灯光的魅力并促成了国内 LED 产业的爆炸式发展。从 2008 年 12 月科技部提出的"开展'十城万盏'LED 应用试点示范城市"的计划开始，再到 2009 年国家发改委等六部门联合发布的《半导体照明节能产业发展意见》，为我国LED 行业发展勾勒出了一个光明的前景：2015 年，半导体照明节能产业产品市场占有率经过逐年提高以后，功能性照明达到 20% 左右，液晶背光源达到 50% 以上，景观装饰等产品市场占有率达到 70% 以上。不管是从改变经济发展结构，产业升级，还是从节能环保的角度考虑，LED 作为环保的高科技产业，在中国的"十二五"规划中都会扮演非常重要的角色，按照"十二五"规划，到 2015 年，中国的 LED 产业规模将达到5000 亿元，LED 企业将面临巨大的市场机遇。

然而，从技术和知识产权层面来分析，由于中国企业在 LED 领域的技术研发较为落后，在专利布局上起步也较晚，特别是在高端芯片领域，不仅专利申请的时间较晚，在数量上相比技术领先的国外公司差距也非常明显。以目前应用最广的白光 LED 为例，拥有专利申请数量排名靠前的公司有飞利浦、三星、松下、夏普、东芝、三洋、日亚化学，这些公司在白光领域是市场的主要占有者。上述公司中白光专利申请较早的是日亚，而像东芝、三洋和松下这些公司，在白光 LED 领域都有持续的研究和投入，总体专利申请量一直呈上升趋势。而三星和飞利浦是白光专利申请相

---

① "WORLDWIDE LED MARKET GREW 9.8% TO MYM12.5 BILLION IN 2011 WITH 44% GROWTH IN LED LIGHTING, ACCORDING TO STRATEGIES UNLIMITED", http://www.strategies-u.com/articles/2012/02/worldwide-led-market-grew-98-to-125-billion-in-2011-with-44-growth-in-led-lighting-according-to-strategies-unlimited.html.

对较晚的公司，但增长速度很快，其专利申请总量已经居白光专利申请的前列。这些公司除了在本国布局有较多专利申请外，也积极在国外进行专利布局。比如，根据中国工业和信息化部电子知识产权中心发布的《LED专利态势及预警分析》，截至 2011 年 5 月，在 LED 核心技术领域如外延生长、LED 芯片制作以及 LED 芯片封装技术，由专利申请量排名前 10 位的公司在美国申请的专利就超过 2200 项。[①] 不仅如此，诸如三星、飞利浦这些与中国市场接触很早的公司也很早就注重在华专利申请，在中国申请的专利数量较多。而相比于国外公司在全球的专利布局的表现，国内的 LED 企业在知识产权方面的积累就显得非常羸弱。所以虽然近年来我国半导体照明产业取得了高速发展，但面临的专利纠纷也日益增多。从已有的案例来看，国内的半导体照明企业在这些纠纷中经常处于被动局面，这也是由于国内企业在技术研发和专利累积方面的弱势地位而必然导致的结果。可以预见的是，如果中国的 LED 企业不能从技术和知识产权层面改变目前的状态，在今后的国内国际的 LED 市场竞争中将会一直处于劣势地位，专利问题将会严重制约中国大陆 LED 产业的发展，因此加强知识产权保护意识和实行有效的应对策略，是中国 LED 产业需要面对的一项长期而艰巨的任务。

二 LED 产业链中几个重要技术领域的专利统计及分析

由于美国为最受全球关注的市场且美国对于知识产权的重视和保护水平位于世界的前列，除美国本土的企业申请美国专利外，美国专利布局也成为绝大多数国外企业向国外申请专利时的首选，所以美国专利申请数据比较能够代表性地显示一个行业的技术发展和专利分布趋势，故本章节的

---

① 工信部电子知识产权信息中心：《专利态势及预警分析》，http://wenku.baidu.com/view/74fb45838762caaedd33d47c.html。

专利数据来源和分析将以美国专利为主，个别的将会结合欧洲专利和日本专利数据进行分析；另外，为了显示国内企业在此产业领域的专利技术储备状况以及与其他主要国外企业的差别，我们也会将国内外的专利申请人向中国专利局申请的专利数据作为统计和分析对象。美国专利数据的获取主要以美国专利分类号并辅以适当的关键词进行检索而得；而其他国家或地区的专利数据获取主要以国际专利分类号结合关键词进行检索而得。

（一）晶体外延生长技术领域专利统计和分析

1. MOCVD设备及工艺技术领域

图7-1所示为1995~2010年在MOCVD（金属有机化合物化学气相沉积）设备及工艺技术领域的专利申请趋势，在2000年前后，此领域的专利申请数量开始有了明显的高增长趋势并且一直持续，近两年的增幅不大，这也预示着此技术领域的技术研发经过了集中爆炸式的发展之后技术开始趋向成熟。

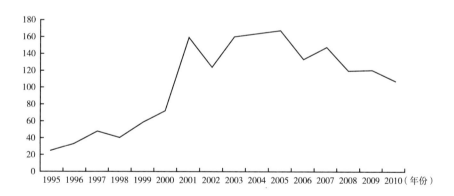

图7-1　MOCVD设备及工艺技术领域美国专利申请年度分布（1995~2010）

图7-2显示了在MOCVD设备及工艺相关技术领域，排名前20位的美国专利申请人的统计情况，从专利数量看，韩国三星，日本夏普、富士通，美国镁光科技（MICRON）等企业在此领域具有领先优势，而像应用材料、科锐等在此领域享有盛名的企业也颇有建树。另外，得益于中国台

湾的半导体产业战略，台湾半导体在此领域也拥有一定数量的技术和专利储备，其专利申请量已能进入前 10 位，中国内地尚无一家企业或研究机构能进入前 20 位。

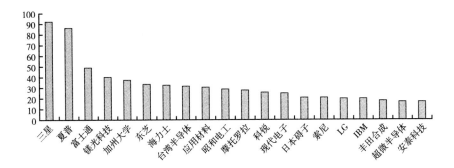

图 7 – 2　MOCVD 设备及工艺技术领域美国专利申请人统计（前 20 位）

2. 晶体外延生长技术领域

图 7 – 3 显示了 1995 ～ 2010 年晶体外延生长技术领域的专利申请情况，从新千年开始，此领域的专利申请量开始呈现明显持续增长趋势，在美国的专利布局呈一枝独秀的状态，这一方面表明了各国的企业对于在美专利布局的重视，另一方面也能体现美国的企业和研发机构在此领域的技术研发成就。

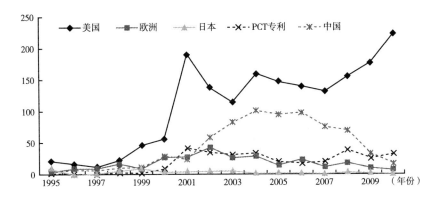

图 7 – 3　晶体外延生长技术领域专利申请地区、年度分布（1995 ～ 2010）

而从图7-4显示的在美专利布局的前20位专利申请人可以看到，除了美国的申请人，其余大部分申请人来自日本；前20位申请人中包括丰田合成、科锐、日亚等LED知名企业，韩国三星也榜上有名。

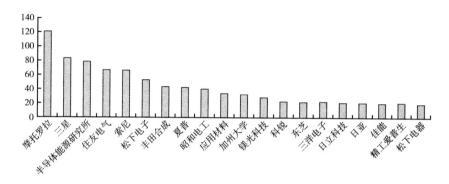

图7-4　晶体外延生长技术领域美国专利申请人统计（前20位）

从图7-3能看出在此领域的中国专利申请在2000年后也有明显的快速增长趋势，而从图7-5显示的排名前19位的中国专利申请人中，来自国外的申请人占了四分之三，而其中的中国申请人，除台湾的友达光电外，均为研究机构，与上述的各技术领域的申请人统计结果一样，没有一家国内LED企业进入其中，这也显示了国内的LED企业在这些LED产业核心技术领域中研发和专利布局的绝对劣势。

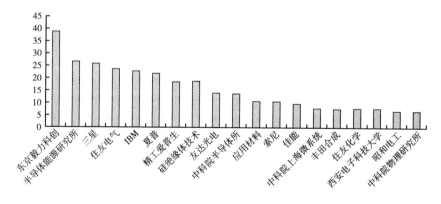

图7-5　晶体外延生长技术领域中国发明专利申请人统计（前19位）

（二）LED 封装技术领域

此节关于 LED 封装技术领域的专利分析，我们将首先综合分析此领域的专利申请和布局情况，然后将会对 LED 封装技术中比较重要的细分技术领域进行更详细的分析，以对整个封装技术领域的技术和专利布局有更清晰的了解，以此，在中国作为全球主要的 LED 封装产业集中地的情况下，对中国的 LED 业者在此领域的技术研发和专利布局情况有更清晰的认识。

图 7-6 显示了 1995~2010 年在 LED 封装技术领域，中国专利申请和美国专利申请的趋势情况，从图中可以看出，中国的专利申请增长趋势和美国基本趋于一致，这一方面与中国作为全球最大的 LED 封装基地的市场地位相关，另一方面也体现了 LED 业者对于中国作为主要的 LED 封装基地的知识产权保护的重视。

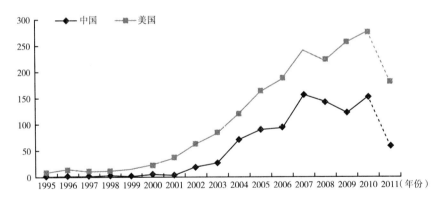

图 7-6　LED 封装技术领域中国及美国专利申请趋势（1995~2010）

图 7-7 显示了在封装领域排名前 20 位的美国专利申请人的统计结果，韩国三星高居首位，其他大都也为欧、美、日的申请人，中国台湾的工研院、台湾半导体也名列其中，而即使中国集中了全球主要的 LED 封装产业，但是仍然没有一家来自中国内地的企业在此领域的美国专利布局中能够有比较突出的表现。

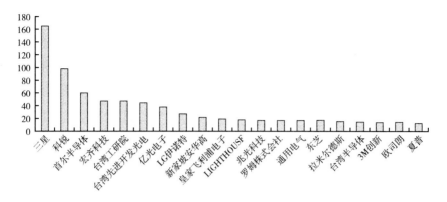

图 7 - 7　LED 封装技术领域美国专利申请人统计（前 20 位）

1. 低热阻封装工艺（Low Thermal Resistance，LTR）

散热问题是 LED 在应用中最需要关注的问题，也是 LED 大规模应用时的主要障碍，不管是显示屏背光应用，还是普通的照明应用。从图 7 - 8 显示的排名靠前的美国专利申请人中，传统的 LED 大厂如飞利浦拉米尔德斯、科锐、三星、日亚等在低热阻封装技术领域都有核心专利技术的储备，而中国企业在此领域则无实质性建树。

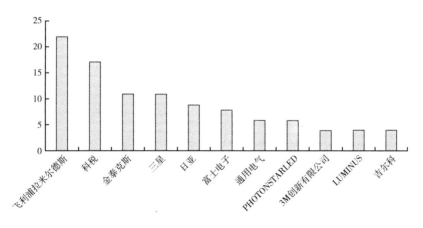

图 7 - 8　LED 低热阻封装技术领域美国专利申请人统计（前 11 位）

2. 高亮 LED 封装结构与工艺

高亮 LED 是近几年来 LED 产业最受关注的关键技术之一，这从图

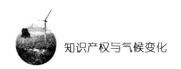

7－9所显示1995～2011年在此领域的专利申请趋势可以明显看出，最近几年此技术领域的专利申请量呈持续高增长趋势。而从图7－10所显示的排名靠前的专利申请人中，不管是传统 LED 大厂如科锐、飞利浦拉米尔德斯、日亚、丰田合成等还是产业新贵如韩国三星，在此领域都有研发技术产出和核心专利技术的积累。而即使在像这样最近几年才兴起的研发热点，国内的企业也还是没有跟上产业发展的步伐，产出可以提升自身竞争实力的一定数量的核心技术研发成果。

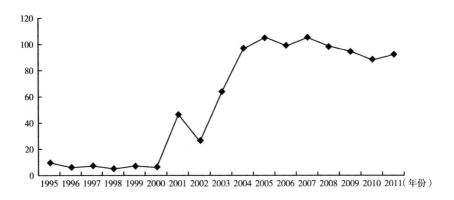

图7－9 高亮 LED 封装技术领域美国专利申请趋势（1995～2011）

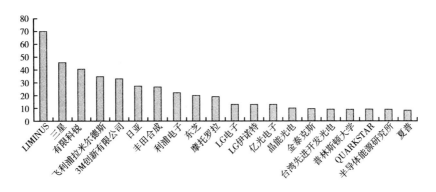

图7－10 高亮 LED 封装技术领域美国专利申请人统计（前20位）

3. 键合（bonding）技术领域

键合（bonding）技术是将芯片与特制电路板进行连接的技术，其对芯片防腐、抗震，保证芯片的性能稳定具有关键的作用。键合技术一般与外延片技术相关，其核心技术也一般掌握在外延片厂商手中。从图 7 – 11 所示的 1996 ~ 2011 年在此技术领域的美国专利申请趋势来看，此领域的技术研发和专利布局一直呈增长趋势，而这两年的专利申请明显增速，预示着此技术领域的技术研发有了一些新的突破以满足更高的应用要求。从图 7 – 12 所示的排名前 17 位的专利申请人中，大多数企业都是在半导体技术领域比较有名的美、日、欧国际大厂，其中仅有台湾工研院在专利数量方面有不逊的表现；而像三星、科锐等 LED 大厂自然在此领域也有核心专利技术的储备。

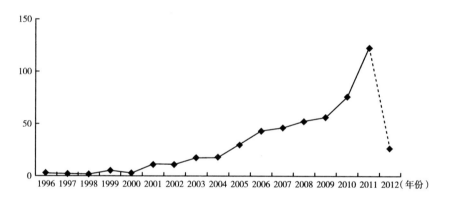

图 7 – 11　键合技术领域美国专利申请年度分布（1995 ~ 2011）

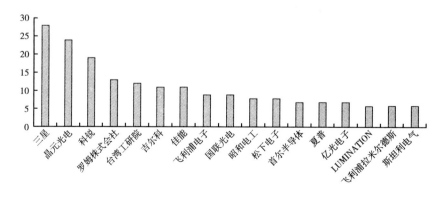

图 7 – 12　键合技术领域美国专利申请人统计（前 17 位）

4. 具有荧光材料的 LED 技术领域

从图 7 - 13 所示的 2000 ~ 2010 年在荧光 LED 技术领域的专利申请趋势来看，荧光 LED 也是在近五六年来才成为研发关注的重点，从图 7 - 14 所示的前 18 位的美国专利申请人中，传统和最新崛起的 LED 大厂如三星、科锐、首尔半导体、欧司朗、飞利浦拉米尔德斯、日亚、丰田合成等在此领域都有一定数量的专利布局。

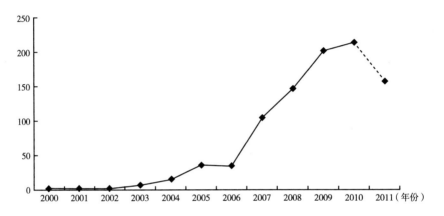

图 7 - 13　荧光 LED 技术领域美国专利申请年度分布（2000 ~ 2010）

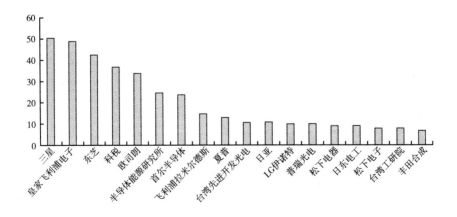

图 7 - 14　荧光 LED 技术领域美国专利申请人统计（前 19 位）

（三）LED 灯控制电路相关技术领域

LED 的最大应用是作为新型节能照明灯具或背光光源使用，关于 LED 灯应用中的电路控制技术是最关键的技术，关于此技术领域的专利数量也很庞大，如图 7-15 所示，随着近几年 LED 灯的不断推广应用，专利申请数量也呈现不断增长趋势。

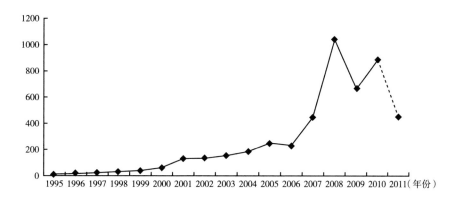

图 7-15　LED 灯控制电路技术领域美国专利申请年度分布（1995～2010）

图 7-16 显示的排名前 20 位的美国专利申请人中，中国台湾的几大液晶显示器厂商如友达光电、鸿海精密、立琦科技、中华映管以及台湾工研院都位列其中，中国内地的武汉凹凸电子也位列其中。

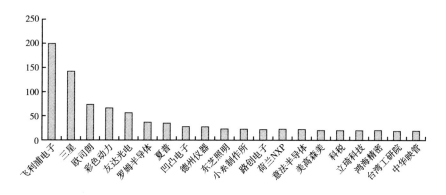

图 7-16　LED 灯控制电路技术领域美国专利申请人统计（前 21 位）

三 知识产权地位对技术创新、技术转让、技术扩散的影响

（一）知识产权地位对技术创新的影响——我国 LED 产业的怪圈：处于全球 LED 产业价值链的低端，缺乏充足的研发和品牌建设的资金投入

对于掌握着绝大部分产业核心专利的传统大厂而言，专利是竞争的优势。那些拥有强大专利组合的企业往往在产品价格和市场竞争中占有优势。日亚集团便是一个例子，由于其在 LED 技术方面的领先地位以及强大的专利组合，其生产的芯片的定价是台湾造芯片的 300%，首尔半导体的 200%。日亚也可以利用 OEM 条款来让台湾的企业制造芯片，这样便可以用同等于台湾生产商的成本来制造。由于其强大的知识产权地位，日亚可以获得极大的利润空间。

相比之下，大多数国内 LED 公司处于 LED 照明产业链的中下游，由于缺乏技术优势，它们倾向于通过低价和低成本来竞争。为了控制成本，他们从中国台湾和韩国采购芯片，因为中国台湾和韩国制造的芯片价格低于日本和美国产的，而芯片又是 LED 照明产品最主要的部件。例如 18 瓦的 LED 照明灯，一展照明灯通常含有 300 块芯片，若从台湾制造商中以市场价每片 0.3 元的价格采购，那整个芯片的成本将为 90 元，占到了整个照明灯成本的 50%；若使用日亚生产的芯片，每片的价格为 1 元，那么整块芯片的价格将为 300 元。

专利是技术领先企业市场竞争的一种手段，领先企业和后来者之间的专利实力差距很大，这使得这一优势尤其明显。当中国制造商试图出口海外，特别是日本和美国市场时，他们会遭遇知识产权问题。最常见的知识产权问题包括遭遇边境执法、货物被扣押等，而知识产权纠纷会让成本增加，进一步压缩利润空间。

（二）知识产权地位对技术转让的影响——中国企业缺少交叉许可的专利筹码，技术许可寥寥无几，未来的许可之路可能充满坎坷

2012年5月17日，荷兰皇家飞利浦电子公司宣布，已经通过其LED灯具和光源许可计划签订第200份LED灯具许可协议，签约对象为德国柏曼灯具（Paulmann Light GmbH.）。这标志着飞利浦LED灯具和光源许可计划已经达到一个重要的里程碑。另外，飞利浦还与美企库柏（Cooper）、美国最大的LED户外照明与街灯制造商Acuity Brands、科锐（Cree）、德企Trilux、欧司朗（Osram）、中国香港银雨（Neo-Neon）以及欧洲两大照明企业之一的奥地利奥德堡（Zumtobel）等主要照明企业签订了许可协议[①]。从这些签约对象来看，主要集中在欧洲、美国等国家或地区的具有一定规模和品牌知名度的企业，而来自韩国、中国台湾、中国大陆的LED企业则寥寥无几[②],[③]；另外，由于双方签约的保密性，对于许可条件不可避免地会存在差异性。

近几年来，陆续有中国台湾、韩国的LED制造商与日、美、欧的LED领先企业之间签订了LED领域的专利许可协议，其签约结果往往都经历了长年的专利诉讼过程。

案例1　日本日亚化学 vs 韩国首尔半导体[④]

从2006年1月至2007年10月，日亚化学分别在美国、日本、韩国连续发动了4起针对首尔半导体与白光LED相关的专利侵权诉讼；而在2007年11月和12月，首尔半导体针对日亚化学在美国东德州法院和ITC

---

① LED环球在线：《飞利浦签订第200份LED灯具许可协议》，http：//info. ledgb. com/detail－a52－83694. html。

② 《与飞利浦签订LED专利许可协议的企业名单》，http：//www. ip. philips. com/services/？module＝IpsLicenseProgram&command＝View&id＝100&part＝11。

③ 《与Cree签订LED专利许可协议的企业名》，http：//scn. cree. com/licensing/licensees. asp。

④ 科技產業資訊室：《日亞化學持續展開對首爾半導體侵權訴訟攻擊》，http：//cdnet. stpi. org. tw/techroom/pclass/2008/pclass_ 08_ A047. htm。

提起专利侵权诉讼；紧接着，在2008年4月、5月和7月，日亚化学分别在日本、英国和德国又以专利侵权诉讼向首尔半导体发起攻势。双方历经3年的专利诉讼大战最终在2009年2月以和解收场，日本日亚化学与韩国首尔半导体签订了专利交叉授权协议。和解与首尔半导体开发出具有突破性的新技术路径方案有关，新技术和相关的专利增加了首尔半导体的谈判砝码。

案例2 台湾晶元光电（Epistar）vs 飞利浦 Lumileds

早在2003年1月与2004年7月，飞利浦 Lumileds 就对台湾 LED 大厂晶元光电提起了专利诉讼，最后双方达成协议并由晶元光电向 Lumileds 支付一次性权利金（Lump-Sum Payment）。2005年4月飞利浦 Lumileds 公司以发光二极管（LED）相关专利被侵害为由，向美国国际贸易委员会（ITC）和加利福尼亚州北部联邦地方法院，再次起诉晶元光电，ITC 于2005年12月完成调查报告，认定晶元光电侵犯专利权并于2006年4月作出判决，随即晶元光电要求联邦巡回上诉法院（CAFC）推翻 ITC 作出的判决。[①] 由于涉案专利 US5008718 的专利权有效期截止日为2009年12月18日，考虑到其专利即将到期，最后 Lumileds 决定携手言和，双方于2009年9月达成和解及授权协议，晶元光电也借此机会，与 Lumileds 签订了其他红光 LED 的专利授权。[②]

上述两个案例都是经过多年的诉讼后达成的专利授权协议，而像韩国三星与德国欧司朗之间愈演愈烈的专利大战，台湾亿光与日商日亚化学之间从2006年就开始的尚未结束的专利诉讼，和解与达成授权协议或许也会是最终最可能的结局。

---

① 科技產業資訊室：《晶元光電對 ITC 之最終裁決向聯邦巡迴上訴法院上訴結果》，http：//iknow. stpi. org. tw/Post/Read. aspx？PostID=3407。

② EPISTAR：《晶電與 Philips Lumileds 就專利侵權訴訟達成和解及授權協議》，http：//www. epistar. com. tw/_ chinese/04_ pr/02_ detail. php？SID=3。

由此可见，交叉许可中专利筹码是硬道理。对于其他韩国、中国台湾以及中国大陆的 LED 厂商而言，取得专利授权许可或许是充满荆棘的一条道路。

随着中国 LED 应用市场的快速发展和国内众多企业纷纷进入 LED 产业，规模不断扩大，可以肯定的是，中国的 LED 企业将会很快面临同样的境况。而它们在国际产业链和国际竞争中的地位使得它们应对起来的难度更大。而更令人担忧的是，不管是中国台湾的 LED 企业还是韩国的 LED 企业，在 LED 领域都曾经有过长时间的持续的研发和技术积累，已具备了数量可观的知识产权，甚至在核心技术领域也取得了诸多建树，但是从已经公布的专利数据来看，中国大陆的 LED 企业具备这种技术和知识产权储备的寥寥无几。可以预见的是，一旦陷入国内国外的知识产权纠纷，它们所面临的处境将会更为艰难。而且，情况更为糟糕的是，目前技术领先的 LED 国际大厂，通过交叉许可，形成了专利联盟。在国际贸易中国内企业已经在知识产权方面中遭遇了很大的压力和阻力，可以预见的是，压力和阻力将会更大，而通过交叉许可获得技术转让和专利许可的可能性更小。

（三）知识产权地位对技术扩散的影响

1. LED 行业全球范围内的专利诉讼频频发生——专利地位在竞争中能起到重要作用

根据中国行业咨询（www.china-consulting.cn）研究部汇总的资料显示，2011 年，全球 LED 照明产业的产值达到 129.74 亿美元（约 104 亿欧元），而根据麦肯锡公司的报告，全球 LED 照明市场有望从 2010 年的 70 亿欧元增长到 2016 年的 400 亿欧元，到 2020 年全球照明市场的产值预计将达到 1100 亿欧元。如此巨大的市场预期，自然会引起全球众多商家的激烈争夺，一方面是 LED 领域的传统领先企业，如美国科锐（Cree）、德国欧司朗（Osram）、欧洲的飞利浦（Philips）、日本的日亚化学（Nichia）以及丰田合成（Toyoda Gosei）等，另一方面是 LED 照明行业的新兴势

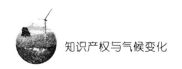

力，如韩国的三星、首尔半导体、LG，中国台湾的亿光、晶电以及中国大陆的部分规模较大的 LED 制造商。

LED 作为具有显著环保节能效果的下一代照明产品，随着市场的扩大和参与者的不断增加，竞争的越发激烈，让人们看到了其价格不断下降而得以大规模应用的前景。激烈的市场竞争也使得专利诉讼在该产业的竞争中频频发生。

在 LED 产业，专利在国际市场竞争中扮演着非常重要的角色。正因为专利地位在竞争中能起到重要作用，所以 LED 行业全球范围内的专利诉讼频频发生。

比如，近几年来代表 LED 产业新兴势力的韩国和中国台湾的厂商就遇到来自日本、欧洲以及美国的掌握绝大部分核心专利的传统大厂的专利诉讼。

2006 年，日本日亚化学公司以白光 LED 专利侵权起诉英国零售商 Argos 公司；[①] 同一年，日亚化学开始了与韩国首尔半导体之间相互起诉对方专利侵权的持久的专利战；[②] 2008 年，包括鸿利光电等 5 家中国大陆 LED 企业在内的全球共 30 家 LED 企业被指控涉嫌侵犯美国哥伦比亚大学退休教授 Rothschild 拥有的美国专利，遭到美国国际贸易委员会（ITC）的 337 调查；[③] 2010 年，日亚化学又向台湾亿光、灿坤日本公司、美国 Wilmar 发起专利诉讼；[④] 2011 年，飞利浦起诉韩国首尔半导体专利侵权，[⑤] 科锐（Cree）起诉旭明专利侵权；[⑥] 欧司朗在美国 ITC 和法

① 亿芯网：《日亚集团 LED 专利维权英国 ARGOS 首成被告》，http：//www. icbuy. com/info/news_ show/ info_ id/6711. html。
② 科技產業資訊室：《日亞化學持續展開對首爾半導體侵權訴訟攻擊》，http：// iknow. stpi. org. tw/Post/Read. aspx? PostID = 3323。
③ 半導體照明網：《美国 ITC 对我国 LED 产业举起大棒"337 调查"揭密》，http：// lights. ofweek. com/2008 - 04/ART - 230001 - 8100 - 16529001. html。
④ 科技產業資訊室：《白光 LED 侵權，日亞化學分別出擊控告 Wilmar 與燦坤》，http：// cdnet. stpi. org. tw/techroom/pclass/2010/pclass_ 10_ A238. htm。
⑤ 科技產業資訊室：《Philips Electronics 控告 Seoul Semiconductor 侵害 LED 專利並提起確認之訴》，http：//cdnet. stpi. org. tw/techroom/pclass/2011/pclass_ 11_ A085. htm。
⑥ 科技產業資訊室：《LED 戰火持續蔓延，Cree 控告美商旭明光電》，http：//cdnet. stpi. org. tw/ techroom/pclass/2010/pclass_ 10_ A276. htm。

院起诉韩国三星、LG 等 LED 专利侵权。[①] 而根据行业资料显示，从 1996 年至 2010 年的 15 年的时间里，全球所发生的 LED 专利官司高达 168 起。[②] 这些频频发生的专利纠纷的背后，是由于新兴的 LED 企业，特别是韩国、中国台湾的 LED 企业发展日益壮大，对传统的 LED 大厂形成了市场冲击，而专利自然就成了像日亚化学、飞利浦、科锐（Cree）等传统 LED 大厂应对新兴竞争对手、阻止其产业扩张的最有力手段。

在这些专利侵权诉讼中，影响力较大的有日本日亚化学针对韩国首尔半导体从 1999 年开始的在全球范围发起的十多件专利侵权诉讼案；在三星大举进发 LED 市场后德国欧司朗与三星之间的专利侵权诉讼案；日本日亚化学从 2006 年起针对台湾亿光发起的旷日持久的多回合的专利侵权诉讼案。

表 7 – 1[③] 显示了自 1999～2008 年日亚化学及首尔半导体在全球所发生的专利诉讼案的调查统计结果以及台湾 LED 厂商涉入的专利侵权诉讼案的情况；而表 7 – 2[④] 则显示了过去一年多来，欧、美、日的 LED 厂商与韩国、中国台湾以及中国大陆的部分 LED 厂商之间的专利侵权诉讼的统计情况。而频频发生这些专利诉讼的时间正是全球 LED 产业开始大规模发展的时期，也是韩国和中国台湾的 LED 厂商开始在国际 LED 市场崭露头角以及快速发展的时期，也是欧、美、日的 LED 传统大厂的市场地位开始受到冲击的时期，而其手中掌握的大量专利就成了其向新兴 LED 业者进行竞争遏制的重要工具。

---

① 科技產業資訊室：《歐司朗控告三星與樂金侵犯 LED 技術專利權》，http：//cdnet. stpi. org. tw/ techroom/pclass/2011/pclass_ 11_ A152. htm。
② 慧聪网：《70% 专利或将失效 LED 企业面临专利攻坚战》http：//info. ledp. hc360. com/2011/ 06/17121110101. shtml。
③ 科技產業資訊室：《白光 LED 專利訴訟戰：日亞化學與首爾半導體全面取得和解，簽訂交叉授權協 議》，http：//iknow. stpi. org. tw/Post/Read. aspx？ PostID = 3376。
④ 由維多利亞資訊集團（Victoria Wang Consulting Group）統計。

表7-1

原告	被告	案件/涉案专利数
Nichia(日亚化学)	首尔半导体	11案/17件专利
Nichia(日亚化学)	其他厂商	22案/40件专利
其他厂商	Nichia(日亚化学)	3案/4件专利
	合　计	36案/61件专利
首尔半导体	Nichia(日亚化学)	3案/3件专利
其他厂商	首尔半导体	3案/3件专利
	合　计	6案/6件专利
国外厂商	台湾厂商	12案/15件专利
台湾厂商	台湾厂商	5案/6件专利
	合　计	17案/21件专利

表7-2

发生时间	原告方	被诉方	案由	起诉地点
2012.4.27	日亚化学	台湾亿光之德国子公司	白光LED专利侵权	德国
2012.2.21	丰田合成	璨圆光电(台湾)	GaNLED半导体专利侵权	美国
2012.2.8	深圳珈伟	Adventive Ideas,LLC. (美国)	专利权无效以及未侵权确认	美国
2011.8.3	Litepanels(英国)	台湾、中国大陆等14厂商	LED照明产品侵权 337调查	美国
2011.6.6	欧司朗	Samsung LED、LG,et al.	LED专利侵权(法院 & ITC)	美国
2011.1.14	Bluestone Innovation (韩国)	璨圆光电(台湾)	LED芯片专利侵权	美国
2010.10.8	Cree(美国)	旭明光电	LED相关专利侵权	美国
2010.9.6	日亚化学	灿坤	白光LED专利侵农	日本

　　这些传统的LED大厂除了单个地向新的竞争对手发起诉讼之外，五大厂之间还通过相互间的专利交叉授权，① 形成了强大的专利联盟网络，加剧了对新兴业者的专利压力。

---

　　① 科技産業資訊室：《全球5大廠專利交叉結盟策略鞏固LED市場大餅》，http：// cdnet. stpi. org. tw/techroom/pclass/2011/pclass_ 11_ A103. htm。

2. 知识产权边境执法及其他形式的知识产权困扰

知识产权边境执法是一个国家保护本国知识产权所采取的一种行政手段。知识产权边境执法给予本国海关部门在边境扣押涉嫌侵犯本国知识产权的货物的权利。这种手段比司法程序（如向法院起诉）更加快捷和有效。海关备案可以立即执行，并且可以立刻获得排除令，比获得法院判决快得多。

以美国法律为例，美国贸易法（19U. S. C. 1377）337条款规定，美国国际贸易委员会（ITC）有权签发排除令，海关可以根据其指令阻止侵犯在美企业产权的货物进入美国，包括侵犯专利和未经注册的知识产权如商业外观和商业机密，其他国家也在采取类似保护措施。[①]

日本的边境执法机构有比ITC更大的权力。除了行使像美国ITC的权力，日本执法机构甚至可以对任何一项知识产权相关诉讼作出实质性的判定，包括专利侵权诉讼。另外，海关有权对正在进行初步禁令听证程序的货物采取立刻扣留措施。以上和专利相关的规定鼓励知识产权所有者采取日趋复杂的知识产权纠纷程序。比如，富士通便利用此程序对韩国三星SDI的进口等离子显示器涉嫌侵权提出诉讼。[②]

以下是两个知识产权边境执法的案例：

案例A　中国LED产业在美国遭遇的边境执法

2008年2月，美国哥伦比亚大学的退休教授Gertrude Neumark Rothschild控告全球逾30家LED厂商侵权，并向美国国际贸易委员会（ITC）递交申请，要求对短波长发光二极管启动337调查，涉及的LED厂商包括台湾业者亿光、光宝、光磊、宏齐及今台电子，中国大陆的深圳洲磊电子、深圳超毅光电子、广州鸿利、佳光电子。而紧接着在时隔一年之后，Rothschild再次提出要求美国国际贸易委员会（ITC）对部分台湾及大

---

① Altman and Forster, *op. cit.*
② 网易：《富士通日美两地同时起诉三星SDI侵犯PDP专利》，http://tech. 163. com/04/0410/18/0JKJ7FI9000915CD. html.

陆 LED 业者启动 337LED 专利侵权调查，控告的对象包括台湾的奇力光电、泰谷光电、东铼科技、鼎元光电、全新光电及大陆厂商厦门三安。[①]

这些诉讼可能对中国 LED 产业产生巨大冲击。一旦美国国际贸易委员会（ITC）签发了普遍排除令，侵犯了原告所拥有的专利的 LED 产品和下游产品，在专利过期之前都将被禁止进入美国市场。在 2008 年和 2009 年，另外 6 家中国公司也被卷入由 Rothschild 教授提出的第二轮和第三轮 337 调查中。

案例 B　中国 LED 产业在日本 UA 遭遇的边境执法

一家位于深圳的小型中国 LED 照明厂接到来自其日本客户的通知，被告知他们出口至日本的 LED 照明产品因为遭到了日亚集团的诉讼而被日本海关扣留，该日本客户不得不放弃货物。在此之后，该中国企业也被迫放弃了日本市场。

为了避免知识产权纠纷和可能遭遇的后果，很多中国企业不得不放弃这些市场，尽管这些市场对 LED 产品需求旺盛。结果就是，在日本，几乎找不到中国品牌。中国产 LED 只能提供 OEM，不能拥有自己的品牌，中国的 LED 应用产品也多出口欧洲、南美和其他市场。

通过以上案例可以看出，边境执法对中国企业的影响巨大。应对边境执法（如在发达国家的知识产权诉讼）的成本很高。事实上，整个中国 LED 产业的年利润都被应对这些诉讼消耗殆尽。由于大部分企业为私人中小企业，即使打赢官司，为此花费的费用也得不到补偿，所以它们大多数都选择退出市场或进行和解。即便是在和解中，由于几乎没有专利，中国企业也没有办法进行讨价还价，所以得接受极其不利的条件。高价许可费并不是唯一的困难，有时对方感兴趣的并不是许可费，而是要求中国企

---

① LED 环球在线：《337LED 专利侵权风波再起三安光电被控》，http：//info. ledgb. com/detail - 21162. html。

业同意成为其代工厂商，或是出让公司股份，这和中国企业希望发展自主品牌和保持独立性的心愿背道而驰，这也会对其他国家的芯片制造商产生间接影响；有时和解的条件是中国 LED 制造商需同意从和解方购买芯片，而不能从它们的竞争对手，如韩国和中国台湾的企业购买。

除了边境执法，中国企业也遭遇了其他形式的知识产权问题。更多的情况是，一旦某个国外的公司认为中国 LED 企业侵犯了其专利，便会直接通知该中国公司的海外客户。这样，下游的客户往往便不再购买中国 LED 产品，以避免卷入知识产权纠纷。另外，向国外法院提出知识产权诉讼的情况也开始出现。

3. 技术壁垒影响技术扩散，其后掩藏的是知识产权问题

提高产品的质量和性能，尤其是使其符合环保和低碳的要求，是有利于保护消费者利益和应对气候变化的。另外，一个国家或地区产品标准的制定，一般都会参考当地的实际技术水平，也会有本国或本地区的企业参与其中，如果本国或本地区的企业的技术水平明显高于其他地方，通过提高产品的准入标准就可以达到阻止域外的产品进入本地市场。中国的产品在进入欧美市场时屡屡遭遇的"退货"问题正是双方在技术层面优劣地位的真实反映。中国的企业要想提高生产的产品的质量、性能，就必须采用更先进的技术，而由于 LED 领域的高端、核心技术和知识产权几乎均由国外企业所掌握，想要通过自身的技术研发满足不断提高的产品标准会很困难。比如，在 2010 年上半年，超过 30% 的深圳出口企业受到海外技术壁垒的影响，直接损失预计高达数十亿美元，高于其他贸易手段如反倾销、反补贴和关税带来的损失。①

深圳，作为全球主要 LED 照明、背光灯、显示器生产基地，被召回的照明产品中有 40% 为 LED 灯，技术规定和标准成为行业发展的最大限制。深圳的遭遇只是其中的一个例子，在 2010 年和 2011 年，中国的 LED

---

① 中国行业研究网：《2010 年上半年深圳 LED 出口企业受国外技术性贸易壁垒影响分析》，http://www.chinairn.com/doc/70310/616624.html。

产品在国际贸易中遭遇了一系列的召回。①

为了规范 LED 照明市场，日本、美国和欧洲的国际标准组织制定了相关标准和技术规定，建立起一套复杂的技术规定和标准，包括安全要求、效率要求、规格要求、电磁兼容性要求、衡量标准要求、环境保护要求和其他方面的要求。另外，半导体照明产品还需要达到传统照明设备的标准，并通过相关测试和认证程序。LED 照明标准和技术要求还在不断增加，加剧了市场的不确定性。在照明产业的出口贸易中，由于无法达到出口技术规定和标准而产生问题成为普遍现象。随着人民币贬值，出口退税的削减，原材料价格上升，反倾销等因素，再加上国际贸易中技术规定和标准的问题，LED 产业面临严峻挑战。

从直接原因来看，中国企业遇到的问题是由于中国产的 LED 产品质量存在瑕疵，或是性能不能达到产品标准要求等等，然而掩藏在标准背后的却是高端技术、核心技术的缺失。中国的产品要进入这些市场，就需要提高自身的产品品质、性能等，而这些却又需要背后的技术能力的支撑，所以，中国企业遭遇贸易壁垒的根本原因还是在于关键技术及相关知识产权的缺乏。如果在专利技术许可中不能有所收获，则意欲突破技术壁垒的机会更为渺茫。

除了行业自身的弱点和问题，知识产权纠纷、技术壁垒和其他贸易壁垒（如反倾销）都使得行业的健康发展困难重重。比如，中国的一个正常经营的小企业，若购买便宜的芯片，毛利率能够达到30% 就已经很不错了；边境执法措施以及遭遇的技术壁垒如果越来越频繁，很可能会吞噬掉这些利润或造成成本上升，最终的代价可能还是得转移到消费者身上，而其中大多数为发达国家的消费者，因为70%的中国造 LED 产品都是出口到海外市场的。

---

① 2010 年 1 月 12 日，美国消费品安全委员会（CPSC）与 Rockler Companies 公司联合宣布对中国制造 LED 灯具实施自愿性召回。2010 年 12 月 3 日，加拿大卫生部与 Zellers Inc. 联合宣布对中国产室内/户外 LED 彩灯串实施自愿性召回。2010 年 5～7 月，欧盟委员会非食品类预警系统，分别发布针对芬兰、瑞典、英国的通报，对产自中国的多款 LED 类产品发出消费者警告。上述产品均被有关当局下令从消费者处召回。2011 年 1 月 19 日，美国消费品安全委员会与 Eco-Story 公司联合宣布对中国产 LED 灯实施自愿性召回。2011 年 9 月 23 日，加拿大卫生部与 Staples Promotional Products 和 Trane 联合宣布对中国产 LED 夜灯实施自愿性召回。

四 使中国 LED 企业健康及长远发展的可能途径

（一）寻求国际技术合作——积极主动参与全球范围内的专利许可与寻求可能的合作机会以快速提升自身在核心知识产权方面的严重缺失

2011 年 4 月 5 日，美国 LED 外延片厂商科锐（Cree）与德国欧司朗（Osram）两家公司签署了全面性的全球专利交叉许可协议；在此之前，Cree 已与日本的日亚化学（Nichia）、丰田合成（Toyoda Gosei）达成 LED 技术专利协议，并与飞利浦签署了一项类似的广泛交叉许可协议。而欧司朗也表示，已完成与日亚化学、丰田合成和飞利浦的全球专利互授。至此，全球五大 LED 巨头已基本完成专利交互授权（具体请见图 7-17 所示的目前世界上主要的 LED 厂商之间的专利许可架构图）。

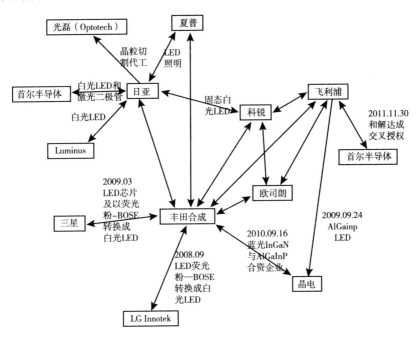

图 7-17 世界上主要的 LED 厂商之间的专利许可架构图

资料来源：科技政策研究与资讯中心，2011/12/05，http：//cdnet. stpi. org. tw/techroom/pclass/2010/pclass_ 10_ A243. htm。

从当前的竞争形势来看，一方面是技术领先的世界 LED 五大厂之间已通过专利权的交叉许可形式形成巨大的专利网以图维持其传统的市场霸主地位，另一方面是像三星这样的资金雄厚且具有较强技术实力的 LED 新兴势力的强势介入，而中国台湾的 LED 企业也早已涉足并图谋更大的发展，因此对于中国新起的已涉足或意欲介入此领域的 LED 业者，仅凭自身的努力和实力将会很难从欧、美、日强大的专利交织网中突出重围。抓住机遇主动积极地争取获得领先技术拥有者的专利许可，或采用一切可行的机会获得前沿技术专利，将是短期内提升知识产权实力，降低将来专利侵权风险的有效方式。2011 年 3 月 31 日与 4 月 8 日，惠州雷士与上海亚明先后与美国 LED 外延芯片大厂科锐签署战略协议，这或许会成为中国 LED 企业寻求海外市场突破，降低专利风险的一种可行方式。①

为了维护其专利优势地位和市场地位，同时也考虑到当前国际社会对于绿色节能产品的强力需求，目前像科锐（Cree）、日亚化学（Nichia）、飞利浦（Philips）等 LED 大厂，不再仅限于在五大厂之间形成紧密的专利交互授权网络，也开始制定一些向外进行专利许可的制度。②③④ 这些专利许可政策，对于 LED 核心技术的转移和扩散起到了一定的促进作用，其中也有一些问题需要考虑，详述如下。

1. 相对独立的专利许可制度会造成被许可方的不确定因素

由于 LED 领域涉及的专利数量众多，即使同一种产品，涉及的专利技术也可能有很多个，而且大多数情况下，这些专利技术往往掌握在不同的专利权人手中，被许可方通过与其中一个甚至多个专利权人签订专利许

---

① 中国 LED 在线：《雷士照明与 CREE 签署战略协议，全面推动 LED 照明产业发展与变革》，http：//www. ledinside. cn/news/20110331 – 14915. html；半导体照明网：《上海亚明与科锐成功签署战略合作协议上演"科锐芯，中国情"》，http：//lights. ofweek. com/2011 – 04/ART – 220001 – 8120 – 28464199. html。

② 《日亚知识产权授权政策》，http：//www. nichia. co. jp/cn/about_ nichia/ip_ top. html。

③ 《科锐知识产权授权政策》，http：//scn. cree. com/licensing/index. asp。

④ 《飞利浦知识产权授权政策》，http：//www. ip. philips. com/services/? module = IpsLicenseProgram&command = View&id = 100。

可协议后，仍有可能无法确定其生产的产品不会侵犯协议以外的其他专利权人的专利权，即虽然签有专利许可协议，产品仍有可能侵权，这会增加被许可方在选择签约对象以及选择需要列入许可协议的专利时的困惑和不确定性。不仅是专利本身的选择，另外，由于没有相对统一的许可费计算标准，也会降低这种专利许可政策的效率。因为这种不确定性的存在，或许会降低厂商主动寻求签约的积极性；或许厂商会不得不与多个许可方签订协议，造成许可费的大幅上升，这同样也会迫使厂商或投资方放弃 LED 业务或者选择铤而走险的途径。于是，让 LED 大厂形成如 DVD 产业的专利联盟来进行全球统一授权的提议也被人提出来了①。

2. 相对独立的专利许可制度可能会带来许可的差异对待

针对个别许可模式的不确定性，以五大厂为首的专利联盟的统一授权模式看起来具有一些优势而具有较强的可操作性。比如，专利联盟可以以其掌控的巨量的专利权尽最大可能地保证被许可方产品的安全性，避免可能的专利侵权；专利联盟可以制定统一的被许可方的资质要求、许可条件和统一专利收费标准以达到无差别的对待适格的要求签订协议的各个主体。然而，其可能造成的影响也是显而易见的，原本在核心专利拥有方面就已经具有绝对优势地位的 LED 大厂之间一旦结盟形成统一的专利授权组织，其优势地位更是少有企业可以撼动，这会让作为被许可方的单个 LED 企业在授权谈判时几乎处于完全被动的地位，由此不排除极有可能造成最终的许可费用畸形拔高，过度增加被许可方的成本压力，不利于 LED 产业的健康发展，这种类似情形在中国的光存储产业领域已经发生过。因此，可以借助国内国际政策法规制衡这种绝对的优势地位，或者利用市场制约手段，采用区域或国家产业协会统一授权谈判，或者建立国家范围内的具有自主知识产权的行业专利池进行协同的专利谈判和交叉许可等等，以平衡和保障专利许可方和被许可方之间合理的利益共享，使 LED

---

① Elizabeth Hastings, "The Circle of Power in LED Lighting," Winter 2009, http：//www. livingston‐ei. com/wp‐content/uploads/the‐circle‐of‐power‐in‐led‐lighting‐6‐21‐09. pdf.

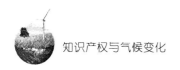

产业得以健康发展。当然，建立统一授权模式的专利联盟首先必须在专利领先的各 LED 大厂之间形成共识。

（二）采用产学研合作、产业结盟等形式共同参与国际市场的竞争，共同应对海外市场风险

从目前中国企业的实际情况来看，一方面单个企业的研发实力和技术储备比较有限；另一方面，企业内部熟悉海外知识产权制度，了解知识产权运营，能够独立应对处理海外知识产权纠纷的专业人员比较缺乏，所以，采用产学研合作、产业结盟的方式，一方面可以集中企业、大学、科研院所甚至个体的研发人员，制定相应的产业技术研发策略，共同研发并集中研发成果和专利资产，建立数量较多质量较高的专利池；另一方面，可以建立统一的产业风险应对处理机构，集中优秀的知识产权专业人员，联合统一应对可能的涉及知识产权的侵权纠纷和法律诉讼。

上述的应对措施，我们可以从韩国和中国台湾的 LED 企业在近几年参与国际竞争中的表现得到更为明显的例证。从上述的 LED 产业链中几个重要技术领域的专利申请情况的统计分析结果来看，像韩国的三星、首尔半导体、LG 等公司，特别是三星公司，其在 LED 产业的各个技术领域都有与传统的 LED 国际大厂相抗衡的足够数量的专利储备；台湾的一些企业和研究机构在某些领域也有专利布局，这些都成为他们在参与国际竞争，打破传统大厂的市场垄断地位的最有力的武器。因此，采用产业联盟，建立合作专利池，集中力量共同应对国际竞争，对于技术力量处于明显劣势的单个的中国 LED 企业来说是最好的也可能是不得不进行的选择。

（三）通过建立公平合理的国际贸易平台解决国家之间与企业之间的贸易纠纷

LED 产业作为一个节能减排的新兴绿色产业，其产业的发展和产品的普及将会对实现整个世界的节能减排目标，降低环境污染，改善气候变化引起的灾难等具有非常显著的意义。产业链利益分配的极端不平衡会不

利于产业的健康发展和产品的快速普及。在目前的竞争格局中，中国 LED
企业与传统 LED 大厂存在着紧张的竞争关系。二者在核心技术领域技术
和知识产权储备的严重不平衡决定了二者的矛盾在知识产权问题上表现得
最为突出。如何能将中国的制造优势与欧美日的先进技术进行有效融合、
推进产业的良性发展，仍然有待顾全人类共同长远利益的创造性思维。相
应地，知识产权应当服务于这种全局性的长远思维，它应当保护和鼓励创
新，包括先行者和后来者的创新，同时要鼓励产业的良性竞争。具体措施
应当包括就技术的使用授权、贸易争端包括知识产权纠纷等问题提供一个
高效的公平的解决机制。

（四）持有长远的视野，建立平衡的专利制度，促进良性竞争

LED 照明市场的渗透率在 2010 年仅为 7%，预计的渗透率在 2015 年
将增长至 37%，乐观的估计渗透率则为 50%。渗透率在未来的提高在一
定程度上将得益于一些国家出台白炽灯禁产禁售的政策法令和对于 LED
照明等绿色产品实施的补贴政策。而每年的价格跌幅则是非常重要的因
素。从市场反馈来看，正因为韩国、中国等地方的新兴 LED 业者的加入，
LED 产品的价格才出现了大幅的降低。以主流的 0.5W 和 1W LED 为例，
其价格在 2011 年的降幅接近 40% ~ 50%，而且 2012 年其价格预估还将会
下降 20% ~ 30%。[1] LED 照明产品目前较低的渗透率和 LED 照明产品
的价格有很大关系。较传统照明产品，目前要贵几十倍。而较低的价
格恰恰是 LED 这种节能环保产品得以在全球迅速普及和推广应用的关
键因素。[2]

现行的专利制度以及核心专利拥有量的绝对差距使以 LED 五大厂为
代表的专利优势企业有了足够的专利资源和多种途径来阻击新兴企业的加

① 中国 LED 在线：《2012 年 LED 的价格还会降低 20% ~ 30%》，http：//www.ledinside.cn/
pricequotes_ cree_ led_ 20120104。
② 中华液晶网：《DIGITIMES：2013 年全球 LED 照明渗透率上看 2 成》，http：//www.fpdisplay.com/
news/info/content – 130878. aspx。

入和发展来减少其在市场上受到的冲击，即其可以通过专利手段来减少或遏制竞争，维护其先前的绝对优势地位。市场规律告诉我们，缺少竞争会加大市场垄断的可能性，进而不利于产品的价格降低，这与当前国际社会提倡的加大节能环保技术的推广和使用，保护地球环境，遏制气候恶化的宗旨是背道而驰的。当然，专利制度的根本目的是要保护发明人的利益，促进社会的发明创新动力进而提高社会的整体科技水平，所以，合理使用专利制度，平衡先进技术开发者的利益与实现全世界共同的目标——保护地球环境之间的关系成为 LED 照明产业发展中需要重点考虑的问题。这种权利平衡对产业和企业健康发展的重要性，曾经也是一些 LED 领先企业认识到并倡导的。比如，在日亚遭遇的来自其前雇员的一个诉讼中，[1]以及日亚对专利价值的说明，[2] 都有很清晰的阐述。如何在新的竞争环境下，在遇到后来者竞争的情况下坚持实践这样的价值是新的挑战，它可能需要产业各方，领先者和后来者，都持有长远的视野。考虑到当前国际社会对于绿色节能产品的强力需求，目前像科锐（Cree）、日亚化学（Nichia）、飞利浦（Philips）等 LED 大厂，不再仅限于在五大厂之间形成紧密的专利交互授权网络，也开始制定一些向外进行专利许可的制度，[3]但如何将这种积极的努力加以拓展，并适用到包括中国 LED 企业在内的新兴市场国家？还需拭目以待。

---

① Nichia Corporation's Stance Regarding Article 35 of Japan's Patent Law," November 29, 2004, http：//www. nichia. co. jp/specification/en/about_ nichia/ip/ip_ opinion. pdf.

② "Nichia's approach to intellectual property," http：//www. nichia. co. jp/specification/en/about_ nichia/ip/ip_ view. pdf.

③ 参见日亚、科锐、飞利浦的知识产权授权政策，*op. cit*。

第 八 章
太阳能光伏产业

一　光伏产业的技术现状（国际以及国内）
以及技术发展趋势分析

（一）光伏领域原材料产业现状以及未来技术趋势分析

太阳电池使用的原材料，目前最普遍的被大规模使用的是硅材料，包括多晶硅和单晶硅；另外，在薄膜电池领域，除了使用硅薄膜，在使用的非硅材料中，目前主要有铜铟镓硒、碲化镉薄膜等。

目前太阳能级多晶硅的供应商主要包括美国赫姆洛克（HEMLOCK）、德国瓦克（WACKER）、美国休斯电子材料（MEMC）、挪威 REC、日本德山（Tokuyama）等海外企业，这些企业研发的新工艺技术几乎都与满足太阳能光伏硅电池行业所需要的太阳能级多晶硅生产技术相关；而且研发的新工艺技术主要集中体现在多晶硅生成反应器装置上。多晶硅生成反应器是复杂的多晶硅生产系统中的一个提高产能、降低能耗的原料硅的提炼关键装置。这些公司的原料硅的提炼技术，原料硅的利用率高，污染少且能耗低，生产成本一般在 17～20 美元/公斤；而国内的硅材料厂掌握的工艺技术远逊于国外厂商，即使如六九硅业（英利集团下属企业）宣称的国内最先进的由其研发试验成功的多晶硅提炼技术，其成本也在 28 美

元/公斤以上,① 而且中国企业现有的技术并不能完全解决多晶硅生产产生的副产物回收问题,即存在多晶硅生产过程中的环境污染等问题。这一点可以从已公开的报道得到证实,国内的硅生产企业不断地被曝光其生产过程存在较大的环境污染问题。

传统的掺硼 Cz 单晶硅中由于存在间隙态氧和替位态硼形成的亚稳态的缺陷结构(硼氧复合体),会造成太阳电池在暴露于太阳光下电池性能的衰减,即所谓的光致衰减现象,这种衰减程度可达到 5% 以上。针对此问题,国内外的研究机构、公司等早已有研究并有技术文章出版,即通过在硅料中掺杂镓元素可有效地解决此问题。而关于掺镓硅片的专利主要由日本的信越化学公司(Shin-Etsu Chemical)申请,目前也已经有国内的材料制造商、电池制造商、科研机构及大学等进行了研究和实验,在硅材料中掺杂镓元素来解决这个问题。这种技术已经通过实验验证并被国内的电池制造商开始批量使用,或许会成为以后普遍使用的技术之一。另外,为了增强硅片强度,抑制体内空洞型缺陷,促进直拉硅中氧沉淀以及内吸杂能力,减少破片和翘曲,目前还出现了掺锗硅片。

相比目前的硅基太阳电池,在光电转换效率上有所提高的太阳电池技术,如浮栅电池、背接触电池、金属绕穿电池技术等,将会成为目前的硅基电池向未来低成本高效太阳电池过渡的过渡性技术。2010 年美国的 SUNPOWER 公司和中国台湾的友达光电共同投资在马来西亚建成的太阳能电池厂可能会大规模生产此种较高转换效率的太阳电池。

在薄膜电池领域,目前全球最大的薄膜电池制造商为美国的 First Solar 公司,其使用碲化镉薄膜材料,不管是技术还是产业规模,其在此领域都具有一枝独秀的地位。2011 年 7 月,First Solar 公司宣布其碲化镉薄膜电池的效率达到 17.3% ,② 显示了其在碲化镉电池技术领域的世界领

---

① 网易财经:《英利六九硅业投产多晶硅成本降至每公斤 28 美元》,2009/12/16,http://www. techweb. com. cn/commerce/2009 - 12 - 16/497492. shtml。

② FIRST SOLAR:《First Solar Sets World Record for CdTe Solar PV Efficiency》,2011/7/26,http://investor. firstsolar. com/releasedetail. cfm? ReleaseID = 593994.

先水平。国内较早研究碲化镉材料的是四川大学，其与国内著名的光伏制造商无锡尚德共同承担了"碲化镉薄膜太阳电池的制造技术及中试生产线"的"863"项目，[①] 研究开发碲化镉薄膜电池的生产技术以及生产设备设计制造等相关技术。

另一种被看好的薄膜电池——铜铟镓硒（CIGS）薄膜太阳电池具有生产成本低、污染小、不衰减、弱光性能好等显著特点，且其光电转换效率居各种薄膜太阳电池之首，接近于晶体硅太阳电池，而成本只有硅电池的三分之一，被称为下一代非常有前途的新型薄膜太阳电池，是近几年研究开发的热点。由于铜铟镓硒薄膜太阳电池具有敏感的元素配比和复杂的多层结构，因此，其工艺和制备条件的要求极为苛刻，目前的产业化进程还比较缓慢。

传统的硅材料太阳电池的转换效率有其理论极限，为了提高硅基太阳电池的光电转换效率，近年来，有一些国内外的厂商、研究机构在研究纳米技术在光伏领域的应用，主要包括在纳米材料和结构中构筑内建电势分布以利用量子点的强限域效应高效率地俘获光子而产生电子空穴对；改善纳米材料和结构中光生载流子的迁移路径，加速电子的快速迁移，延长其使用寿命；利用纳米材料实现对太阳光全光谱的吸收和光电转换，提高电池的转换效率；特别是对于占太阳光谱总能量 40% 左右的低能红外光子的光电转换。利用纳米技术可以大幅提高现有光伏电池的光电转换效率，目前已有一些美国、澳大利亚的研究机构如美国的 NANOSYS、澳大利亚的新南威尔士大学等在此领域取得了突破性的实验室成果，已展示了其在此研究领域的实验室样品，但是目前的制作成本非常高，而低成本的产业化技术将会成为纳米技术在未来产业应用中的关键。纳米太阳电池也被称为第三代太阳电池备受产业界的关注。

---

① 四川大学：《国家"863"计划重点项目碲化镉薄膜太阳电池的制造技术及中试生产线通过验收》，2008/3/12，http://www.scu.edu.cn/news/cdxw/webinfo/2008/03/1207737220910465.htm。

（二）光伏电池生产技术现状及其关键技术（生产工艺及生产设备）

硅基太阳电池的生产流程以及所需的生产设备一般包括：硅片检测（检测设备）、硅片清洗（清洗设备）、表面制绒（腐蚀溶液制绒设备）、扩散制结（扩散炉）、去边（等离子去边或腐蚀去边设备）、刻蚀（刻蚀设备）、制减反膜（PECVD）、电极印刷（丝网印刷设备）以及烧结（烧结炉）。在上述生产设备中，大部分设备已经具备国产化的设计和制造能力，而其中的平板式 PECVD 设备、全自动丝网印刷设备以及自动分拣机由于核心技术无法绕开国外公司的专利技术，尚不具备自主设计和生产的能力，需依赖国外的设备厂商。

在电池制造领域，为了提高电池的转换效率，近年来，针对现有硅基板电池本身的结构的改良，出现了浮栅电池、背接触电池、金属绕穿电池（Metal Wrap Through）等技术；而无锡尚德开发的 Pluto（冥王星）电池技术，也取得了不错的实验结果。其中，金属绕穿电池（MWT 或 EWT）技术成熟且已经被开始量产应用，其专利技术主要掌握在比利时的 IMEC，荷兰的 ECN，德国的 FRAUNHOFER、BOSCH SOLAR ENERGY，美国的应用材料公司（APPLIED MATERIALS）、ADVENT SOLAR 以及杜邦公司（DU PONT）等手中，其中有些公司目前也在和国内的厂家进行技术合作生产此种较高效率的电池。

而作为未来第三代太阳电池产品的纳米太阳电池，目前的技术研发还处在实验室阶段，预计在 5 年内可以进入批量生产阶段。不过此领域的专利布局却早已开始，相关专利主要由美国的 Nanosys 公司掌握，而在 2009 年，此公司曾向世界各地的厂商寻求出售其在此技术领域的大量专利，应该说，谁掌握了此领域的核心专利技术，谁就将拥有未来第三代太阳电池市场的主导权。

（三）光伏组件生产技术现状及其发展趋势（组件制造技术以及生产设备）

太阳电池片要投入实际应用，必须通过电池片串焊，层叠，层压以及封装等工艺制成太阳电池组件，然后才能进行例如与建筑物形成光伏建筑一体化集成系统或离网、并网发电电站系统等。对太阳电池组件的性能影响最大的是组件的散热性能以及透光性，其中封装材料（EVA、TPT 等）扮演了至关重要的角色。在保证封装材料具有优异的绝缘性的基础上，提高材料的导热性能以及抗老化的性能是提高组件性能的关键。

组件的生产设备主要是层压机，主要有电加热层压机和液体热压机，目前，这类设备基本具有国产化的设计和制造能力。

（四）光伏发电并网及系统控制技术

光伏发电系统一般包括离网系统和并网系统，离网系统是指光伏发电系统与公用电网没有连接，其一般应用于偏远或人烟稀少的地区，传统的火力电网难以抵达，其应用范围较窄；而使光伏发电能够真正形成大范围普及应用的是并网系统，即将一个个光伏发电系统与传统的火力电网相接，通过输电网络走进千家万户。光伏并网逆变技术是光伏并网技术中最核心的关键技术，如多机反孤岛检测、分布式发电系统的自律调节与并网重入、分布式光伏电站故障诊断与系统重构、大功率高可靠 IGBT（Insulated Gate Bipolar Transistor，绝缘栅双极型晶体管）技术、高效大升压比电路设计等多项技术是光伏并网系统高效、高质、稳定运行的关键。

除逆变器效率外，影响光伏系统发电效率的另一项关键技术为 MPPT（最大功率点跟踪）控制技术，其对光伏发电系统的效率提高和成本降低有十分重要的意义。最大功率点跟踪控制器（MPPT 控制器）能够实时侦测太阳能电池板的发电电压，并追踪最高电压电流值（VI），使系统以最高的效率对外输出电力。使用 MPPT 控制器的系统相比传统的光伏发电系统其发电效率可以提高20%以上。此外，微 MPPT 跟踪器可以监控光伏组件中的每一个电池片的发电性能，不仅可以最大效率地利用每一片电池的输出，还可以防止电池片由于毁损、阴影等问题造成的热点（Hot-spot）烧毁组件的问题。

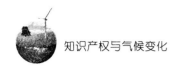

二　中国以及全球其他国家光伏技术领域的
知识产权分布概况

本节内容中，我们试图从在光伏产业链成本分布中占据主要成本的环节或技术领域如主要原材料加工制造领域，光伏产业链中关键技术领域如光伏发电系统并网及控制技术领域以及代表光伏产业未来可能的发展趋势的技术领域如高效太阳电池、薄膜太阳电池领域来进行相关的专利申请分析，了解国内外的技术研发以及专利布局情况。

本节中的专利数据分析，主要以欧洲专利分类号 Y02E10/50 以下所列的子分类号（sub-classification）为专利数据检索的主要依据，[①] 并辅以关键词或国际分类号。本节的专利数据分析是基于已公开的1996～2010 年申请的主要国家/地区的专利申请数据，包括中国、美国、日本、欧洲专利以及 PCT 专利申请数据；并对这 15 年的各国/地区的专利申请趋势、专利申请数量排名前列的专利申请人进行了专利数据统计和分析。

（一）光伏产业链中的成本分布

根据《太阳能》杂志对 2008 年全球各主要国家太阳能电池组件的成本构成统计，[②] 目前国内的多晶硅太阳电池光伏组件成本中，多晶硅原材料的成本约占 37%，硅片成本、太阳电池制造成本以及组件制造成本各约占 21%，由此可以看出，在整个组件的成本构成中，硅材料（包括多晶硅原材料和硅片）的成本接近 60%；而国外的多晶硅太阳电池光伏组件成本中，由于国外的厂商在晶体硅的加工制造领域具有很强的技术优势而劳动力成本相对较高，多晶硅原材料的成本约占组件成本的 25%，硅

---

① 《欧洲专利检索》，http：//worldwide. espacenet. com/eclasrch? classification = ecla&locale = en_EP&ECLA = y02e10。

② 钱伯章：《2008 年中国与国际光伏组件成本构成》，《太阳能》杂志 2009 年第 8 期。

片成本约占 17%，而太阳电池制造成本约占 28%，组件制造成本约占 30%，由此可以看出，在整个组件的成本构成中，硅材料（包括多晶硅原材料和硅片）的成本约占 42%。虽然目前由于国内大量的多晶硅项目建成投产，国内硅材料的价格一路下跌，但是原材料仍然是在整个光伏组件成本中占比最大的一项。

（二）原料硅及其生产制造领域的专利分布

硅材料成本占了整个太阳电池组件成本的最主要部分，原料硅的生产工艺相关技术以及生产设备对于光伏组件的成本控制至关重要，我们统计了 1996～2010 年欧洲专利、日本专利、美国专利、中国发明专利以及PCT 专利在此领域的专利申请分布情况，如图 8 - 1 所示。

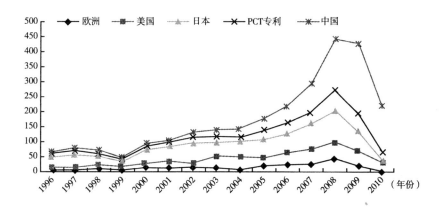

图 8 - 1　硅材料生产技术领域专利申请趋势（1996～2010）

从图 8 - 1 中可以看出，进入 21 世纪以来，随着光伏产业的兴起，在世界各主要经济体，如日本、美国、欧洲、中国，与原料硅相关的专利申请逐年增多，在 2008 年专利申请量达到最高点，而中国作为最大的光伏产品制造地，以及随着近几年国内在硅原料领域的大量投资，中国的专利申请量在近几年呈现了快速的增长趋势，这也体现了海外公司对中国市场的重视。

为了了解世界上主要的高科技公司在此领域的技术研发情况，我们分

别统计了国内和国外的专利申请人的分布情况，具体如图 8 - 2（海外专利申请量最多的 15 个申请人）和图 8 - 3（国内专利申请量前 11 位的申请人）所示。

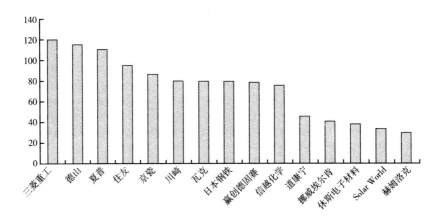

图 8 - 2　硅材料生产技术领域海外专利申请人统计（前 15 位）

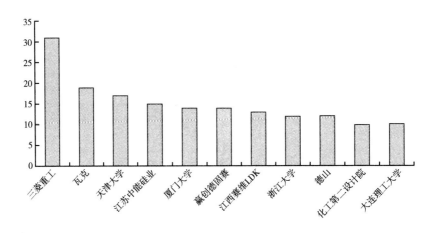

图 8 - 3　硅材料生产技术领域中国专利申请人统计（前 11 位）

由图 8 - 2 可以看出，在海外的专利布局中，专利申请量排名靠前的 15 家公司均为日本和欧美的公司，其中，目前占据全球主要原材料市场的公司，如日本德山（Tokuyama）、德国瓦克（Wacker）、德国赢创德固赛（Enonik Degussa）、美国休斯电子材料（MEMC）以及美国赫姆洛克（HEMLOCK）均名列其中。

虽然近几年中国在此领域的专利申请量在大幅提高，然而从图8-3可以看出，在国内排名前11位的专利申请人中，排名靠前的也为日本和德国的公司。而国内的生产厂家，仅有江苏中能硅业和江西赛维LDK入列，而其专利申请总量与著名的海外公司也相距较大。

（三）纳米技术在光伏产业应用领域的专利分布

纳米太阳电池被称为第三代太阳电池，纳米技术的应用可以大幅提高现有太阳电池的转换效率，是未来的高效太阳电池的重要种类之一。

图8-4所示为1996～2010年主要国家/地区在纳米光伏技术领域的专利申请趋势图，从图中可以看出，从2002年起，纳米光伏领域的专利申请在逐年上升，也预示着纳米技术在光伏领域的应用越来越受到重视，也能预见在未来的光伏技术领域，纳米技术将占据重要的一席。

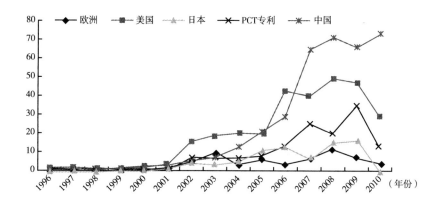

图8-4 光伏纳米技术领域专利申请趋势（1996～2010）

图8-5显示了在目前的纳米光伏领域，专利申请量在全球前15位的公司或研究机构，美国NANOSYS、韩国三星、日本三菱等公司排名前列。

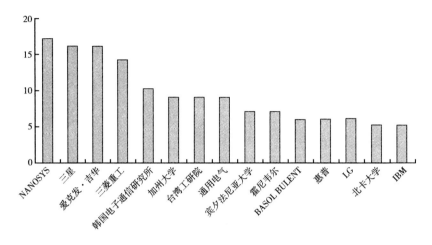

图 8 - 5 光伏纳米技术领域专利申请人统计（前 15 位）

图 8 - 6 显示了在纳米光伏技术领域中国专利申请人分布情况，结合图 8 - 4 的专利申请趋势，我们可以看到来自中国本国的申请人近几年来在纳米技术领域的研究非常活跃，国内的专利申请量呈现爆炸式增长趋势。

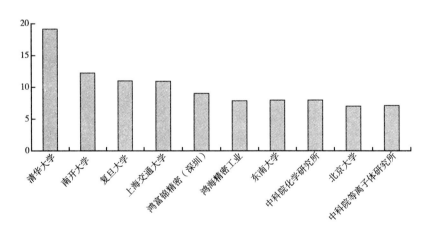

图 8 - 6 光伏纳米技术领域中国专利申请人统计（前 10 位）

2003 年，台湾富士康集团与清华大学合作成立了纳米科技研究所，苏州工业园区也建立了纳米产业园，引进及培养大量的研发人员，这些都将为国内的纳米技术研究提供强有力的内在保障。但是，与国外的技术开发和专利申请集中在企业不同，国内的研发和专利申请主要集中在大学和研究机构，所以，国内的技术研发要注重和产业的结合；另外，面对全球化的竞争趋势，国内的专利申请人要加强在国外的专利申请布局。

（四）薄膜太阳电池技术领域的专利分布

高效薄膜太阳电池也被视为未来具有竞争力的产品之一，目前主要的薄膜电池为碲化镉薄膜电池；另外，由于具有较高的转换效率，铜铟镓硒/铜铟硒薄膜电池也备受关注，我们将通过已公开的专利数据分别分析在这两个领域的专利申请布局情况。

1. 碲化镉（CdTe）薄膜电池

图 8-7 显示了 1996～2010 年全球主要地区/国家在碲化镉薄膜电池领域的专利申请情况。从图中可以看出，美国在薄膜电池技术领域明显具有领先地位，这与其作为目前全球最大的碲化镉薄膜电池生产基地是相吻合的。而其他国家在此领域则无法与美国相比。

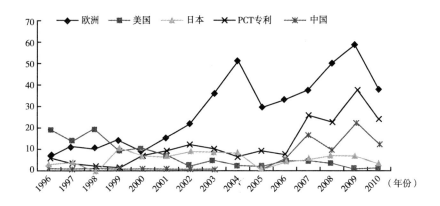

图 8-7　碲化镉薄膜电池技术领域专利申请趋势（1996～2010）

图 8-8 显示了全球排名前 15 位的在碲化镉薄膜太阳电池技术领域的申请人，近半数为美国的企业或研发机构，日本的松下电池（MATSUSHITA BATTERY）公司虽申请了最多数量的专利，但是其专利

申请多集中在 2000 年之前，最近几年在此领域的专利申请几乎已经停止，再次显示了美国在此领域的绝对领先地位。而中国的申请人在此领域则起步较晚，除了 90 年代中期四川大学有过一些研究成果之外，一直到最近几年才开始关注此领域的技术研究。

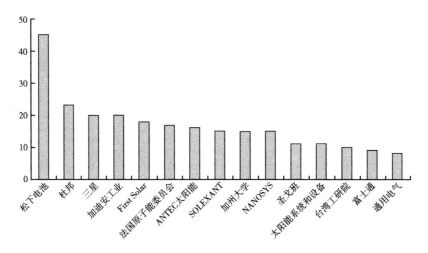

图 8-8　碲化镉薄膜电池技术领域专利申请人统计（前 15 位）

2. 铜铟镓硒（CIGS）/铜铟硒薄膜电池

图 8-9 显示了 1996~2010 年全球主要地区/国家在 CIGS 薄膜电池技术领域的专利申请情况，从整体趋势来看，最近几年在此领域的技术研发和专利申请呈现了明显活跃的现象。中国国内的专利布局较晚，但最近几年具有持续大幅增长的趋势。

图 8-10 则显示了国外的专利申请中，在 CIGS 薄膜电池技术领域的专利申请量排名前 15 位的申请人，其中日本的申请人和美国的申请人占据了多数席位，显示了其在此领域的研发和知识产权优势。

但是，从图 8-11 中所示的国内专利申请排名前 7 位的申请人中，我们也能够看到最近几年国内的申请人在此领域的研发成果以及对于此技术领域的持续投入和重视，如昆山正富机械、浙江正峰新能源、电子 18 所、清华大学等，我们可以期待国内的企业和研发机构在此领域的持续投入和技术成果产出。

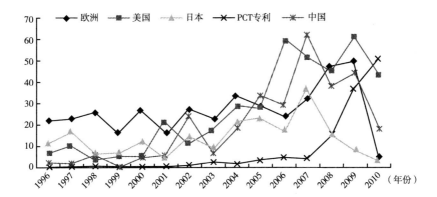

图 8 - 9　铜铟镓硒薄膜电池技术领域专利申请趋势（1996 ~ 2010）

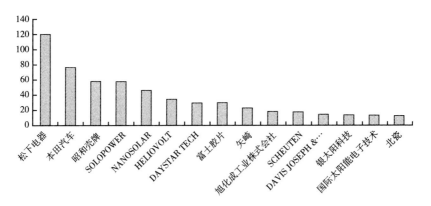

图 8 - 10　铜铟镓硒薄膜电池技术领域专利申请人统计（前 15 位）

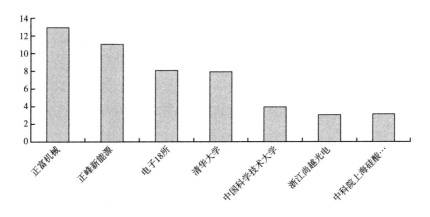

图 8 - 11　铜铟镓硒薄膜电池技术领域中国专利申请人统计（前 7 位）

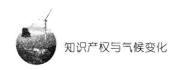

（五）聚光太阳电池及其组件和发电系统技术领域专利分布

聚光太阳电池组件和发电系统也因其具有比较高的转换效率而受到重视，我们也将此作为一个技术领域进行相关的专利数据分析来了解此技术领域的技术开发趋势和研发动态。

图8－12为1996～2010年在聚光光伏领域的专利申请趋势图，由图中可以看出，自2006年以来，主要地区如美国、欧洲、日本等地的专利申请在逐年上升，且专利申请数量巨大，以美国最为突出，这也显示了行业对于此技术领域的重视程度；国内的专利申请从2005年才开始显现重视和增长的趋势，最近也处于持续增长过程中。

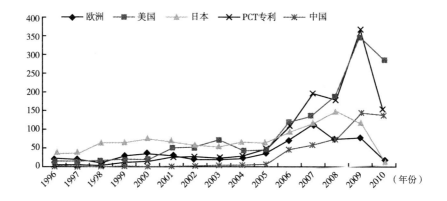

图8－12　聚光太阳电池技术领域专利申请趋势（1996～2010）

图8－13显示了全球主要的在此领域的主要的研发及专利申请者，从图中可以看出，日本的公司占据了绝对的研发和专利申请方面的优势，如夏普、佳能、三洋电机、丰田；另外，像韩国的LG、三星，美国的应用材料公司、高通光电、SOLFOCUS等在此领域也具有相当的技术实力。而来自国内的企业或研发机构尚无法进入全球前15位的行列，需要引起国内业者的重视。

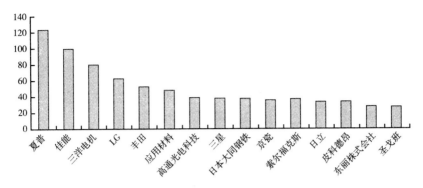

图 8－13　聚光太阳电池技术领域专利申请人统计（前 15 位）

（六）PECVD 领域相关工艺及设备专利分布

光伏领域的生产制造设备，目前大部分的简单的设备国内均具备设计和制造能力，对于一些关键设备尚需完全依赖进口，下面我们以光伏领域最核心的 PECVD（等离子增强化学气象沉积）设备为例进行此领域的研发及专利申请情况分析。

图 8－14 显示了 1996～2010 年在此领域的专利申请情况，由图中可以看出，美国在此领域具有绝对的优势地位。而且，从专利申请趋势来看，此领域的技术已比较成熟，从 2002 年开始专利申请量呈下降趋势。即使如此，到目前为止，国内的企业尚无法完全自主地设计和制造出具有先进水平的 PECVD 设备。

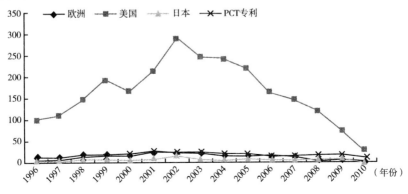

图 8－14　PECVD 技术领域专利申请趋势（1996～2010）

图 8-15 显示了在 PECVD 技术领域主要的专利申请者，由于中国台湾在 90 年代中期开始实施的"两兆双星"计划，其在半导体领域的研发和产业发展发生了翻天覆地的变化，取得的成果也令人瞩目，其在 PECVD 工艺相关领域的专利申请量位居首位；而 PECVD 设备的设计和制造等核心技术仍由美国的应用材料公司（AMC）等少数厂家掌握。

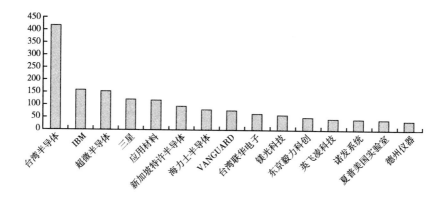

图 8-15 PECVD 技术领域专利申请人统计（前 15 位）

（七）光伏组件封装技术领域相关专利分布

光伏组件的封装技术以及封装材料为光伏组件质量的重要保障，中国作为目前世界上最大的光伏组件提供基地，我们需要了解目前在此领域的专利分布以及主要的专利技术申请者的情况。

从图 8-16 可以看出，在光伏组件封装材料及封装技术领域，在总量上，美国的专利申请基本上一直走在其他国家/地区的前头，而从图 8-17 所示的全球主要的 15 个专利申请者中却可以看到，在此领域主要的专利申请者多为日本公司，占了半数多，这也显示了日本企业在化学材料领域和封装技术领域的技术领先地位，而目前的封装材料供应商也主要为日本的厂家。

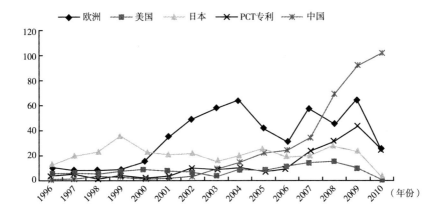

图 8 - 16　光伏组件封装技术领域专利申请趋势（1996～2010）

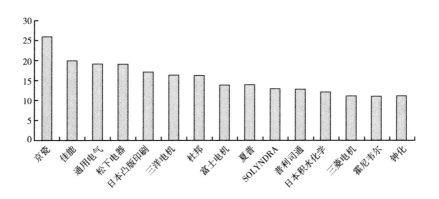

图 8 - 17　光伏组件封装技术领域专利申请人统计（前 15 位）

　　另外，我们也可看出，中国作为全球最大的组件生产基地，虽然近几年国内的专利申请量在持续上升，但在此领域的海外专利申请者 15 强中，也无一家中国企业入围。这也显示了国内的企业在此领域的技术上的研发乏力。这从图 8 - 18 显示的中国专利申请前 10 位的申请人中也可看出，即使在国内专利的申请人中，除了常州亿晶光电、天合光能、中山大学等国内申请人，还有半数为海外企业。

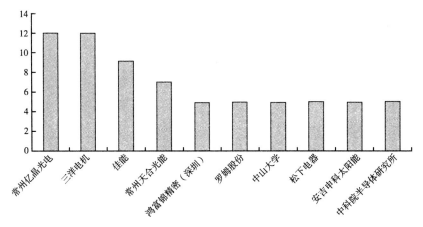

图 8-18　光伏组件封装技术领域中国专利申请人统计（前 10 位）

（八）光伏电网及发电系统管理技术领域相关专利分布

我们分别从光伏电网连接技术领域、电源管理领域以及最大功率点跟踪控制领域进行相关的专利申请及布局分析。

1. 电网连接技术领域

参见图 8-19，在电网连接领域，日本的企业起步较早，在 90 年代后半期申请了大量专利，这与当时的日本的光伏屋顶计划是有直接联系的，最近几年在此技术领域的研发和专利布局又有增长的趋势，这可能与智能电网的技术研发密切相关。

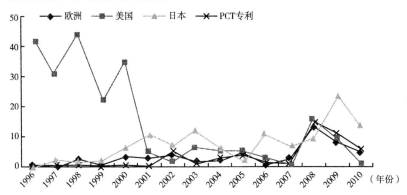

图 8-19　光伏电网连接技术领域专利申请趋势（1996~2010）

从图 8-20 中所示的在此领域的全球前 15 位的专利申请人中也能发现，日本企业在此领域具有绝对的技术优势地位，排名前 6 位的申请人均为日本申请人。

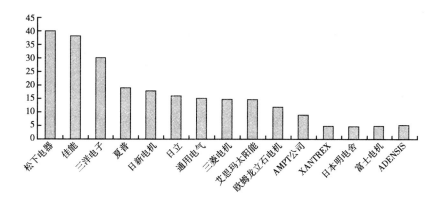

图 8-20 光伏电网连接技术领域专利申请人统计（前 15 位）

2. 光伏系统电源管理技术领域

如图 8-21 所示，与电网连接领域状况类似，在电源管理技术领域，日本企业也远远早于其他国家/地区的业者，在 90 年代后半期就积累了大量的技术研发成果，21 世纪以来的技术研发呈现低速平稳发展趋势，也可能昭示此技术领域的成熟度。

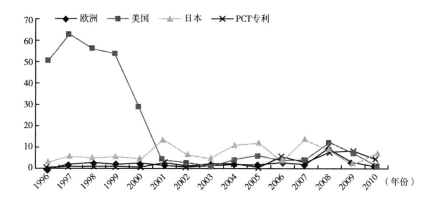

图 8-21 光伏系统电源管理技术领域专利申请趋势（1996~2010）

如图 8 – 22 所示，同样的，日本企业占据了专利申请量全球前 15 位申请人中的绝大多数。

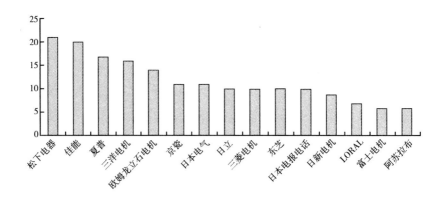

图 8 – 22 光伏系统电源管理技术领域专利申请人统计（前 15 位）

3. 最大功率点跟踪（MPPT）控制技术领域专利分布情况

如图 8 – 23 所示，与前面的电网连接以及电源管理技术领域不太一样，光伏发电系统的最大功率点跟踪控制技术为最近几年产业的研发热点问题，而由于中国光伏市场的逐渐升温，此领域的中国专利申请量也在不断提升。

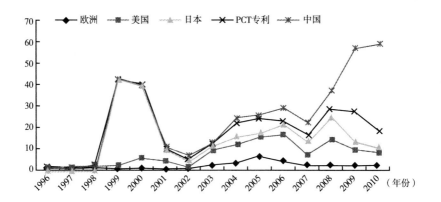

图 8 – 23 MPPT 技术领域专利申请趋势（1996～2010）

　　另外，类似的情况，在 MPPT 控制技术领域，来自日本的公司同样扮演着主要的专利申请人的角色；另外，一些北美的公司，如加拿大的 XANTREX，美国的巴拉德动力系统公司等也具有一定数量的专利技术，如图 8－24 所示。

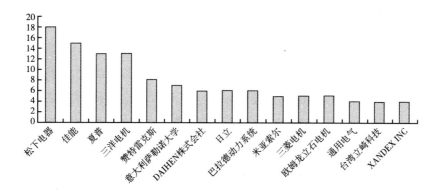

图 8－24　MPPT 技术领域专利申请人统计（前 15 位）

　　而从图 8－25 所示的国内专利申请人分布情况来看，在此新兴技术领域，虽然有众多的国内的企业或研发机构都有涉及此领域的研发并有一些知识产权成果产出，但在此领域并无明显的专利优势；另外，国内的企业也需要注重在国外的专利布局。

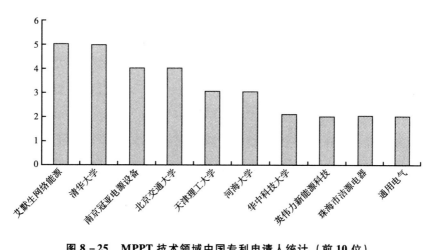

图 8－25　MPPT 技术领域中国专利申请人统计（前 10 位）

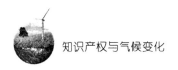

三　中国光伏产业技术转让的特点以及知识产权在其中的作用

（一）国外技术与中国工业能力的成功结合造就中国的太阳能电池组件制造产业

与其他新能源产业相比，中国光伏产业的发展，尤其是处于该产业链中下游的太阳能电池组件制造业的发展得益于技术在国际间的扩散。换句话说，中国光伏产业中下游的发展，证明了国际技术扩散的重要性。尚德案例最为清楚地说明了这一特点。

尚德电力是全球最大的晶硅组件制造商，它由施正荣博士在中国创建。施正荣博士是一位中国科学家，后来在澳大利亚学习、工作并取得澳大利亚国籍。他于2000年回国，2001年经过投资谈判后和无锡政府的创投合作，在无锡成立了尚德公司。尚德是中国最早的具有较大生产规模的光伏企业，它也促进了中国光伏产业的形成。尚德的成长主要经历了两个阶段：2001～2005年是完全的民营发展，虽然注册为一个中外合资企业，但民营资本运作起到主要作用，即使是来自国有企业的风投，也是完全市场化运作的。这个阶段尚德虽然规模不大，但发展迅速；第二个阶段是自2005年底于美国上市以后。为了满足美国上市条件，尚德撤出了所有国有股份完成了完全私有化。尚德的上市不仅使更多的国际资本看到了中国光伏产业的发展前景，也带动了后续很多中国光伏企业在美国上市，如苏州的阿特斯在纳斯达克上市，其余的如英利、天合等都选择了跟随尚德在纽交所上市。

最初，无锡市的一些国有控股的风投基金之所以同意帮助成立尚德电力，关键还是看好施正荣博士的技术背景。施正荣博士在新南威尔士大学研究学习多年，不仅积累了丰富的大规模产业化经验，也拥有一些此领域的核心专利，在施正荣博士最初所持有的公司股份里，大部分是以技术入股的。光伏产业被看做高新技术产业，尚德也是以技术为核心来竞争的。

2005 年上市之后，尚德拥有了更多的资金，并开始进行一系列并购，主要并购了日本和德国的两家公司，他们在此领域都拥有技术专长。如德国库特勒公司，专门制造印刷电路板制造设备，也设计生产光伏制造设备，如制绒和清洗设备。尚德全资买断了库特勒，获得了包括生产设备、人才、技术在内的所有资产，包括位于中国苏州的库特勒制造工厂以及位于德国的研发部门。作为光伏设备制造商，库特勒为尚德中下游的产业的发展带来了一定帮助；同时，尚德的不断发展也加速了苏州库特勒在光伏设备制造领域的发展。另外一家并购的企业为日本 MSK 公司，其在光伏建筑一体化领域具有丰富的经验。尚德收购了 MSK 并移植了很多技术，此次并购也帮助尚德开拓了相对封闭的日本市场。这两次并购都是市场化的运作。

但这两次并购最主要的因素还是在于尚德的自主研发，以及在创业中不断地尝试、研究。上市后尚德拥有了更多的资金，也扩大了和大学与研究机构之间横向的研发合作，并因此受益良多。

当然，产业的形成与壮大需要市场机缘，在施正荣博士回国之初，光伏产业在国内尚未形成。澳大利亚虽然有技术，但也没有形成强大的光伏产业。施博士很好地将澳大利亚的技术和国内制造业的优势进行整合，并恰逢德国的光伏补贴政策的实施，以此开创了尚德的辉煌。换言之，尚德成功的秘诀在于它创造性地结合了国外的先进技术和国内的工业能力，从而形成了独特的国际竞争力。

从目前中国主要的光伏企业的发展历程来看，我们能看到这种由国外先进技术与国内的资金和制造优势相结合所带来的成效。2001 年，当施正荣博士回国创立无锡尚德时，其本人已师从被业界称为"太阳能之父"的澳大利亚科学家马丁·格林多年，并且在太阳能技术领域取得了非常高的技术成就，其本人也申请了多项太阳能技术领域核心专利，在无锡尚德投产后的第二年（2002 年），其太阳电池的产能就超过了此前 4 年中国国内的太阳电池的产能总和，并一直保持着高速的发展趋势，目前已成为全球最大的太阳电池组件制造商。一个典型的案例如 2009 年无锡尚德发布的太阳电池的突破性技术——冥王星（Pluto）电池技术。

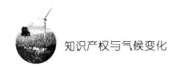

根据尚德呈送的一批采用冥王星技术制造的太阳电池样品到德国Fraunhofer太阳能系统研究所进行测试的结果，采用此技术生产的单晶硅太阳电池的转换效率达到18.8%，多晶硅电池达到17.2%，而且这是利用普通的太阳能级硅片，而不是使用更高级别硅片的前提下达到的结果。与通常的太阳电池效率，单晶硅电池为16.5%及多晶硅为15.5%相比，尚德的冥王星技术实现了新的突破，尚德采用冥王星技术生产的电池模块将是全球能批量生产的最高效率的多晶硅太阳电池之一。而这里提及的冥王星技术是由澳大利亚新南威尔士大学研发的PERL技术，这是国外先进的研发技术成果与中国制造相结合所产生的一个完美结果。目前，这种技术已经进入商用化阶段。

在光伏领域，尚德作为领头羊，其发展方式和技术开发模式激发了很多人，类似尚德的情况还包括苏州阿特斯（Canadian Solar Inc.）等。在国内光伏领域中，超过一半的人才都是从澳大利亚回来的，他们在技术研发和管理方面发挥了很大作用，尚德模式奠定了如今中国光伏产业的国际地位。

（二）缺乏技术转让造成多晶硅制造行业的技术锁定——中国光伏产业中的环境污染问题

与太阳电池组件制造业形成鲜明对比，处于太阳能光伏产业链上游的多晶硅材料制造业则因重要技术得不到转让，出现了技术锁定现象，并承受了由此造成的消极后果。

2008年3月，有国内外的媒体报道了洛阳中硅高科技有限公司在多晶硅的生产中"存在污染"；[①] 2010年，河北保定六九硅业被当地村民举报存在严重污染；[②] 2011年，由浙江海宁晶科能源污染事件引发的群体

---

① 中国工业新闻网：《外媒报洛阳中硅污染多晶硅产业再起喧嚣》，2008/4/29，http：//www.cinn.cn/xw/chanj/144591.shtml。

② 太阳能光伏网：《洛阳中硅"很受伤"：再因倾倒多晶硅废料被处理》，2011/11/08，http：//www.windosi.com/news/201111/351818.html。

性事件更是引起了人们对于国内新能源行业造成的重污染、高能耗问题的担忧。① 这一系列污染事件有一个共同的背景，即随着近几年国内的光伏产业迅速发展，对于太阳电池的原材料——硅片的需求在不断地扩大。在太阳电池组件的生产成本中，硅片的成本几乎占了一半以上。过去，由于国外的企业掌握了原料硅生产的先进技术和工艺，其生产成本大约为每公斤 17～20 美元，而且所使用的闭环技术不会造成环境污染以及消耗大量的能源，硅片市场一直为国外的厂商所主导且价格一直居高不下。长期以来，这种先进的闭环生产技术却没有能转让到中国。借着国家发展新能源经济政策的影响，全国各地纷纷上马了众多的在整个光伏产业链中相对技术门槛较低的多晶硅项目，从 2008 年底开始，硅原料的价格出现了急剧的降低，然而，众多的国内企业，并没有掌握国外先进的硅冶炼技术，尚不能完全解决多晶硅生产中产生的副产物回收问题，所以，虽然众多多晶硅项目的建成促使原材料的价格大幅降低，也使光伏组件的市场价格大幅降低而得以迅速大规模地应用，然而，在国内，众多的多晶硅项目却也成了重污染、高能耗的产业。

产业的国际技术合作可能是解决目前国内以及国际光伏产业问题的最佳方案。一方面，通过技术转移或许可，使中国的光伏产业摆脱一些重污染、高能耗的产业环节，提供更为清洁环保的生产模式，帮助中国加快实现节能减排的目标；另一方面，国外的公司或研发机构通过技术转移或许可，可以获得可观的资金收入，维持企业的发展。然而在过去，出于竞争的考虑，国外的技术所有人不愿意将这种技术转让到中国。

这种状况只是在最近才刚刚出现转机，而实践证明转机正是要依靠国际的技术转让和扩散。2011 年，由中国中化集团控股的中国蓝星集团收购挪威奥克拉集团（Orkla）旗下全球领先硅材料制造企业埃尔肯

---

① 人民网：《浙江海宁通报晶科污染群体性事件情况》，2011/09/19，http：//news. 163. com/11/0919/17/7EB446TP00014JB6. html。

（Elkem）公司。[①] 蓝星集团通过此次收购，获得了世界领先的太阳能级硅片材料的生产技术，该技术能在生产过程中节约四分之三的能源消耗，并大大减少污染；而 Orkla 公司则可通过此次出售一直处于持续亏损的 Elkem 公司使自己的财务状况更健康；另外通过中国资本的介入，有望改变 Elkem 公司的现状，使公司能够更好地发展，保持就业等。我们将在后文做更详细的介绍。

在中国太阳能光伏产业技术发展和扩散的历史上，知识产权的问题主要表现为技术 know-how，而且集中体现在上游的多晶硅制造业。而表现为专利诉讼的尖锐的知识产权问题虽在国际贸易纠纷中刚刚出现，但目前还不普遍。专利问题不突出的原因之一是目前中国太阳能光伏产业采用的基本技术普遍为 20 世纪 80 年代形成的。因为核心专利技术形成很早，所以没有对技术的扩散形成障碍。而技术的创新多为在基本技术上的改进，比如如何在以前的基础上提高光电转换效率。

但是，这不是说，光伏产业不存在知识产权问题。光伏产业的知识产权问题，尤其是专利问题更多表现在下一代光伏技术和未来产业发展中。

（三）中国光伏产业未来的发展可能遇到尖锐的知识产权问题

1. 中国企业现有知识产权储备与未来产业发展趋势之间的矛盾

在目前的整个光伏产业链中，处在最底层的是原材料领域，如前面的专利数据统计分析结果所描述，原材料的成本对整个光伏组件的成本贡献在一半以上，而环保、高效、低能耗的原材料生产工艺、高纯硅提炼设备的关键技术等基本都由国外的公司所掌握。

在晶体硅太阳电池及其组件的制造过程中，关键的设备，如全自动丝网印刷机、自动分拣机、平板式 PECVD（等离子体增强型化学气相沉积）设备等，国内尚无自主开发和制造的能力。在薄膜太阳能电池制造领域，

---

① Orkla press release, "Orkla Sells Elkem to China National Bluestar," January 11, 2011, http://www.orkla.com/Investor – relations/GA – General – Archive/Press – and – stock – exchange – releases/Press – releases2/Press – release – Orkla – sells – Elkem – to – China – National – Bluestar.

设备成本占了整个薄膜电池制造成本的70%以上，而其中最关键的设备——PECVD，长期以来一直被欧洲、美国和日本的企业所掌控。2011年1月8日，上海理想能源设备公司研制的中国首台PECVD设备成功下线，[1] 此设备可以对1.1米×1.4米的平板玻璃进行覆膜，虽说此设备的研制成功填补了国内在此技术领域的空白，然而，此设备仅为5代线设备，而目前主流应用的是8.5代线，其可以完成2.2米×2.5米的玻璃基板覆膜，应该说，国内的PECVD设备技术与国外的先进技术相比还相去甚远。

作为光伏并网技术中的核心，光伏逆变技术目前多为国外公司所掌控。目前全球光伏逆变器市场也基本被国际几大巨头瓜分，欧洲是全球光伏市场的先驱，具备完善的光伏产业链，光伏逆变器技术处于世界领先地位。德国的艾思玛太阳能公司（SMA）是全球最早也是最大的光伏逆变器生产企业，其在德国市场的占有率达50%以上，约占全球市场份额的三分之一；其他著名的厂商有Kaco（德国）、Fronius（奥地利）、Ingeteam（西班牙）、Siemens（德国）等[2]。而受国内光伏并网项目偏少的影响，目前国内光伏并网逆变器市场规模较小，虽然国内生产逆变器的厂商众多，但专门用于光伏发电系统的逆变器制造商并不多，虽然不少国内企业已经在逆变器行业研究多年，已经具备一定的规模和竞争力，但在逆变器的技术质量、产业规模上与国外企业仍有较大差距。近年来，国家也针对这些重点技术在"十一五""863"计划中专门制定了科技攻关项目，目前在这些技术领域已经取得了不小的突破。

除逆变技术以外，影响光伏系统发电效率的另一项关键技术是MPPT（最大功率点跟踪）控制技术，不管是整个系统的最大功率跟踪控制技术或是具体到整排或整列甚至到单个组件的最大功率点跟踪技术，都将是未来光伏发电系统的核心技术之一，这些高端技术专利基本都掌握在欧美和

---

[1]　中国网络电视台（CNTV）：《首台"中国造"高端薄膜太阳能电池关键生产设备下线》，2011/1/9，http：//news. cntv. cn/20110109/103209. shtml。

[2]　国际电子商情：《光伏逆变器：中国供应商概况与全球厂商排名》，2010/7/16，http：//www. esmchina. com/ART_ 8800109227_ 1300_ 2701_ 0_ 4200_ a143a7ed. HTM。

日本的企业手中。

于是，中国的企业目前面临的困境是，一方面，面对市场的持续疲软和激烈的竞争，不得已以不断的低价来获取市场份额，利润空间不断被压缩；而另一方面，由于前期在高端技术研发方面的不足以及在知识产权储备方面的明显劣势，对于现有产品的升级缺乏技术和知识产权的保障，例如在高效低成本电池制造技术领域，作为对目前的硅基板电池技术改进的MWT 或 EWT 电池技术，美国和欧洲的企业早已走在前列，而国内的光伏电池制造厂商目前只能支付高额的技术转让费与国外的公司进行技术合作方能进行产品的生产和销售，比如苏州阿特斯太阳能公司和荷兰能源研究中心（ECN）在此领域的合作[①]，而采用这种合作方式的主动权并不能由中国公司掌握。在光伏产业的高端领域，如光伏发电系统控制领域，日本企业早已远远走在我们的前面，大多数核心技术的专利也早已被国外的专利权人所掌握，很显然，当国内企业在寻求这些领域的产业突破时也将必然面临严峻的知识产权风险和挑战。

2. 当前国际贸易中遇到的问题威胁技术创新能力和知识产权的储备

中国的太阳能光伏产业具有市场国际化的特点，知识产权和反倾销等国际贸易纠纷对中国光伏企业的竞争力会有很大的影响，并会直接影响其研发投入能力。国家对于该产业的技术创新和知识产权储备的政策引导会起到重要作用，国际贸易中的反补贴反倾销等贸易纠纷能否得到妥善解决也会产生举足轻重的影响。

（1）反倾销问题

从 2005 年无锡尚德太阳能电力有限公司作为中国第一家民营企业在纽交所成功上市以及后来的一连串的国内光伏企业的海外上市引起的光伏产业的造富神话，使越来越多的人将目光转向了这个新兴的产业。在整个产业链中占据成本重点环节而入门较容易的原材料——多晶硅项目和技术

---

① ENF：《阿特斯太阳能与荷兰能源研究中心签订技术合作协议》，2009/9/15，http：//news. enf. cn/cn/news/news_ 10574. html。

含量不是很高的太阳电池组件项目，其中，特别是利润回报较丰厚的多晶硅项目成为众多投资的热点，国内的多晶硅项目纷纷立项投建，设计规模也不断扩大。其结果就是，多晶硅的原料价格在 2008 年下半年到 2009 年，出现了令人咂舌的急剧下降，从每公斤超过 300 美元降到 100 美元以下，到 2011 年更是降到 40 美元以下。这种现象自然对整个国内的光伏行业产生了重大影响，2008 年，由于对多晶硅价格走势的误判，无锡尚德因为囤硅过量在第四季度出现了公司上市后的首次亏损，而在 2011 年 4 月，最终不得不以账面损失 2.1 亿美元的代价解除了与美国 MEMC 公司的长期硅材料供应合同以避免将来在硅原料上造成更大的损失，由此该年第二季度的单季亏损创新高；[①] 类似的情况也发生在国内另一家具有代表性的光伏企业江西赛维 LDK 的身上，2009 年 10 月，当时全球最大的太阳能电池生产商德国 Q-Cells 宣布终止与赛维 LDK 之间长约 10 年的硅片供应合同而引起了双方之间的合同纠纷。[②]

　　另外，硅原料的价格大幅降低也为光伏产品的价格的大幅降低创造了条件，在加速光伏产品的大规模应用的同时，从 2009 年开始，光伏组件的价格一路下滑；而由于 2008 年至 2010 年欧洲主要国家如德国、西班牙、意大利等，其光伏市场持续火暴，装机容量越来越大，国内的各组件生产商纷纷扩产，来自中国的光伏组件的出货量节节攀升，国内库存量也越来越大，这更加巨了市场竞争的激烈程度。然而，由于金融危机的影响以及 2011 年欧洲一些国家主权债务危机的爆发，2011 年开始，各国纷纷紧缩财政，对新能源领域的财政补贴逐渐减少，于是，一方面是产能的急剧扩增，另一方面是市场的不断萎缩，不可避免地，低价搏杀的情景在光伏领域再次上演。而同样地，针对中国低价产品的国际贸易保护措施也随之而必然地产生了。

　　2009 年 8 月，德国两家大型太阳能公司 Conergy 和 Solar World 向德国

[①]　路透社，"MEMC, Suntech end wafer supply agreement"，2011/7/1，http：//cn. reuters. com/article/companyNews/idUKTRE7602A920110701？symbol = YGE. N。

[②]　路透社，"Q-Cells, LDK end legal row, continue wafer contract"，2009/12/4，http：//cn. reuters. com/article/companyNews/idUKTRE5B32Z920091204？symbol = LDK. N。

政府和欧盟委员会申请对中国产太阳能电池进行反倾销调查，[①] 美国
SunPower 等太阳能公司也表达了欲发起反倾销调查的愿望。原因是其声
称"中国政府投入的大量资金和补贴加上巨大的成本优势使中国企业能
够以明显的价格优势占领市场"。此理由因其对中国政策的误解——中国
出台的"太阳能屋顶计划"和"金太阳工程"均是针对光伏应用环节，
并非电池组件的制造环节——而站不住脚。其欲发动反倾销调查的根本原
因在于：欧洲和美国的一些公司由于掌握了原料硅的先进的生产技术，其
生产硅原料的成本要比国内公司的原料成本低很多，故其可以通过控制原
料硅的市场与价格和中国企业分享光伏产业的利润；然而随着 2008 年金
融危机以及国内众多多晶硅项目的上马，硅料的价格出现了急剧的下降，
原先依靠硅原料就能获取高额利润的德国等欧美国家的企业原有的优势不
复存在，"反倾销"成为其向中国施加压力的手段。

　　然而当时的事实情况是，中德企业在光伏行业中都获得了收益。除了
原料硅，中国国内的光伏厂商在国际市场购进了大量的生产设备。2008
年，德国对太阳能产业的投资达到了 20 亿欧元，研发投资也增加得极快，
德国的太阳能产品的出口收入同样有大幅增加。原因之一就是因为中国电
池厂商从欧洲进口了大量的电池制造设备。[②]

　　而根据 2011 年 8 月 29 日，美国太阳能产业协会（SEIA）和美国可再
生能源业市场调查机构 GTM 研究公司（GTM Research）共同发布的
《2011 美国太阳能产业评估报告》中的数据，[③] 2010 年，包括全球半导体
产业主要材料硅片供应商美国休斯电子材料公司（MEMC Electronic
Materials）与赫姆洛克公司（Hemlock Semiconductor）在内的多家生产商，

①　ENF：《Conergy 与 Solarworld 针对中国光伏产品价格寻求反倾销保护》，2009/8/25，http：//
news. enf. cn/cn/news/news_ 10262. html。

②　新浪财经：《默雷·格曼伦：不主张"反倾销"—促中德企业对话》，2009/9/19，http：//
finance. sina. com. cn/roll/20090919/02126770111. shtml。

③　Syanne Olson，"GTM Research，SEIA report finds that US was net exporter of solar products by
MYM1. 9 billion in 2010，"PVTech，August 29，2011，http：//www. pv - tech. org/news/gtm_
research_ seia_ report_ finds_ that_ us_ was_ net_ exporter_ of_ solar_ products_ b。

共出口了 25.2 亿美元的太阳能原材料和 14 亿美元的资本设备，美国向中国出口的商品和服务已超出了从中国的进口量。

另外，在设备制造领域，由于近几年国内光伏产业的迅猛发展，某些配套设备的研发和制造水平得到了快速的发展，目前有些设备的水平已达到或接近国际先进水平，性价比优势十分明显，占据了国内绝大部分市场，也为光伏产品的成本进一步下降贡献了很大的力量，使国内的电池生产企业在原材料成本比国外企业高得多的情况下也能以较低的价格积极参与国际竞争。这些发展趋势又将会压缩一部分原先依靠设备出口获得高额利润的海外企业的获利机会。

2011 年 9 月在德国汉堡闭幕的欧洲太阳能光伏展上，由于市场情况持续冷清，各大光伏厂商之间展开激烈的价格战，国内某中小企业爆出每瓦 0.68 欧元（约 0.93 美元）的价格让业内大跌眼镜，随后，中国一线企业的报价也跌破 1 美元，开出每瓦 0.95～0.97 美元的地板价，与当时的平均价格相比下跌超过 15%。值得警惕的是，在中国光伏企业用"白菜价"搏杀海外市场时，也悄然触动了低价倾销的敏感神经，一场来自海外的反倾销调查风雨欲来。

与 2009 年的"反倾销"风波不太一样，最近发生在美国的几家太阳能公司的申请破产保护事件则加速了来自海外的针对中国光伏产品的贸易保护措施。先是在 2008 年自英特尔分拆独立出来的太阳能电池制造商 Spectra Watt 以及美国太阳能电池制造商 Evergreen Solar 分别在 2011 年 8 月 19 日、8 月 15 日声请破产保护；[①] 紧接着曾经由美国能源部对创投业者施加压力要求其投资的美国商用屋顶太阳能系统制造商索林塔（Solyndra）在同年 8 月 31 日宣布破产。[②] 到 10 月 19 日，来自德国最大的

① Martin LaMonica, "Intel solar spinoff SpectraWatt files for bankruptcy," CNET, August 24, 2011, http://news.cnet.com/8301-11128_3-20096841-54/intel-solar-spinoff-spectrawatt-files-for-bankruptcy/.

② Ucilia Wang, "Solyndra to file for bankruptcy, law off 1100," Gigaom, August 31, 2011, http://gigaom.com/cleantech/solyndra-to-file-for-bankruptcy-lay-off-1100/.

太阳能电池组件制造商 Solar World 旗下美国事业部以及多家美国太阳能厂商向美国商务部、美国国际贸易委员会（ITC）提起申请，要求美国政府对中国出口到美国的太阳能光伏电池进行反倾销和反补贴调查，并采取贸易限制措施；① 而美国商务部于 2012 年 5 月 17 日作出了反倾销初步裁决，认定中国输美晶体硅光伏电池及组件存在倾销行为，美国商务部将向中国太阳能电池板制造商征收 31% ~ 250% 的惩罚性关税，这对原本处于寒冬中的中国光伏产业雪上加霜。

（2）国内光伏产业扶持政策可能引起的"反补贴"调查问题

由于光伏发电成本相比传统的火力发电成本高很多，如果没有国家的财政支持，很难像火电那样得以普及使用，更谈不上持续发展。所以，为了降低火力发电给环境带来的危害，促进绿色新能源技术的发展和新能源的应用普及，各国在发展新能源时都制定了相应的产业扶持政策，比如，日本的"光伏屋顶计划"，给予太阳能发电系统安装成本 50% 的补贴，分 10 年递减，由商业银行给予低息贷款优惠，还包括税收返还等措施；西班牙在 2009 年出台了光伏上网电价补贴政策；美国在 2009 年通过了"可再生能源鼓励政策投资税收抵扣法"，对于商业企业，太阳能给予 30% 的税收抵扣，同时给予 5 年的加速折旧期；另外还出台了 2012 ~ 2021 年"千万太阳能屋顶计划"，每年将投资 5 亿美元补助太阳能屋顶计划，剔除州政府补贴、税收优惠外，对太阳能系统投资成本的50%进行补贴等。②

中国政府为了促进新能源产业的发展和新能源的普及应用，履行对世界承诺的节能减排目标，类似过去日本、德国、美国等国政府所做的一样，从 2009 年起，也陆续出台了相关的光伏产业扶持政策，包括太

---

① Clean Technica, "Dumping Solar: CASM's Case Against Chinese Subsidies & Manufacturers, Pt. III," January 22, 2012, http://cleantechnica.com/2012/01/22/dumping - solar - casms - case - against - chinese - subsidies - manufacturers - pt - iii/.

② 百度文库:《发达国家光伏产业政策》, http://wenku.baidu.com/view/1f25ce77a417866fb84a8e0e.html。

阳能光电建筑应用财政补助资金管理办法、金太阳示范工程等，对于光电建筑一体化项目、光伏发电系统以及光伏发电关键技术产业化等项目，通过贴息和资金补助的方式予以扶持。然而，这些产业扶持政策的实施却被国外某些公司认为是中国政府投入的大量资金和补贴造成了中国光伏产品的"低于成本价销售"而与"反倾销"一起成为针对中国产光伏产品"反补贴"调查的借口。

而从另一方面来看，诸如无锡尚德、常州天合光能、英利新能源、江西赛维 LDK、晶澳太阳能等国内领先的光伏大厂均为美国上市企业，而且从其股东结构来看（具体如表 8-1 中显示的截至 2010 年 6 月 30 日几家企业的股东结构），这些在美国上市的中国光伏企业排名前 3 位的基金股东几乎都是来自欧美的机构或基金组织，所以，从结果来看，中国政府对于光伏产业的扶持如资金补助、贷款贴息等措施在帮助国内的光伏企业发展的同时，也直接维护和保障了外国投资人的利益，使国外的投资人从中国的产业扶持政策中享受了直接的好处。所以，不管是从帮助光伏产业的发展来看，还是从实际的产业发展带给投资人的利益来看，利用所谓的"反补贴"为借口打压中国的光伏企业显然是站不住脚的。

表 8-1 几家在美上市的国内光伏企业的股东结构（前 3 位）

单位：%

公司	上市交易所	机构股东（前 3 位）	持股比例	共同基金股东（前 3 位）/比例
无锡尚德/STP	纽约交易所	JANUS CAPITAL MANAGEMENT, LLC（USA）	2.9	JANUS OVERSEAS FUND(2.35)
		SCHRODER INVESTMENT MANAGEMENT GROUP（UK）	2.45	DREYFUS GREATER CHINA FUND (1.27)
		CAPITAL INTERNATIONAL, INC.（USA）	2.11	EMERGING MARKETS GROWTH FUND(1.02)
天合光能（Trina Solar）	纽约交易所	AXA（France）	7.92	—
		MANNING & NAPIER ADVISORS INC（USA）	5.72	—
		SAM Sustainable Asset Management Ltd（Switzerland）	5.06	—

续表

公司	上市交易所	机构股东(前3位)	持股比例	共同基金股东(前3位)/比例
英利(Yingli Solar)	纽约交易所	MANNING & NAPIER ADVISORS INC(USA)	6.36	IVY GLOBAL NATURAL RESOURCES FUND(5.39)
		MACKENZIE FINANCIAL CORPORATION(Canada)	6.27	CALAMOS GROWTH FUND(1.82)
		DEUTSCHE BANK AKTIENGESELLSCHAFT(Germany)	5.7	Manning & Napier World Opportunities Series Fund(1.55)
赛维LDK	纽约交易所	MORGAN STANLEY(USA)	2.93	DREYFUS GREATER CHINA FUND(2.1)
		Hamon U.S. Investment Advisors Limited(Hong Kong)	2.1	Claymore ETF Tr 2-Claymore/MAC Gobal Solar Energy Index ETF(0.48)
		DEUTSCHE BANK AKTIENGESELLSCHAFT(Germany)	1.26	Powershares Exhg Traded Fd-Powershares Golden Dragon Halter(0.21)
晶澳(JA Solar)	纳斯达克	FMR LLC(North American)	8.96	VARIABLE INSURANCE PRODUCTS FD II-CONTRAFUND PORTFOLIO(3.5)
		Martin Currie Limitied(UK)	3.48	FIDELITY BALANCED FUND(2.56)
		SAM Sustainable Asset Management Ltd(Switzerland)	3.02	Powershares Exhg Traded Fd Tr-POWERSHARES WILDERHILL CLEAN E(1.85)

（3）知识产权纠纷

除了以上贸易措施，面对中国低价产品对当地市场的冲击，知识产权也成为国外公司制衡中国光伏企业的另一项重要的贸易制衡手段。2011年10月初，美国光伏零部件安装企业 Westinghouse Solar（西屋太阳能）向美国国际贸易委员会（ITC）提出，希望调查中国的阿特斯太阳能及 Zep Solar 的专利侵权。[①] 而由于 Zep Solar 也同时与来自中国内地的天合光能等公司有合作，因此不排除天合光能成为西屋太阳能的投诉对象的可能。

---

① *Energy Trend*，"Westinghouse Solar Files ITC Complaint Against Canadian Solar and Zep Solar," 2011/10/5, http://www.energytrend.com/Westinghouse_Solar_20111005.

与其他贸易保护措施相比，中国的光伏企业要克服知识产权领域纠纷的风险则更为艰难。在目前光伏产业发展面临重大困境的形势下，企业的整合与技术的升级成为必然的趋势，而产品技术升级又离不开核心知识产权的保障，正如上述的统计数据所展示的，由于近几年来国内光伏产业的投资，大多集中在技术门槛较低的多晶硅项目以及组件上，而对于代表未来产品方向的高效低成本电池技术、电网集成系统等方面投入不足，核心知识产权几乎全部由国外的公司或研究机构掌握，所以表现为知识产权纠纷的贸易纠纷会有可能在未来变得更为突出，对该产业的竞争力、创新投入及技术储备能力的影响也有可能会越来越大。

总之，一方面中国企业在付出巨大的环境代价的基础上为国外输出了质优价廉的光伏产品；另一方面，由于国内的多晶硅项目的陆续扩张导致的原材料价格的大幅降低，使原先依靠原材料的高额利润分享光伏产业利益的欧美企业感受到了巨大的压力，又极有可能引起这些海外企业申请发起"反倾销"、"反补贴"调查来对抗来自中国的低价产品的销售。而一旦通过"反倾销"、"反补贴"调查，这将会使由于价格的大幅下滑造成利润空间被压缩的中国光伏企业的发展环境进一步恶化，企业自身更会由于资金紧张而减少在新技术研发上的投入。而且，令人更加痛心的是，中国虽然制造出全球最多的太阳电池组件，在付出高能耗高污染的代价的同时，却并没有实际享有清洁能源带来的好处，因为据《世界能源统计回顾2011》报告援引国际能源组织光伏发电系统计划（IEA Photovoltaic Power Systems Programme）、欧洲光伏产业协会（EPIA）等机构的数据显示：至2010 年，世界光伏电力装机容量累计达到 39777.845MW，其中欧洲是太阳能利用最多的地区，全年累计安装光伏发电 29617.145MW，同比增长81.8%，占世界光伏发电装机总容量的 74.5%；而中国在 2010 年达到的装机容量为 893MW，仅占世界份额的 2.2%。[1]

---

[1]　MBA 智库文档，"BP Statistical Review of World Energy ，" June 2010，http：//doc. mbalib. com/view/375ff19ed2546735294bc1141542ecf5. html。

（四）优势互补可能是解决当前国际光伏产业困局的途径

当前国际光伏市场的现状是，对于德国、美国等一部分数量的国外企业，由于受到金融危机的影响，以及承担着比中国更高的劳动力成本，而且原先在原材料以及光伏设备方面的优势也逐渐丧失，无法生产出成本较低的光伏产品与中国的光伏产品进行竞争而面临经营困难甚至破产；甚至，有的企业掌握了较先进的技术却由于产业的发展现状无法立刻进行技术和产业的转化，或者面临经营困境而无法进行产业的升级。而对于相当一部分中国的企业，一方面，由于全球市场的持续疲软以及产能过剩和库存积压的压力，不得已以低价来求得生存的夹缝，同时还得担心来自海外的"反倾销"等贸易保护措施；另一方面，由于前端技术积累的不足，虽具备巨大的生产能力以及劳动力成本优势，却无法有效地进行产业升级，生产低成本高效电池以应对产业的发展趋势；更有甚者，还在大量使用着对环境造成严重污染以及高能耗的生产技术。

于是，结合两者各自的优势或许成为解决当前国际光伏产业困局的有效途径。中国具有举世瞩目的生产制造能力以及高素质低成本的劳动力资源，而国外的企业具备领先的技术和大量的知识产权储备以及先进的产业管理水平，结合两者各自的优势，既能化解双方在产业竞争中的极有可能造成的双输的对抗局面，同时也能促使先进技术的尽早产业化，促进产业的升级，为世界提供更多的高质量低成本的清洁能源，为地球环境改善和可持续发展作出贡献。而畅通的国际技术转移政策是促使合作实现的重要的前提条件之一，比如从国家政策层面废除各种高新技术出口限制等。

目前，国际对于这种互利互惠的关系尚未形成共识，比如，当美国的一些光伏企业申请破产保护时，也有业内人士呼吁要警惕中国企业借机收购这些美国的光伏产业公司。

而一个富有启发的例子是中国蓝星集团收购挪威埃尔肯（Elkem）公

司一案。中国蓝星是一家以化工新材料及动物营养为主导的中国化工企业，自创立以来，蓝星依靠不断地创新和并购取得了飞速发展，成为中国最成功的化工企业之一。目前蓝星在全球拥有 45 个工厂和 17 家科研机构，业务遍及 150 个国家和地区，2010 年销售收入达 456 亿元。在产业规模上，蓝星在当时处于国内的领先地位。2007 年收购法国罗地亚的有机硅业务后，蓝星的有机硅业务规模达到了全球第三。2011 年，蓝星全资并购了挪威的埃尔肯公司。

蓝星在寻找海外合作时，首要考虑的就是对方业务和自身已有业务的协同性。埃尔肯在全球硅材料、铸造品、碳素、太阳能级多晶硅等行业处于全球领先地位，具有极高的知名度，拥有多项世界领先的技术，如高温冶炼炉开发和设计、高温冶炼工艺技术、精炼技术、高温炉自动控制技术、湿法冶金技术、冶金法太阳能级多晶硅生产成套技术、自焙电极和复合电极技术、微硅粉收集和增值利用技术、高温炉尾气能量回收技术等。在多晶硅生产技术方面，埃尔肯自主研究开发了冶金法太阳能级多晶硅生产技术，拥有完全自主知识产权。埃尔肯于 2009 年 10 月建成投产了世界上首套冶金法太阳能级多晶硅大型工业化装置，产能 6000 吨/年，目前正处于达产阶段。与目前广泛采用的西门子法工艺和个别厂家采用的硅烷流化床工艺相比，该技术投资仅是西门子法工艺的 40%，电耗低，仅为前两者的 25% 和 50%。此外，该工艺流程中，产品可直接与下游硅片加工集成，生产过程安全、环保且可靠性强。[①]

早在 2000 年，蓝星和埃尔肯就开展了技术合作，其在国内新建的金属硅厂使用的冶炼炉就是埃尔肯生产制造的，埃尔肯也是供货商。所以，当蓝星得知奥克拉集团有意出售埃尔肯的消息后，便开始积极地跟进。

在并购过程中，虽然挪威工会联合会曾经表示 Elkem 一案让他们

---

① 中国蓝星（集团）股份有限公司，"挪威埃尔肯公司"，http://bluestar.chemchina.com/lanxing/gywm/zzjg/webinfo/2012/01/1325312700936607.htm。

担忧，呼吁挪威政府将高新技术所有权留在国内，但挪威政府和社会还是比较开放和开明的，并购因而得以完成。尽管如此，蓝星在并购埃尔肯的过程中也遇到了一些阻力。如在反垄断方面，由于当时正值欧盟修改其反垄断法，所以蓝星的国企背景使得此次收购变得特别敏感。蓝星因此需要提供很多资料来证明此次收购属于企业行为，而非政府行为。比如，需要说明国资委在蓝星运营中的关系和权限以及蓝星的自主运营权限，以打消欧盟的顾虑。再加上当时有很多竞争对手也有意收购埃尔肯的太阳能业务，如浦项制铁和环球金属，也使得这次收购面临多方挑战。

在知识产权归属问题上，因为蓝星是完全控股，所以拥有埃尔肯所有的技术和专利，如高温冶炼炉的开发设计、工艺技术、精炼技术、高温炉自控技术、冶金技术、太阳能技术，以及行业内的自备电极、符合电极技术。另外，对于埃尔肯的知识产权管理，如许可授权，也都是由蓝星来决定。有关在中国使用这些专利的许可费问题，应该是不需要许可费的，蓝星之前有过这样的先例。

蓝星也在埃尔肯的现有技术上进行创新和改造，如能量回收技术已经在国内进行了技术改造。

在创新管理方面，蓝星参照罗地亚的研发体系和项目研发机制。在2007年收购罗地亚有机硅后，于2008年在北京建立了一个研发中心，罗地亚的研发人员也会经常来指导。在有机硅研发方面，分别在上海、北京、西班牙和法国建立了研发中心。四大研发中心的人员会定期互相交流以促进研发。蓝星在知识产权管理方面也参考了罗地亚的体系。

蓝星集团的并购说明，如果国外的投资和贸易政策对国际的技术并购行为采取开放的态度，允许企业通过市场行为实现优势互补，就能够对中国及国际太阳能产业的健康发展起到积极作用。同时，并购中的困难也说明，在竞争法等相关的贸易政策方面，还有需要理顺的地方，相关政策、法律法规的改进可能会使这一过程更富有效率。

四　发展中国家国内适宜环境（enabling environment）的需求分析

（一）光伏产业技术研发的国家导向（专项经费科技项目、项目参与者的范围扩大、产学研的有效结合）

中国作为世界上最大的发展中国家，同时也是目前全球光伏产品最大的制造基地，应根据自身的产业现状和技术发展水平，有目的性地制定适合本国产业结构、技术现状的战略性的科技研发项目，利用国家政策的指引以及提供适当的研发费用，主动积极地实施国家的光伏产业发展战略。

对于国家财政支持的研发项目，除了继续注重产学研相结合外，适当放开对于参与者的限制，可以引进民营企业、外资企业或国外研发机构的参与，提高研发项目的实际成果产出；或者结合国家既定的科研项目，在引进国外先进技术（知识产权）的同时，扩大外资研发机构或企业对于引进技术再创新项目的参与。如此，在提高自身创新能力的同时，也可以储备更多的高质量的知识产权。

（二）建立光伏产业技术信息平台以及知识产权数据库

建立统一的行业专利信息和技术信息平台，公布最新的国内外的知识产权及技术信息，进行详细的技术类别、研究机构、企业（专利权人）等与光伏产业相关的研究成果分析及展示，引导产业理性投资与技术研发，使本国、本企业的研发战略能契合产业的发展方向，与产业的发展同步。通过分享最新的技术研发信息，促进产业内部的企业、研究机构和学院之间的技术合作，加速新技术的产业化进程，以根据市场的情况，适时推出符合市场需求的产品。

（三）制定具有前瞻性的创新战略和知识产权储备战略

通过充分、合理利用已公开的专利信息，研究产业的发展方向和技术

发展趋势，了解先进企业和研究机构的技术研发动态，制定具有前瞻性的创新策略，这对于国内企业迅速提高技术实力，参与国际竞争，促进光伏产业的升级，以及对于国内的光伏行业的发展，企业的发展至关重要，国家和企业需要根据实际情况制定相应的科技研发战略。

从产业技术的发展趋势来看，其发展方向主要有两种，一种为低成本设计，在当今的市场竞争状况下，产品的价格要获得上涨空间比较困难，而降价趋势却是非常普遍，要想维持企业的利润空间和成长空间，进行低成本设计是一项重要的研发策略，即通过对原有产品或工艺进行简化或优化设计，使产品的结构更简单，制造工艺更简化，从而降低制造成本，包括材料成本、人力成本、设备成本、能源耗费的成本等等；另一种为现有技术的升级或替代性的更高的技术，其主要体现在在产品的性能或应用上可以满足人们更高的需求，为人们提供更多、更人性化的产品服务。这就要求在制定和落实研发策略时，需要研究掌握产品的未来发展趋势，进行相关的研发项目设计并进行相应的知识产权布局，为企业的未来发展创造有利条件。在某些时候，低成本设计也是产业技术发展趋势的一种。

善于利用公开的专利信息，掌握产业的技术发展方向；或者认真考察目前技术先进企业的产品，分析其优劣，在其基础上开发出更高水平的技术或产品，进行相应的专利布局，就能为本国、本企业制定合适的技术研发战略，迅速累积高质量的研发成果和知识产权，提高企业在未来国际市场上的竞争力和未来发展潜力。

另外，为应对当前技术研发上的较大差距造成的在产业链上的低端地位，提高本国企业在与发达国家的高科技企业进行竞争或者合作时的话语权，还需根据特定对象制定具有针对性的研发策略，并进行相应的知识产权布局。比如，针对本产业领域的主要竞争对手，通过调查分析其目前在售产品的缺陷或不足，在其现有的产品基础上提出改善的设计方案进行专利申请；或者通过研究其公开的专利信息，了解其技术研发趋势，结合对现有产品发展方向的分析判断，在其产品的开发路线上进行具有前瞻性的技术开发进而进行专利布局，形成其产品开发的阻碍，以期获得将来潜在的商业合作机会或者为将来可能的知识产权纠纷提供有效的抗衡的手段。

（四）鼓励研发、支持创新的氛围

通过市场化的机制大力支持创新型企业和企业的创新与研发，加强打击侵犯知识产权行为的执行力度，培育鼓励研发的市场机制。只有当整个市场、整个行业都是鼓励研发、支持创新，并且企业研发和创新的成果能够带来利益和得到保护的情况下，才可能有越来越多的企业进行研发和创新。反之，如果勇于创新和带头研发的企业总是被后来者轻易地复制其创新成果，一方面会助长这种懒惰、坐享其成的风气；另一方面也会消磨这些创新型、研发型企业的热情，增加他们的成本和降低他们的竞争力。在这样的市场环境下，没有企业愿意去研发技术和转让技术。所以，政府应该鼓励一种市场机制，要创造一种保护知识产权的商业化环境。不光是从立法上打击仿制仿冒，还要从执行上来打击。这样才能通过创造政策、法律、法规等来鼓励创造的环境，鼓励企业更愿意投资科技，鼓励更多的企业共同尝试和研发，推动行业技术的发展和进步。

五　结论与政策建议

（一）关于改进现有国际政策环境的建议

1. 加强研究各国在太阳能产业的依存关系

对各国太阳能产业的依存关系的认知是制定政策的基础，也是达成国际间共识与合作的基础。另外，通过实证研究全面认识各国在太阳能产业的依存关系，并实事求是地向本国的人民加以说明，使得政策的制定能够摆脱短期政治因素，如大选政治、欧债危机等造成的对长期政策的干扰。同时，这种理性的全面的政策制定也会使得各国政府有机会发现真正的问题在哪里，从而找到符合当前和长远利益的解决方案。

需要研究的课题应当包括产业链上各国的贸易附加值，以及价值链上的利益分配情况，各国太阳能产业就业的变化等。

此外，以产业链为基础，建立跨国界的碳排放计算标准，来测定太阳能技术和产品的国际扩散与碳排放的关系。

当前世界普遍采用的碳排放计算标准是以国土原则来计算，以中国为例，按照国土原则计算，中国的碳排放总量，就是在960万平方公里领土和360万平方公里领海当中产生的所有的碳排放。另外，在《京都议定书》中还规定了国际的"碳交易"方式，即发达国家通过向发展中国家输出低碳技术使发展中国家实现的碳排放减少的量可以计算为发达国家本国的温室气体减排量。而这些碳排放计算标准对于像中国这样的发展中国家是有局限性的，因为虽然中国生产出了全球最多的光伏产品，但是由于中国生产的光伏产品90%以上都出口到欧洲、美国等发达国家和地区，而国内的光伏装机容量却很少，这就意味着中国的产品在帮助一些发达国家增加了绿色新能源的利用程度，实现了降低减排的目标的同时，却把重污染、高能耗的生产环节留在国内，造成本国的碳排放量的增加。如果按照国土原则计算，显然对像中国这样的制造型发展中国家是不公平的，而且企业所有权的国际化也使得国土原则的计量方法无所适从。

2. 各国政府间要加强协调，使得本国的产业和贸易等国内政策具有长远性、全局性和发展性，共同促进光伏产业未来的健康发展

具体来说，各国政府的政策制定应该着眼于共同发展和包容性增长，全面看待暂时出现的困难，避免出于对既得利益和短期政治的考虑而制定不利于产业长期发展的政策。在一般性市场转换不能满足企业技术需求的情况下，应该通过政府合作去寻求弥补某一方面技术的缺乏。

这是因为，中国光伏产业的发展和中外政府的政策是密切相关的。比如，中国光伏产业初期的发展得益于欧洲国家政府在过去几年对欧洲光伏产业的补贴，因为这些补贴政策培育了光伏市场。但是，在这个市场造成了中国光伏产业成长的同时，也对欧洲、美国的一些市场的同行企业造成了冲击。但是中国光伏产业的发展也带动了产业链上其他国家产业的发展，创造了就业机会，并降低了太阳能产品价格，使得太阳能产品得以快速推广。但如果各国政府都为了自己的既得利益斤斤计较、各自为营，各国的政策就会是短视的，从而会伤害整个产业的健康发展。具体来说，若中国政府仅仅看到欧洲市场的发展，认为欧洲市场足以养活中国制造业，而不再鼓励内需；若欧洲政府认为自己的补贴最后却培育了其他市场，便削减补贴；若美国企业处于自己利益的暂时损失不断提出"双反"，希望通过关税政策来限制中国，这些都是不利于行业的长期发展的。

国际技术的转让和扩散只有基于这种解决问题的理性态度才有可能大规模地发生，比如，当某些技术，如果通过一般性市场运作不能得以扩散，而企业没有办法通过其他资源来协调时，政府应当基于全面和长远的利益考虑，通过政府间的合作机制来弥补。所以，除了通过市场化的手段，还需要政府在此方面发挥作用。

3. 排除知识产权授权和技术转让中的限制；根据不同技术现状、产业现状、环境现状有区别地对待国家对于相关产业的专项补贴等问题

中国作为全球最大的光伏产品制造基地，为世界提供了大量的质优价廉的产品，然而，应该了解的是，中国制造的产品的低价是建立在相比欧美等发达国家低得多的劳动力成本基础之上的；更有甚者，是以本国的高能耗以及环境污染的代价换取的，所以，当中国的低价产品冲击海外市场时，如果动辄以现有制度下的"反倾销"、"反补贴"、"知识产权侵权"等手段加以施压或者打击，对中国企业是非常不公平的，而且有理由相信，这种做法对产业的全球化发展也不利。正如 2008 年，当德国的企业对中国的光伏产品申请反倾销调查时，欧洲 SES 市场调查研究员布洛门塔所说的："中国人其实是在帮助世界，好让未来的光伏设备越来越便宜，从而电价也能越来越便宜。"技术发达国家采取的方法应该是利用其掌握的先进技术帮助发展中国家进行技术和产业的升级，采用更低碳、更环保的技术生产人们所需的新能源产品；而发展中国家自然有义务利用国家的力量引导、扶持、帮助低碳产业的技术攻关和产业发展，这也是履行对世界承诺的实现节能减排目标的一种重要的方式。

（二）建立国家层面的行业知识产权战略数据库和战略运营策略

中国的研究机构、大学和企业众多，而从整个世界范围来看，单个的国内研究主体的专利积累无法与国际上拥有大量高端技术专利储备的专利所有人相比。要想形成中国产业的核心竞争力，需要从国家层面组织建立具有战略意义的知识产权数据库，主要集中国内的科研院所、大学等研究机构的研发成果和知识产权成果，进行整体上的知识产权战略运营，以抗衡国外的高科技公司对国内公司进行的知识产权打击。

除了通过自主研发形成并累积国家的本行业的知识产权战略数据库以外，国家也可通过鼓励和帮助国内的资本主体积极地进行国外的优质的知识产权收购来补充和迅速累积行业的知识产权战略数据库。可以通过企业的并购、知识产权的收购、与国外的科研机构合作共享知识产权成果等方式来进行。如此，可以使国内的产业科技水平迅速提高，进而使国内的企业在国际竞争中谋取与海外的企业平等的竞争局面，也可使本国国民分享高科技带来的社会效果——清洁的生活环境。

（三）关于国家政策指引作用以及提高国内知识产权专门类人才、制度等建设方面的建议

配合国家和企业在研发项目上的投入以及越来越多的国际技术的引进与合作，高水准的、专业的知识产权人才队伍的培养变得越发重要。当前世界的知识产权制度与运营，随着全球经济结构的多样化发展变得越来越丰富及多样化，国内传统的知识产权服务模式已经不能适应发展的需要。在现有的国际竞争形势下，知识产权已经成为一种重要的商业资源与竞争战略手段。研究与实施知识产权战略与企业商业战略的有机结合，知识产权的价值评估，知识产权在企业竞争中的杠杆作用及相互制衡，知识产权本身作为财产的一种其本身的运营模式，应对越来越多、越来越复杂的国际性的知识产权纠纷，都需要有大量的通晓国内外知识产权制度的专门类人才。政府和企业需要有意识地培养高素质的知识产权人才及中介服务机构，建立人才培养和交流机制，建立高水准的知识产权人才队伍。

（四）国际技术转移以及知识产权合作中可能遇到的问题——建立技术和知识产权价值评价体系

为了使国际间的技术转移和知识产权合作在产业领域达到双赢的目标，建立公平合理的技术合作平台尤为重要。为实现此目标，可以在统一的组织机构或相关的条约框架下建立一套世界范围内的客观、公正的技术和知识产权价值评价体系，一方面可以提供一个标准相对统一的技术转移价值评估；另一方面，对于由于绿色技术输出而产生的温室气体减排量的交易换算也能提供公平客观的评判。

对于技术转移，包括非专利技术以及专利技术的转移，需要考虑引进的技术与国家发展战略或者企业发展战略以及产业发展的契合度，以及技术本身的产业化价值或者商业价值，技术的可替代性以及技术的发展前景等，对于专利技术，还需评估其专利的强弱以及权利的法律状态和权利期限。所以需要对政府之间、企业之间的技术引进提供相对统一的价值评估体系。具体来说，可按照以下所建议的项目建立价值评估标准。

关于技术的产业价值和商业价值方面，需要考虑的项目包括：

——该技术与产业的技术发展趋势相吻合的程度，例如，是否可应用在目前的产品上以改善或增加现有产品的功能；该技术是否可应用在未来性/实验性/概念性产品上代表产业的未来发展趋势；该技术进行产业化转化的现实可行性以及难易程度；

——实施该技术是否会促进市场需求或促进产业化的进程；

——实施该技术是否可降低制造/材料成本；

——实施该技术是否会明显降低或避免对环境的危害或取代高能耗的工艺技术；

——该技术在进行产业化转化时对于工艺的要求是否易于实现；

——该专利技术是否能够对可能的侵权诉讼产生制衡作用；

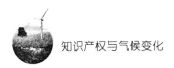

关于可替代性技术获取的难易度，比如：

——市面上已存在相同或更好的技术；

——市面上已存在成本/功效接近的类似技术；

——预期可能成为业界普遍使用技术手段，类似为不成文技术标准；

——预期可能成为业界必然使用技术手段，或无法回避的强制技术标准。

第 九 章
政 策 建 议

建立有利于绿色技术发展和扩散的政策环境需要国际及国内决策机构的共同努力。以下机构的政策影响尤为直接，我们基于研究中所发现的问题，结合各机构的职能和能力，建议它们分别采取或改善以下政策。

一 联合国气候变化框架公约组织

《联合国气候变化框架公约》（*United Nations Framework on Climate Change*，UNFCCC，以下简称框架公约）已认识到并号召重组知识产权与无害环境技术转让之间的国际关系,[①] 并号召缔约国避免使贸易及知识

[①] 《联合国气候变化框架公约》第 34 条第 10 款：必须审议保护专利权和知识产权的作用，同时必须审查其对获得和转让无害环境技术的影响，特别是对发展中国家的影响，并且必须进一步有效探索确保发展中国家取得无害环境技术与专利权之间关系的设想，以期制订对发展中国家在这方面的需要作出有效回应的方法。

第 34 条第 14.（b）款：酌情促进、协助和资助获取和转让无害环境技术和相应的实用知识。特别是对发展中国家而言，按照双方协议，以有利的条件，包括以减让或优惠条件获取和转让，但应考虑到保护知识产权的需要和发展中国家执行《21 世纪议程》的特别需要。

第 34 条第 18. Iii 款：根据商业条件购买专利权和许可证根据非商业条件转让给发展中国家，以作为合作发展促进持续发展工作，但须注意保护知识产权权利的需要。

第 34 条第 18. Iv 款：依照和根据各国加入的有关国际公约所承认的特定情况，采取各种措施防止滥用知识产权，包括关于通过强迫性许可证获取知识产权要提供公平而充分报偿的规则。

产权政策构成技术转让限制，或避免因缺少贸易及知识产权政策而限制技术转让。① 气候框架公约的努力应当包括两个方面：第一，推动全球治理；第二，充分利用自身现有的机制，让它们发挥实际作用。

第一，推动全球治理。

由于知识产权无法同商务及经济活动分离开来，这些条款和决议只有在被国际和国内决策机构融入国际及国内贸易及投资政策时，方能实现预期效果。因此，利益相关方，特别是世贸组织（WTO）、世界知识产权组织（WIPO）以及各缔约国政府应共同合作，通过开展具体项目快速推进其整合和实施。

因气候变化而产生的诸多问题，包括知识产权及其表象下的深层矛盾，都需要全球治理。例如，有一种误解认为知识产权问题应交给世界知识产权组织进行处理，而贸易问题则交给世贸组织进行处理。它们各自的努力是必需的，但又是不够的。首先，这两个组织的主要职责是确保现有机制的实施，但为应对气候变化和全球化而重塑机制，是一种对自身的变革，它往往已超出这些组织日常职能范围，因而需要外界的动力；其次，有许多机构负责一些专门问题，但没有一个机构可以提供并实施全面解决方案，全面解决方案需要众多机构共同合作。比如，在知识产权问题上，除需要对知识产权审查和授予制度进行改进外，更需要在国际贸易投资规则、产业政策等多方齐头并进。

谁能胜任？目前只有联合国气候变化框架公约有机会以全新的视角来审视这些问题。气候公约可能不具有最高的法律权威，不具有向 WTO 和 WIPO 等国际组织发出指令并要求其向它报告的法律权威。但是，世界各国的政府和人民对公约寄予信任，赋予它解决气候变化这个人类共

---

① 第4/CP.7 号决定包含如下内容：（a）促请所有缔约方特别是发达国家缔约方通过查明和消除障碍酌情为转让无害环境技术改善扶持环境，除其他外包括加强环境规章框架、增强法律体制、确保公平的贸易政策、利用税收优惠办法、保护知识产权、便利获取用公共资金开发的技术及执行其他方案，以扩大向发展中国家的商业技术和公共技术的转让。此外，第3/CP.13 号决定指出：（b）鼓励缔约方避免制定限制技术转让的贸易和知识产权政策，同时避免缺乏技术转让的贸易和知识产权政策的现象。

同面对的危难的使命。这使得它具有至高无上的道义地位。从哥本哈根大会及历次气候变化大会表现出的民意，已经体现出，在人类社会还没有一个地球村"村委会"的情况下，人们期望气候公约组织挺身而出，在气候变化这个全球问题上，担当这个村委会的角色。这意味着，即使不对国际组织作出具有法律效力的指令，气候公约组织仅仅以问询、倡议、研究等软项目方式就可能激发国际社会对这些问题的关注，使得它们不再是某个领域的专业问题，而成为对解决气候变化而言举足轻重的环节。相关国际组织必然需要对这些问题加以重视和作出回应，这可能会催化这些领域的改良或改革。

具体来说，关于气候变化中的知识产权问题，气候公约应敦促设立一个由世贸组织、世界知识产权组织、非政府组织及企业团体参与的工作组，致力于建设更有利于技术创新的竞争及合作的政策环境，包括：

（1）可以消除贸易壁垒（包括与知识产权相关的贸易壁垒）的措施；

（2）支持发展中国家创新，特别是增强其创新能力的措施。这不需工作组亲自提供解决方案，它所需要做的就是发现共同努力的需求所在，打破机构界限，组织和协调各机构协作攻关。

多年后，回顾气候公约的作用，它最重要的成就不应当仅仅是就碳排放达成共识，更重要的应当是，它开启了全球治理的先河，即为解决一个全球问题，寻找一个解决方案，并根据方案的需要打破机构、国家的界限来组织资源。

第二，充分利用自身现有的机制，让它们发挥实际作用。

首先，气候公约应要求具有技术转让义务的成员定期报告各自为避免技术转让中的知识产权壁垒而将要采取的反应和措施，这些措施的实施情况也应向气候公约报告。

同时，气候公约应当充分利用气候技术中心与网络、绿色基金等机制。比如，在气候技术中心与网络下设立绿色产业全球专利许可平台，它不同于专利池。主要不同之处在于：许可双方地位平等，为许可费设定

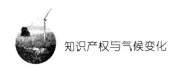

上限（通常是产品行业平均成本的一个合理的百分比）。中心和网络无须从零做起，它的作用应当是在全球范围内组织协调资源，促成建立这些平台。简而言之，不能让这些来之不易的机制形同虚设，要为它们设计和填充功能，帮助它们解决在其他机制下不能解决的问题。

二　世贸组织

除与气候公约就上述项目展开合作外，世贸组织应主动根据气候变化议程对世贸组织规则进行全面审查，特别应关注以下几个方面。

（一）绿色产业的补贴

考虑到绿色技术目前缺乏商业上可行的市场，以及补贴在许多国家普遍采用，世贸组织需要明晰或调整其对于补贴的规则，鼓励绿色技术的创新。对于发展中国家旨在培养创新能力的补贴予以鼓励，帮助缩小知识产权储备上悬殊的差异。如上文所述，中国对绿色产业补贴中的精髓是鼓励创新，而知识产权成果是衡量一个公司能否获取补贴的最重要的标准。因此，补贴的性质是促进创新的文化，而非为出口提供补贴。该类补贴与世贸组织补贴与反补贴措施的基本理念是一致的。类似的补贴若设计更加合理并真正实施，绿色创新将从中获益。遗憾的是，由于缺乏与绿色补贴有关的世贸组织规则指南，导致了由此产生的一些不必要的争端。

中国只是众多提供绿色补贴的国家中的一个。为促进低碳经济发展并实现对低碳经济的投资承诺，许多成员国都实施了绿色补贴政策。与其采取反补贴措施，为何不遵从历史的指示并引导人类的命运呢？在此过程中，通过采取积极措施，积极研究各国做法，并提供相应的指南，指明哪些绿色补贴是可取的，哪些是不可取的，世贸组织可以在其中发挥更重要的作用。这也有助于在使成员国遵守世贸组织规则的根本价值的同时，允许成员国"自由操作"，采取正确的绿色补贴措施。

（二） 改进反倾销机制

世贸组织应对反倾销机制进行审查和调整，回应气候公约对绿色技术扩散的呼吁，在顾及制造商、零售商及消费者的利益的同时，兼顾贸易政策工具及更广泛的共同体政策目标（比如气候安全及社会、环境标准）。[①]

国际及国内法规也应审查与绿色技术产品贸易有关的市场经济地位（Market Economy Status，MES）政策。首先，如上文所述，由于并无商业上可行的市场，绿色技术创新及产品有赖于政府提供的补贴。很明显，在不存在市场的情况下，市场经济地位的要求是不合时宜的。因此，相关规定应作出例外安排，使市场经济地位不构成绿色技术产品的障碍。

至于救济程序，司法体系的效率应进行改进，并应允许及时解决反倾销措施争议。例如在欧盟，不应仅有欧盟初审法院（Court of First Instance，CFI）及欧盟法院（European Court of Justice，ECJ）有权受理反倾销措施的诉讼，或许可以设立进行快速处理的特别法院以确保争端及时解决。

鉴于专利到期造成的价格竞争对于行业整体而言是破坏性的，出口国及进口国的相关行业也应采取谨慎措施防止造成倾销。作为应对反倾销争端的解决方案，发展中国家应采取鼓励进行创新及建设品牌的政策。

（三） 改进知识产权边境执法措施

从总体上看，为与相关法律准则及《与贸易有关的知识产权协定》（*Agreement on Trade-related Aspects of Intellectual Property Right*，TRIPs）保持一致，边境措施应受到审查并进行改革。海关及边境执法机关不应对

---

① ICTSD，"Trade, Climate Change and Global Competitiveness"，2008，http：//ictsd. org/downloads/2008/08/china – web_ final. pdf.

侵权及禁制令有关的问题作出实体上的决定；相应地，实体决定应由司法系统作出。

综上所述，与全球竞争有关的法律将涌现并不断演化，并将在必要的知识产权保护措施与为进行保护而实施的边境措施之间划出清晰的界限。

最后，应鼓励通过商业解决方案而非通过花费高昂的法律程序解决争端，比如，设立许可平台以促进协商。

（四）解决技术壁垒的建设性方案

发展中国家和发达国家都应努力简化复杂的技术标准和法规体系，以增强其一致性、透明性及效率。即便标准及法规进行了简化，若不对公司提供相应的协助，还是会导致技术壁垒。因此，应采取更有建设性的方法，为技术法规的实施提供便利措施，这些措施包括：

- 建立用户友好型信息平台，使企业及时获得信息。
- 在绿色产品的合格评定程序中，提供快捷服务。
- 建立一个目标明确的技术合作平台，提供和传播克服技术壁垒所需的解决方案。
- 起草许可条款和条件，使得许可公平、合理且价格可以承受。
- 在贸易技术壁垒委员会之下设立一个绿色技术分会以研究上述措施的可行性。
- 使法规起草过程透明化，并使利益可能受到影响的公司参与其中。

（五）填补 TRIPs 中的空白，关注发展中国家知识产权的创新

TRIPs 意识到成员国的知识产权储备处于不同的发展阶段，它甚至还明确提出了发达成员国的技术转让义务，但是它留下了一个巨大的空白，那就是在如何鼓励发展中国家的创新以缩小知识产权储备差距悬殊的问题上完全没有规定。世贸组织可以对规则进行审查，以支持发展中国家进行创新并帮助他们作为创新者参与竞争。

三 世界知识产权组织（WIPO）

世界知识产权组织应当帮助各成员国知识产权局努力改进专利审查制度，提高授予专利的质量。只有这样，专利对后来的创新才有价值。同时，提高质量也意味着减少专利的密集程度，减少由此带给制造商的不确定性和风险，避免后续创新窒息。同时，世界知识产权组织应在维持知识产权动态平衡方面发挥更大的作用，通过对在专利的披露、期限等具体指标上的要求，来实现权利人与公众利益之间的平衡，以及老一代工业领袖与新兴工业力量利益的平衡。

世界知识产权组织还可以协助使专利数据对用户更加友好，并帮助发展中国家发展使用数据并用于创新的业务能力。

它还可以采取措施改进专利申请和执行机制的效率，使发展中国家的专利申请人可以承受并便于提出申请。

目前，阻碍世界知识产权界在气候变化和绿色技术转让问题上发挥先锋作用的是其意识上的障碍。早在气候变化问题被关注之前，知识产权制度就面临很大的争议，尤其是在欧洲，以及在著作权问题上。这使得专业人士对于来自公众的质疑保持防御的态度。如何建立知识产权自身的形象和品牌也是困扰知识产权界的问题。事实上，适应气候变化的需要，建立一个平衡的知识产权制度，使其在技术转让的过程中发挥建设性的作用，才是知识产权赢得公众认可的终极途径。世界知识产权组织应带领知识产权界解放思想，积极主动地去拥抱气候变化带给它的机遇。

四 地区和国家政府

各国政府和区域政府也应各自对其工业、贸易及投资政策进行审查，以避免或消除上文所列的贸易和投资壁垒。尤其在不平稳的全球经济形势

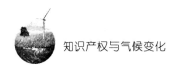

下，政府应保持冷静，避免让恐慌取代国际贸易和投资上的开放。政府也应有信心和勇气作出艰难但正确的决策，并鼓励发达国家和中国等新兴经济体在创新方面的合作与竞争。目前，在气候变化上的合作已经有一些积极成果，如美中两国在放松绿色技术出口管制上所达成的共识。

五　中国

（一）　竞争监管部门

中国商务部的竞争监管部门应考虑为与知识产权有关的竞争法律提供相应指南。鉴于国际竞争法律的匮乏，中国需要依据其自身的商业和经济情况制订该指南。第一步是进行实证研究，研究在中国绿色产业中如何使用知识产权进行竞争，并分析一些商业做法对竞争造成的不利影响。

（二）　发改委、商务部、科技部及国家知识产权局

第一，这些部门应打破部门条块分割，建立畅通的合作，共同制定和实施绿色产业的发展战略。而知识产权战略应当是这个战略的一部分，并服务于这个总体战略。中国的绿色产业已经过了快速发展阶段，并进入行业洗牌的痛苦阶段，让其自生自灭不是最好的办法，因为好不容易建立起来的产业基础和有限的创新能力可能会浪费。这个时候，下一步发展的战略比以往更加重要。

第二，把补贴用在集约式的研发上。在这个战略中，国家的补贴和支持越发重要。但是，要汲取经验和教训，避免粗放的补贴，要充分听取产业的意见和建议，根据它们的中期需要，把补贴用在集约式的研发上。补贴和支持的对象不限于国有企业，应当对创新能力强的优秀民营企业予以更多的支持。

第三，在全球范围内组合创新资源。中国的创新优势在目前阶段不完全在于纯粹的技术创新，这点在专利分析中已表现得十分明显。中国应发

挥兼收并蓄的传统文化优势，在互利互惠的基础上在全球范围内组合创新资源。从本书的案例可以看到，风电和多晶硅材料领域的合作研发和并购对创新能力的提高有很明显的效果。

第四，进行南南合作。合作不应只限于南北合作。事实上，南南合作不仅能帮助其他发展中国家提高工业水平，而且会帮助中国重新配置产业链；如果能形成事实上的南南统一市场和工业标准，会进而撬动南北合作，因为北方会主动寻求合作，而南方也拥有了平等谈判的资本。

第五，作为绿色产业战略的一部分，知识产权应当服务于以上战略。这包括致力于专利质量的提高，以及基于集约创新基础上的知识产权布局。要重新审视专利数量和质量的关系。没有质量的专利不见得能带来竞争优势，反之，授权专利的维护年费会增加企业的财政负担。在南北和南南合作中，合作双方可签署知识产权的双边合作协议，采用适应合作需要的知识产权安排。

第六，要避免对某个产业一哄而上。在总体技术水平和创新能力较低的现实下，过多的项目上马意味着低价竞争；而这会对研发产生消极影响——企业或者没有时间进行研发，或者缺少研发资金的积累。

第七，积极促进对世贸组织规则的改进，力求重塑一个可以促进新兴经济体竞争的格局。这就需要进行一系列的努力，包括：

（1）对各绿色产业全球产业链和价值链进行实证研究，用数字向世界说明各国经济间的相互关系。这很重要，它可以帮助排除偏见，帮助排除贸易保护主义。

（2）提出低碳经济下对世贸组织规则（特别是知识产权的角色）的愿景，并提出关于壁垒的一揽子政策改进建议，包括反补贴、技术壁垒、反倾销措施及技术出口管制等。

（3）与相关成员国就具体的壁垒政策展开磋商，并在必要的情况下就具有影响力的案件向世贸组织争端解决机构提起诉讼，要求其对世贸组织规则中知识产权在绿色技术创新、转让及扩散中的作用进行澄清，目的是推动相关规则的改进。

当我们认识到知识产权表象下的深层矛盾，我们也许会感慨，只有其他更复杂的矛盾得到解决，知识产权的问题才能得到根本解决。而当我们试着解决更宏大而复杂的问题，比如气候变化或国际竞争，我们又会发现只有关键的环节，比如知识产权，得到解决，这些大的问题才会有所进展。是鸡生蛋，还是蛋生鸡？在气候变化话题中，知识产权看似一个非常专业的小问题，其实不然，因为它贯穿表象和深层矛盾，实际上是我们认识宏大而复杂现象的线索；因为很多重大问题的解决方案最后都不约而同地归于创新，知识产权实际上成为四两拨千斤的关键环节。如果我们能解决好知识产权问题，我们就会为应对整个气候变化树立一个好的榜样，并可能成为打破僵局的突破口；当然，这个问题的解决要有战略高度，而且是从多层面着手解决，有多部门携手流畅地合作。这才是最大的挑战和机遇。真的，当我们改变世界的那一天，我们会惊异地发现，不知何时，我们已经改变了自己。

后　记

我们首先要感谢李高博士。没有他的远见卓识，我们的研究就不会开始。他的一路呵护让我们的研究工作得以顺利进行。

在研究和写作的过程中，我们很幸运，一些产业界优秀的人物给了我们无私的帮助。我特别要感谢金风科技的吴凯先生，他帮助我们了解新能源产业，与我们分享他的智慧，给了我们莫大的启发。满翔宇先生和他的风电协会的团队给了我们大量的帮助和支持。照明协会的陈燕生先生，洲明科技的林洺锋董事长，风电认证和标准领域的专家肖劲松博士，中复集团的王建平先生，绿色煤电的齐春松、刘宇、张建府先生，比亚迪的赵杰女士，中兴通讯的王海波先生，比克电池的王春光先生，腾讯的王小夏先生，瑞梓光电的吕俊才先生，中复材料的张晓明总工，万向集团的陈军博士和黄建根先生，尚德太阳能的刘玲芳和张建敏，深圳日拓的黄振华和杨国强，华锐风电的胡渭先生，阳明风电的游江山先生，以及深圳市 LED产业联合会、远景、中航惠腾、惠德、天威等企业的科研和知识产权负责人。因为这个单子会很长，我就不在此一一列出他们的名字了。

商务部的赵宏公参、周晓燕司长、付康荣、郭策、罗津、杨利军、张金定都给予了我们宝贵的支持。国家知识产权局的武晓明司长和毛金生主任、信产部的赵天武主任与我们交流和分享了他们的思考。浙江省知识产权局的吴坚副局长、无锡市知识产权局的吴建亮局长、黄晓珊副局长、毛金弼副局长和江阴市科技局的王凯副局长等地方政府的知识产权领导也给

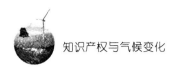

我们的调研提供了热情的协助。

在专利分析工作中，欧洲知识产权局的 Konstantinos 和他的同事们与我们分享了他们开发的绿色产业专利检索工具和方法。这让我们受益匪浅。

那些可敬的从事气候变化公益事业的人士徐玉玲、昂莉等也给我们许多鼓励和支持。

在本书出版的过程中，社科文献出版社的许秀江编审深入细致地审阅了书稿，并提出了非常专业的建议和意见。他让我们懂得出版书是个行百里者半九十的过程。遇到他，我们喜出望外。在此，我们对他的帮助致以诚挚的感谢。

这部书是维多利亚咨询集团与清华大学共同组成的研究团队合作的成果。我们很幸运——我们有以上的支持，而且还有一个能够精诚合作的团队。王树平博士负责构建了研究的路线图、领导了研究的执行，并主笔本书的写作。她的专业知识和执著精神给我们信心，让我们得以驾驭这个知识产权、气候变化、技术转让、国际经济法、国际商业实务和公共政策等多领域交叉的课题。清华大学王灿教授对项目的领导使得团队的每个成员得以精诚合作、在工作中建立起默契和深厚的友情，让艰苦寂寞的研究过程成为人生中一段美好的时光。许益民先生不可多得的专业知识和素养、他的宽厚诚挚的为人是团队的至宝，他为本书的质量和进程作出了巨大的贡献。我们特别要感谢蒋佳妮，她坚忍不拔地在实地访谈和案头研究上做出了大量的工作，并参与起草了第六章的一、三部分的内容。张涵、余小璇、龚燕珍、史欣也为本书的资料整理、翻译、校对和行政事务提供了贴心的帮助。

最后，我们想对团队每个成员的家人说，我们是多么感激他们的支持。他们的信任给我们动力，他们为我们的工作付出了很多。好了，书写完了，至少暂告一段落。让我们一起"浴乎沂，风乎舞雩，咏而归"。

王树平　王　灿　许益民

2012 年夏于北京

feedback@victoriawangconsulting.com

图书在版编目 (CIP) 数据

知识产权与气候变化/王树平，王灿，许益民等著. —北京：
社会科学文献出版社，2013.2
ISBN 978 - 7 - 5097 - 4113 - 9

Ⅰ.①知…　Ⅱ.①王…　②王…　③许…　Ⅲ.①新能源 - 知识
产权 - 关系 - 气候变化 - 研究 - 中国　Ⅳ.①D922.674 ②P467

中国版本图书馆 CIP 数据核字 (2012) 第 307440 号

知识产权与气候变化

著　　者／王树平　王　灿　许益民 等

出 版 人／谢寿光
出 版 者／社会科学文献出版社
地　　址／北京市西城区北三环中路甲 29 号院 3 号楼华龙大厦
邮政编码／100029

责任部门／经济与管理出版中心　(010) 59367226　　　　责任编辑／许秀江
电子信箱／caijingbu@ ssap. cn　　　　　　　　　　　　责任校对／李　娟
项目统筹／许秀江　　　　　　　　　　　　　　　　　　责任印制／岳　阳
经　　销／社会科学文献出版社市场营销中心　(010) 59367081　59367089
读者服务／读者服务中心　(010) 59367028

印　　装／北京季蜂印刷有限公司
开　　本／787mm×1092mm　1/16　　　　　　　　　印　　张／17.5
版　　次／2013 年 2 月第 1 版　　　　　　　　　　　　字　　数／257 千字
印　　次／2013 年 2 月第 1 次印刷
书　　号／ISBN 978 - 7 - 5097 - 4113 - 9
定　　价／59.00 元